호스피스 병동 24시

김승주 목사 편저

엘 맨

호스피스 병동 24시

과연 평안한 죽음은 가능한가?
비결은 있는가?
여기에 그 생생한 현장이 있다.

호스피스란 무엇인가?

1. 현대 의학적으로 치유불가를 선고받고 임종을 앞둔 말기 환우 (주로 암환자)들에게 기독교적 관점에서 전인적(신체적, 정서적, 사회적, 영적)인 "보살핌"(CARE)을 제공해 줌으로써, 극심한 통증의 완화와 함께 죽음의 공포 대신, 내세에 대한 소망과 확신을 가지고 자신의 삶을 정리하면서 남은 시간을 의미있게 보낼 수 있도록 도와주는, "선종 봉사"(善終奉仕)이다.

2. 아울러, 함께 고통받고 있는 환자의 가족들에게도 환자의 죽음을 자연스럽게 수용하고 사별에 잘 대처하도록 도움을 준다.

3. 호스피스는 어떠한 장소를 지칭함이 아닌 임종을 앞둔 이들을 보살피는 프로그램을 의미한다.

4. 이 사역은 팀(team) 사역이다.
   (의사, 간호사, 약사, 성직자, 교수, 사회사업가, 자원봉사자, 후원자 등)

시실리 손더스(cicely saunders)의
호스피스 봉사철학

"당신은 당신이기에 중요합니다.
당신은 당신 생애의 마지막 순간에 있으므로 중요합니다.
우리는 당신을 위해 할 수 있는 모든 것을 하려고 합니다.
우리는 당신이 평화롭게 생을 마칠 수 있도록 도울 뿐 아니라
그때까지 의미있는 삶을 살 수 있도록 도우려고 합니다."

(현대 호스피스의 창시자. 영국 의사)

안양 호스피스 선교회의
봉사철학

"나는 한 영혼을 사랑함에 있어서 필요하다면,
모든 것을 포기할 수 있다."

"나는 양을 위하여 목숨을 버리노라"
(요 10:15)

호스피스의 노래

설삼용 작사
설삼용 작곡

1.해 가 지 는 저 편 에 우 리 주 님 계 신 곳
2.이 심 장 의 고 동 이 한 순 간 에 그 쳐 도
3.사 랑 하 는 가 족 을 남 겨 두 고 가 지 만

이 생 명 이 다 하 면 우 리 함 께 살 리 라
길 을 떠 날 나 그 네 모 든 준 비 마 쳤 네
주 님 품 어 주 시 사 고 이 지 켜 주 소 서

홀 로 지 신 십 자 가 가 함 께 지 고 가 리 라

호 스 피 스 가 는 길 은 골 고 다 로 가 는 길

이 땅에서 가장 아름답고 보배로운 손길

백 문 현 목사
(안양감리교회, 21c 선교협의회 상임회장, 본회 자문위원)

이 땅에는 수많은 사람들이 여러 가지 모양으로 살아가고 있습니다.

하나님은 인간에게 왜 손을 허락하셨을까요? 여러 가지 이유가 있겠으나 분명한 것은 이 손으로 남을 위해 봉사하라고 주셨다고 확신합니다.

인류의 처음 사람 하와는 하나님이 주신 손으로 선악과를 따먹음으로 인류의 큰 불행과 저주를 가져오게 했습니다. 그러나 예수님의 어머니 마리아는 그 손에 아기 예수님을 안음으로 인류의 구원과 소망을 가져다 주셨습니다.

똑같은 손이지만 강도의 손은 사람을 죽이는 데 사용하고, 의사의 손은 사람을 살리는 데 사용되기도 하는 것입니다.

『호스피스 병동 24시』에 나타난 그 많은 사랑의 손길을 보면서 이 땅에 가장 아름답고 보배로운 손길이 있음을 깨달았습니다.

생애 마지막 골목에서 불안과 고통 가운데서 신음하는 불쌍히 영혼들에게 우리의 구원이요 참 소망이신 예수 그리스도를 전하고, 믿음 안에서 용기와 소망을 갖도록 사랑의 손길을 베푸시는 호스피스야말로 이 땅에 가장 아름다운 사랑의 봉사라고 확신합니다.

이 땅에 수많은 사람들이 이기주의와 편리주의에 빠져 이웃의 불행쯤은 전혀 무관심한 때에 가장 힘들고 어려운 호스피스 봉사야말로 그리스도의 사랑과 희생에 따른 사명이 아니고는 불가능한 일입니다.

옛말에 "긴 병에 효자 없다"라는 말이 있습니다. 이 말은 세상에서 가장 힘들고 어려운 일이 병간호라는데서 나온 말이라고 생각합니다.

오늘도 생애에 소망을 접어둔 채 절망과 아픔의 고통 속에서 낙담해하는 외로운 영혼들을 어루만지면서, 사랑의 미소를 보내며 천사의 손길로 어루만지는 호스피스 여러분에게 하나님이 주시는 평강과 은혜가 충만하시기를 기원합니다. 그리고 모든 분들이 이 책을 읽음으로 새 힘과 위로를 받기를 바라면서 간절한 마음으로 추천하는 바입니다.

현명한 바보들의 이야기

설 삼 용 목사
(안양제일교회, 안양시 시목회장, 본회 자문위원)

『호스피스 병동 24시』를 출간하게 된 것을 진심으로 축하합니다.

조건없는 사랑으로 몸과 마음과 물질을 다 바쳐 헌신 봉사한 선한 사마리아 사람들의 피눈물나는 삶과 죽음의 현장이 생생한 기록으로 역사에 남게 된 것을 기뻐하면서 하나님께 영광을 돌리는 바입니다.

호스피스의 노래에 나오는 그대로 "호스피스 가는 길은 골고다로 가는 길"이 사실입니다. 십자가를 지는 심정이 아니었으면 결코 이 일을 감당할 수가 없을 것입니다.

사람마다 제 갈길이 바쁜데 없는 시간 없는 물질을 쪼개어 아무런 수고의 대가도 없이 오직 예수 그리스도를 자랑하는 그것 하나 때문에 발벗고 나선 호스피스 자원봉사자 여러분들에게는 하나님께서 별도로 마련하신 크신 상급이 있을 것입니다.

아무도 알아주는 이 없어도 오른 손이 하는 일 왼손이 모르게 하라는 주님의 말씀대로 순종한 사람들의 발자취가 이 책을 통하여 세상에 알려지게 되면 각박한 현실 속에 한 떨기 장미꽃 같이 신선한 충격을 던져줄 것입니다.

　서양 사람들은 인생에 있어서 가장 가치 있는 일은 남을 돕는 것이라고 고백합니다. 즉 그들은 자신의 존재이유가 남을 돕기 위해 사는 것이라는 것입니다.

　그러나 우리나라 사람들은 오로지 돈을 버는 것이 삶의 목적이라고 합니다. 이런 사람들의 눈에 호스피스 봉사자들은 바보처럼 보여질지도 모릅니다.

　그러나 분명히 세상을 살맛나게 하는 일은 이 현명한 바보들의 손에 의하여 창조되어지는 것입니다.

　성서는 이런 사람들을 가리켜 "남은 자"라고 하며 이들은 영적으로 살리는 창조적인 소수(Spiritually Minded Creative Minority)에 해당합니다.

　이러한 창조적인 소수가 없다면 이 세상을 무슨 재미로 삽니까? 그리고 그 사회가 어떻게 유지될 수가 있겠습니까?

　봉사하기에도 바쁜 사람들이 글을 써서 이토록 소중한 자료를 역사 속에 남기고자 했던 그 투철한 소명의식과 역사의식에 박수를 아낌없이 보냅니다.

　이러한 책이기에 서슴없이 추천하는 것입니다. 앞장서서 이토록 크나큰 열매를 거두신 김승주 목사님, 그리고 사랑하는 모든 이들을 진심으로 존경합니다.

사랑의 눈물과 땀을 흘린 아름다운 흔적들

조 병 창 목사
(안양 성결교회, 경기도 기독교 연합회 대표회장, 본회 자문위원)

우리가 사는 시대는 지금 단순 사회에서 산업사회로 변천하여 다양한 방향의 목회 사역을 요하는 때입니다. 목회자의 사역이 다양해져 가는 현대에서 호스피스(Hospice)사역은 아주 중요한 사역인 동시에 힘들고 어려운 사역인 것입니다. 의학적으로 불치(不治)의 선고를 받고 임종을 기다리는 환자들을 보살피며 복음을 전하는 것은 결코 쉬운 일이 아닙니다. 그러나 이 사역을 맡아 수고하는 김승주 목사님께서 현장에서 경험한 일들과 함께 사역에 동참한 분들의 간증과 눈물과 땀을 흘린 흔적을 내용으로 한 『호스피스 병동 24시』를 발간하게 되었습니다. 진정 감사를 드리며 이 책이 호스피스(Hospice) 사역에 좋은 안내자가 될 것이라고 확신합니다.

호스피스 사역은 본래 선한 사마리아 사람이 강도 만나 피 흘리고 거반 죽어 가는 사람을 돌보아(Care)준 일에서 근원을 찾을 수 있으며 현대에 와서는 그 의미가 더욱 넓게 사용되고 있는 것이 사실입니다. 죽음을 눈 앞에 둔 환자들에게 임종 전까지 육체적, 정신적, 영적으로 도움을 준다는 사실은 얼마나 중요한 일입니까?

인생의 행복의 조건이 여러 가지 있지만 가장 핵심적인 것이 건강이라는 것은 말할 나위도 없습니다. 건강을 잃으면 모든 것을 잃게 되기 때문입니다. 그러나 사람을 괴롭히는 병의 종류가 다양해지고 있는데 주요한 사망 원인이 뇌졸중, 암, 심장병, 간장병, 당뇨병으로 압축되고 있는 시대입니다. 이런 병들은 흔히 성인병, 현대병, 문화병으로 불리기도 합니다. 여러 가지 질병으로 고난 속에서 좌절과 절망과 공포 속에서 떨고 있는 이들에게 예수 안에서 천국이 보장되었음을 알려주고 소망으로 자신의 삶을 정리하도록 선교하는 일은 아름답고 선하고 귀중한 일입니다. 그리고 이들이 신앙으로 소망을 가질 때 약물이 아닌 정신적, 영적으로 질병도 고쳐지는 역사가 있게 되는 것입니다.

"진정한 의사는 내 몸 안에 있다. 몸 안에 의사가 고치지 못하는 것은 병은 어떠한 명의(名醫)도 방법이 없다"라는 히포크라테스(Hippocrates)의 명언이 있습니다. 복음 전파를 통해서 영적으로 거듭나서 회개하고 믿음으로 확고하게 설 때에 모든 것을 이길 수 있는 능력이 발산되는 것입니다. 우리 인생들의 최대의 과제는 구원입니다. 예수님이 자기를 대신하여 죽어 주신 사실을 믿고 회개하면 구원은 순간적으로 이루어지는 것입니다. 구원의 확신이 생기면 활력이 생기고 기쁨이 생기고 영생의 소망이 생기므로 죽음은 두렵지 않을 것입니다. 죽음 후에 세계를 보는 신령한 눈이 열리면 질병의 고난도 공포도 사라지고 담대함과 용기와 기쁨과 희열로 충만해지는 것입니다.

하나님을 사랑하고 이웃을 사랑하는 많은 이들이 어려움에 처한 사람들을 섬기고 돌아보는 아름다운 실천을 통해서 하나님의 나라는 확장될 것입니다. 호스피스 선교를 위해 수고하는 분들과 일선에서 이끌어 가는 분들에게 큰 도움이 되는 좋은 책을 발간함에 축하하면서 하나님의 은총이 호스피스 선교회 위에 항상 충만하시기를 기원합니다.

참 사랑과 헌신을 피부로 느끼게 해주는 책

이 대 순 이사장
(의료법인 중앙병원, 본회 자문위원)

이번에 안양 호스피스 선교회가 지난 2년간의 발자취를 『호스피스 병동 24시』란 제목으로 엮어내어 이 분야의 귀중한 지침서로서 배포하게 된 것을 기쁘게 생각합니다.

1998년 6월, 죽음을 평안하게 맞이할 수 있게 하는 선종사업이 가장 아름다운 사역의 하나라는 인식 아래 처음 발족한 안양 호스피스는 짧은 기간 동안 김승주 목사님을 비롯하여 모든 봉사자들의 심혈을 다하여 봉사함으로써 괄목한 발전을 거듭하여 지금은 우리 나라에서 으뜸가는 호스피스 선교회로 성장 발전하였습니다.

특별히 많은 봉사자들이 선한 사마리아 사람의 참모습을 행동으로 실천하여 아름다운 사역의 모범을 보여주신 것은 큰 자랑이 아닐 수 없습니다.

이번에 발간되는 호스피스 병동의 현장기록에서 목사님을 비롯하여 이러한 봉사자들의 뜨거운 사랑과 정성과 피어린 눈물 자욱이 행간마다 진하게 배어 있어 이 책을 읽는 분들은 감동의 현장을 가슴으로 느끼지 않을 수 없으리라 생각합니다.

따라서 이 책자는 봉사와 헌신을 감당하는 모든 분들에게 참사랑과 헌신이 이것이구나 하는 것을 피부로 느끼는 귀중한 지침서가 될 것으로 확신합니다

아무쪼록 이 책자가 호스피스에 대한 인식을 높이고 나아가 안양 호스피스 선교회의 더 큰 발전을 이룩하는 계기가 되기를 기원합니다.

끝으로 그동안 호스피스활동을 통하여 많은 생명을 구원하시고 그 가족들에게 편안한 하나님의 위로를 전달하신 김승주 목사님을 비롯하여 관계자들에게 깊은 감사를 드리며 추천사에 가름합니다. 감사합니다.

〈추천사〉

생명을 맡기기에 믿을 만한 사역자들

원 주 희 목사
(한국교역자 호스피스협의회 회장 역임
한국호스피스협회 회장 역임
현 한국호스피스협회 임원, 샘물 호스피스 선교회 회장)

샘물 호스피스 선교회 사역을 시작한 지 만 2년쯤 되었을 때 안양 참빛교회를 섬기시는 김승주 목사님을 만나게 되었습니다. 담임하고 계시는 교회 성도 몇 분들과 함께 호스피스 자원봉사자 교육을 받으러 오셨는데, 그 다음에도, 또 그 다음 교육에도 계속해서 교회 성도들을 몇 명씩 교대로 보내셨습니다. 전 교인에게 호스피스 교육받는 것을 교회 방침으로 정하고 아예 교회에서 교육비를 지원하신다는 말씀도 하셨습니다.

처음에는 그 교회에 큰 기대를 갖지 못했습니다. 성도도 몇 분 안 모이는 조그마한 교회인데다 대부분이 젊은 청년과 학생들로 구성되어 있었기 때문에 교육을 받아도 봉사는 제대로 하지 못할 것이라는 생각을 했습니다. 그런데 제 추측은 완전히 빗나가고 말았습니다. 현재 경기도 용인에서 샘물 호스피스 선교회가 운영하는 샘물의 집이 지금의 모습으로 정착되는 데 지대한 공헌을 한 교회중 하나를 손꼽으라면 김승주 목사님이 섬기시는 참빛교회를 들지 않을 수 없습니다.

교육받은 성도들을 지속적으로 보내주셔서 시설 호스피스 초창기 사역을 힘겹게 감당해 나가는데 윤활제 역할을 해주셨습니다. 말기환우들에게 무공해 쌀을 제공하기 위해 더운 땡볕에서 퇴비로 농사짓는 것을 돕기 위해 성도들이 몸을 아끼지 않았고, 마지막 호흡이 다하는 순간까지 환우들이 찬양을 듣고 부르도록 지극 정성으로 섬겼습니다. 물질지원과 함께 젊은 형제 자매들이 맑은 얼굴로 약속된 시간에 주기적으로 찾아와 지쳐 있는 상근 봉사자들에게 힘을 불어넣는 응원군이 되어 주었습니다. 그 고마움을 어떻게 말로 다 표현할 수 있겠습니까?

또 주민들의 반대로 샘물의 집이 문을 닫지 않으면 안되는 위기의 순간에 용인 세브란스 병원과 연결되어 샘물 호스피스 사역이 지금까지 이어질 수 있도록 하는 데 결정적으로 기여하신 분이 김 목사님이셨습니다. 호스피스 사역이 중단되어서는 안된다는 뜨거운 사명감과 꺼져가는 한 영혼, 한 영혼에 대한 관심이 남다르다는 사실이 그 때 분명히 확인되었습니다. 하나님께서는 준비된 교회와 사역자들을 사용하시는데 주저하지 않으시고 안양중앙병원과 참빛교회를 만나게 하시고 지금의 안양 호스피스(병동형)을 탄생하게 하셨습니다.

김 목사님께서 안양중앙병원과의 협력을 처음 제안받고 두려운 마음으로 어떻게 해야할지를 의논하러 오셨을 때 저는 걱정하지 않았습니다. 그동안 하나님이 강하게 훈련시키시고 때가 되어 문을 여신 것으로 확신했습니다. 지금 제가 추천서를 쓰고 있는 이 책이 바로 그 열매이기 때문에 저는 매우 기쁘고 흥분된 마음으로 자랑스럽게 이 글을 쓰고 있습니다.

모든 그리스도인들이 그렇지만 특히 목회자의 생명은 신실성입니다. 신뢰감이 가지 않는 목회자는 결국 사역이나 삶이 그런 모습으로 드러나고 말 것입니다. 그런 분들에게는 귀한 생명의 일을 맡길 수 없고, 맡긴다 해도 끝까지 올바로 감당해낼 수 없습니다. 호스피스는 절대절명의 죽음의 순간을 맞이하는 이들을 섬기는 한시도 방심할 수 없는 사역이요, 생명의 촌각을 다투는 인생의 가장 중요한 사역이므로 호스피스 사역자들은 무엇보다도 믿을 만해야 합니다.

김 목사님이 이끄시는 안양 호스피스 선교회는 생명을 맡기기에 믿을 만한 사역자들이 있는 곳이기에 샘물의 집에 자리가 없어서 환우들을 미처 돌보아 드리지 못할 때는 자신있게 안양 호스피스로 소개하고 있습니다. 이 책은 그런 사역의 현장에서 생생하게 전해진 생명의 말씀들이기 때문에 읽는 이들에게 생명력있게 전해지는 살아있는 하나님의 말씀이 될 것을 분명히 믿습니다.

생명을 맡기기에 충분히 믿을만한 사역자들의 땀과 눈물이 스며있는 이 책, 『현장기록 호스피스병동 24시』의 은혜로운 글들을 읽는 모든 이들이 하나님이 은혜로 주시는 생명의 삶을 활기차게 살아가기를 기대하면서 일독을 권합니다.

책을 펴내면서

목회자의 일차적 관심은 맡겨진 성도님들을 어떻게 하면 하나님의 자녀가 되게 하는가에 있고, 이차적 관심은 하나님의 자녀들을 어떻게 하면 하나님의 신실한 종이 되게 하는가에 있습니다.

95년, '목회적 관점에서 도움이 되지 않을까?' 하는 다소는 막연한 생각에서 호스피스 자원봉사자 교육에 참여하게 되었습니다만 첫날부터 강력한 하나님의 소명을 듣고는, 교회적 호스피스화를 꿈꾸며 전 교인에게 반강제적으로(?) 교육에 참여하도록 등록비를 지원해가며 독려를 하였습니다.

그후로 교인들과 함께 용인에 소재한 "샘물의 집"을 섬겨온 지 3년여 기간을 지날 즈음 이러한 저희들의 활동을 긍정적으로 평가하신 안양중앙병원으로부터 병원 내 호스피스병동 운영에 관한 제안을 받게 되었습니다.

단순봉사자 입장에서 경영자로의 변신에는 솔직이 마음의 부담이 없지 않아 있었습니다만, 이 또한 거부할 수 없는 하나님의 의지가 계신 것으로 확인한 후에는 일단 인도하시는 대로 순종하기로 하였습니다.

안양시에서 존경받는 교계 어른들과 중앙병원 이사장님을 자문위원으로 모시고 몇몇 뜻을 같이하는 이들과 함께 1998년 6월 22일 「안양 호스피스 선교회」를 공식 출범시켰습니다. 경영의 주체는 처음부터 하나님으로 분명히 하였습니다. "나는 한 사람의 영혼을 사랑하는 데 있어서 필요하다면 모든 것을 포기할 수 있다"는 봉사철학을 앞세우고 물질도 자존심도 기타의 본능적 욕구들도 그 한 사람을 사랑하는 데 필요하다면 포기하려고 노력도 하였습니다.

지금 돌아보아도 이것은 확실히 하나님의 뜻이었습니다. 운영 주체를 하나님께로 한 후에 저희들에게 다가온 것은 형통이었습니다. 여러 가지 어려운 일들이 없었던 것은 아닙니다만 하나님께선 그 때마다 "때를 따라 돕는 은혜"(히 4:16)로 해결해 주셨습니다. ·

최근에는 약간의 재정적 어려움을 겪기도 하였습니다만 어쩌면 그렇게도 정확하게 부족한 액수를 채워주시는지…. 지켜본 스탭중 한 분은 "솔직히 두렵다"고까지 고백하는 것을 보았습니다.

그렇지만 저희는 이를 조금도 이상하게 생각하지 않습니다. 주님의 일은 언제나 주님 자신이 하시는 것이기 때문입니다. 저희가 이 일을 하면서 늘 감사드리는 것은 좋은 동역자들과의 만남입니다. 주치의가 되어주신 병원장님과 백의의 천사 간호사님들, 선한 사마리아인들인 자원봉사자님들, 그리고 간사님들… 사람에게 능력이 있으면 성실하기가 어렵습니다. 그러나 우리 호스피스 현장에 능력과 성실과 겸손한 인품을 고루 갖춘 귀한 동역자들이 이렇게 많이 계신 것은 저희가 하나님께 받은 축복 중의 축복입니다.

또한 후원자들입니다. 그 중에는 얼굴 한 번 뵙지 못한 분들이 대부분입니다. 우리 모두의 기도제목처럼 "하나님의 뜻이 하늘에서 이루어진 것처럼 땅에서도 이루어지도록 하는 일"에 의료비 대납이 큰 몫을 담당해 왔습니다. 저희들의 이 귀한 뜻도 현실적인 후원의 손길이 없이는 불가능한 일입니다. IMF라고 하는 극한의 상황 속에서도 조건 없는 하나님의 사랑(아가페)을 거침없이 펼칠 수 있도록 후원하시던 그 사랑에 다시 한 번 감사드립니다.

이 책은 그 동안 저희들이 약 250분의 호스피스 환우들을 섬겨오면서 걸어온 발자취이며, 활동해온 영역에 대한 현장보고서입니다. 이 보고서가 문서화되기까지 격려를 아끼지 아니하신 자문위원 백문현 목사님, 설삼용 목사님, 조병창 목사님, 이대순 이사장님, 그리고 샘물 호스피스 원주희 목사님, 또한 동역자 성문기독교백화점 김병하 집사님과 병동내 섬김과 편집실을 뛰어다니며 노고를 아끼지 아니한 사랑하는 믿음의 딸 윤혜경 전도사님에게 깊은 감사의 마음을 드립니다.

편자 김승주

목 차

2. 무엇을 전할 것인가? ··· 175

제 4 부. 광야에서 외치는 소리 … 379

제 5 부. 안양 호스피스 소개와 연혁 … 407

제 1 부

짐을 나누어 지면서

호스피스는 현장이다. 간호사들과
자원봉사자들이 현장 최일선에서 흘
린 땀과 눈물의 흔적이 여기에 있

1. 백의의 천사들

호스피스에서 나누는 이야기는
가슴저린 슬픔과 사랑을 동시에 느끼게 한다.
그것은 아마도 그들에게 주어진 시간만큼
소중하고 절제된 언어들을 서로 주고 받기 때문일 것이다.

지금은 사랑을 전할 때이다

박미경 수간호사
(안양 호스피스 병동)

　더위가 이젠 갔나 싶더니, 병원 오르는 길에는 벌써 노오란 은행잎이 수북히 쌓였다. IMF시대에 새 병동 OPEN, 새 병동에 간호사 발령. "흐지부지 되겠지"하는 한쪽의 눈길을 받으며, 또 한쪽으로부터는 "이 병원은 이제 이 일은 꼭 해야만 된다"라는 의견이 강하게 작용하면서 6인실로 이 일은 시작되었다. 마침, 나는 발령 받기 5일 전 여름휴가 일주일을 받고 주님과 나와의 일대일 관계에 주님을 향한 나의 비전에 대해 깊은 묵상을 하길 바라며 휴가를 맞이하게 되었다. 그 기관에 온누리 교회에서 『비전과 리더십』이란 제목하에 열리는 세미나에 참석했다. 저녁 9시까지 강의, 설교로 너무도 알뜰하게, 일주일이 눈깜짝할 사이에 지났다.

　5일 후 호스피스 병동 발령과 함께 호스피스 실무책임자이신 김승주 목사님을 만나 이야기를 나누게 되었다. 일주일 동안의 강의 내용이 아직 생생하게 남아 있는 터인데 목사님의 이야기 모두가 바로 "비전과 리더십"의 주인공이란 생각에 흠뻑 젖었다.

요즈음은 더욱 리더를 잘 만나야 하는데, 이러한 비전을 소유한 리더라면 기필코 따를 가치가 있다는 확신이 생기며 미래에 대한 그림이 그려지기 시작했다. 주님께서 기뻐하시리라는 그림이…

그러한 비전을 이 병동에 함께 발령받은 간호사들에게 전해 주면서 함께 미래에 대한 영혼구원의 희망을 이야기하며 동료간의 교제를 나누었다. 그렇게 하여 병동의 일이 준비되어지고, 이제는 3개월이 다 되어간다.

아침마다 새벽예배 끝나면 오시는 김승주 목사님, 아침에 출근하시어 저녁에 퇴근하시는 김명길 전도사님, 그리고 오후에 봉사하시는 간사님, 이 분들께서 오시면 바로 병실로 들어가서 "지난 밤에 어떻게 보내셨느냐?", "아프지 않으셨나?" 하시며, 손을 잡고 한사람 한사람 기도해 주신다.

아침에 정규적인 예배를 드리기로 한 다음, 한 환우가 입원하였는데 불교신자라고 하신다. 환우의 마음을 편하게 해드리는 것이 순서여서 호스피스팀들이 그저 기도만 하고 이런 저런 대화를 나누었다. 그런데 그 하루도 안 지나서 기도해 주시던 중, 간호사실에서 들으니 "아멘"이라 하신다. "아니! 불교신자라는데 아멘은 어떻게 아셨을까?" 나중에 알고 보니 초등학교때 한 번, 결혼 전에 한두번 교회에 간 적이 있다 하신다. 그래서 아침 10시~10시 30분까지의 첫 정규예배가 이러한 불교신자로부터 시작되었다.

그후 2명의 세례식이 거행되었는데 그 중 한 분은 마음 속에 예수님을 모시고 계신 것을 예배시간마다 기뻐 찬송하심으로 확인시켜 주고 계셨으며, 마지막날까지 가족들에게 하고 싶은 말씀을 다 하시며 주님께서 예정하신 시간을 감사히 보내셨다.

또 한 분은 할아버지이신데 70세가 넘는 연세에도 이곳에 오셔서 난생 처음 예배를 드린다며 마음 평안해 하셨다. 그리고 세례 받으시기 전날부터 "난 하나님의 자녀라" 하시며 기뻐하셨다.

그날의 세례식은 지금, 아니 먼 훗날까지 기억에 생생히 남으리라.
나는 그날 집으로 와서 일기에 이렇게 썼다.

세례 받는날

세례 받으시는 정○○님,
그의 아드님, 따님, 목사님, 전도사님, 사모님
또 한 분의 전도사님, 간호 과장님, 간호학생, 자원봉사자
같은 병동의 환우 전○○님, 장○○님 김○○님, 보호자 여러분
이렇게 모여 우리 모두는 기뻐하였다.

내일 잔치 준비하라시는 아버님의 명령으로
오늘 직장에도 휴가를 내신 아드님에게
세례식 도중 '아버님 말씀대로 예수님 믿으세요'란 목사님 말씀에
'아멘' 하심에 우리 모두는 감사하였다.

우리의 hope 할아버님은
두 손을 번쩍 드시며,
'나는 하나님의 자녀다' 하시며
그 이름이 생명책에 기록됨을 기뻐하고, 기뻐하셨다.

하늘의 천사들도 기뻐하였고,
천국에서도 말할 수 없는 기쁨의 잔치가 벌어졌고,
예수님의 사랑이 병동을 가득 메운 채,
우리 모두는 기뻐하고, 기뻐하였다.

자녀들로부터 꽃다발을 받으시며, 기뻐하셨고
사진 찍으며 기뻐하셨고,
과일 잔치를 벌이며 기뻐하셨다.

내 마음도 어찌나 기쁜지
마치 시집가는 것처럼 들떴다.

할아버지!
우리 나중에 나중에 천국 가서 이렇게 다 ― 아 만나면,
그날 또, 다시…
천국에서 잔치해 달래요. 예수님께.

다시 만날 날을 기약하며

박 선 미 간호사
(안양 호스피스 병동)

어느덧 내가 이곳 안양중앙병원에 근무하게 된 것도 올해로 6년째 접어든다. 그동안은 줄곧 일반외과에서 근무를 하였고, 3월부터는 호스피스팀의 한 멤버가 되었다. 불과 두 달 사이지만, 나는 많은 환우와 가족들의 만남과 헤어짐의 아픔을 느껴야만 했다. 임종의 순간 눈에서 뜨거운 눈물을 흘리면서 떠나가는 이, 고통으로 일그러진 모습이 천사와 같은 환한 미소를 지으면서 떠나가는 이… 나는 처음에는 그들이 하나 둘씩 떠나갈 때, 너무나 가슴이 아프고 슬퍼서 며칠 동안은 계속해서 울쩍한 마음과 우울함에서 벗어나지 못했다.

그 동안은 '삶과 죽음'에 대해서 깊게 생각하지 못한 채, 어떻게 살아야겠다는 막연한 생각만 가지고 있었던 것 같다. 그리고 하나님을 믿는다고 하면서도 나의 신앙생활은 늘 들쑥날쑥이었다. 그러한 가운데 내가 호스피스 병동에 근무하게 된 것은 하나님께서 호스피스 환우들을 위해 봉사하라면서, 동시에 나 자신을 돌아보도록 하심에 있었던 것 같다. 지금 생각하면 이 모든 것이 너무나 기쁘고 감사하다.

내가 누군가에게 소중한 사람으로 기억되고, 진정으로 기쁘고 즐거운 마음으로 사랑하고 봉사할 수 있는 것은 나에게는 큰 행운이다. 이런 기쁨을 맛보게 하여 주신 하나님께 감사 기도를 드린다.

얼마 전 소천한 환우 중에서 잘 잊혀지지 않는 얼굴이 있다. 그는 우리 호스피스 병동 환자 중 가장 젊은 나이었고, 병명도 그리 흔하지는 않았다. 그의 병명은 (30/M, Mandible Osteosarcoma)로, 안구 적출술을 받은 왼쪽눈은 약 10cm정도 돌출되어서 큰 혹덩어리를 하나 달았고, 입안 깊숙이부터 자라나는 암덩어리는 점점 그의 입속을 가득 메우고 있었다. 냄새가 또한 심하여 하루 세 번 이상 드레싱을 해주어야 했다. 그는 드레싱을 할 때마다 자신의 모습을 거울로 들여다보곤 하여, 옆에서 지켜보는 이의 가슴을 아프게 하였다.

그러나 그는 비교적 잘 견디었고, 하루에 6번 가량 진통제를 맞으면서, "고맙습니다"라는 인사를 빠뜨리지 않았다. 다인용 병실에 환풍기를 달았지만 냄새는 계속해서 났고, 어쩔 수 없이 2인용 병실로 옮겨 홀로 떨어지게 되었다. 지난 병원에서 2인용 병실에 있으면서 너무나 외로웠다고 했는데… 하지만 그 가운데서도 그는 내가 병실을 들어가면 웃으면서 나를 반겨두었다.

그의 곁에는 언제나 70세의 어머니가 늘 주야로 간병하셨는데, 아직 하나님을 영접하지 못한 막내아들을 위한 찬송과 기도는 멈출 줄 몰랐다. 그는 의식이 몽롱한 상태에서 손으로 무자비하게 입 안의 암덩어리를 뜯어서 피를 줄줄 흐르게 하였다. 한번은 드레싱을 해주었는데 답답하였든지 손으로 만져서, 내가 병실에 들어가니 드레싱한 거즈는 어디로 갔는지 온데 간데 없고 온통 얼굴과 손에는 피가 묻어 있었다. 나중에 커다래진 암 덩어리는 제 무게를 이기지 못하고 '툭' 떨어져나가 납작한 모양만 남게 되어 그날 근무한 간호사를 놀라게 하였다.

무엇보다도 우리를 가장 안타깝게 한 것은 암 덩어리가 입 안을 가득 메워서 말을 해도 알아들을 수가 없었던 것과, '커엉 커엉'하는 거친 숨소리였다. 금방이라도 질식할 것 같아 가슴을 졸였으며, 그러한 우리의 심정은 '우리들의 메모지' — 호스피스 간호사들이 쓰는 병동 일기 — 에 쓰여졌다. 그리고 그가 하늘나라로 가기 전까지 예수님을 마음에 영접하고, 평안히 죽음을 맞기를 원하는 중보기도로 이어졌다. 그러한 우리의 기도를 하나님께서는 외면하시지 않으셨다. 드디어, "예수님을 구주로 영접하겠다"는 본인의 뜻에 따라 그에게도 세례의식이 베풀어졌으며, 모처럼만의 웃는 모습을 볼 수 있었다. 그후로 그는 점차 의식이 흐려지면서 4월 10일 아침에 마치 잠을 자는 듯이 평온한 임종을 맞이하였다.

　　그가 떠난 아침에는 새벽까지 내리던 비가 그치고 온 세상이 깨끗해져 있었다. 비온 후, 나무와 꽃들이 소생했듯 그의 영혼도 소생하여 천국으로 가게 된 것을 알려주듯… 나중에 그의 어머니로부터 그가 떠나기 전 밤새도록 세례증서의 사진을 보면서 입을 맞추었고, 시편 23편 "내가 사망의 음침한 골짜기로 다닐지라도 해를 두려워하지 않는 것은 주께서 나와 함께 하심이라…"를 펼쳐 주었을 때, 그곳에서 눈길이 떠날 줄을 몰랐다는 얘기를 전해들을 수 있었다. 이제는 환우들의 임종을 보면 하늘나라로 이사간다고 생각하니 훨씬 마음이 가벼워지고 평안해진다.

　　얼마 전 4월 27일에는 병원에서 호스피스팀이 가평수목원으로 단합대회를 다녀왔다. 그곳은 '아침고요'라는 이름과 걸맞게 너무나 조용하고 아름다운 곳이었다. 파란 하늘과 따사롭게 내리쬐는 햇살, 흙냄새와 맑고 신선한 공기, 계곡을 따라 유유히 흐르는 물소리, 연두와 초록빛으로 어울려진 산과 들, 각양각색의 이름모를 아름다운 꽃과 나무… 창조주 하나님의 놀라운 솜씨에 흠뻑 취하여 나도 모르게 감탄사를 연발하였다.

문득, 내가 보고 있는 이곳보다 더 아름다운 그곳에서 나를 보고
웃고 있을 그의 모습이 떠오른다. "안녕하세요, 김○○씨, 지금쯤은
천국에서 천사와 같은 모습으로 평안히 잘지내고 있겠죠? 언젠가 우
리 다시 만날 날이 있으리라고 믿어요. 그때까지 하늘나라에서 지켜
봐 주세요."

하나님의 가족

이 은 미 간호사
(안양 호스피스 병동)

지난 2월이었습니다. 흩어진 나그네를 하나, 두울 불러 모으시더니 '하나님의 가족'을 만드셨습니다. 이것이 바로 우리 호스피스 간호사들입니다.

박미경 수간호사 선생님이 홀로 호스피스 병동을 지키고 있을 때, 가장 먼저 하나님의 부르심을 받은 나그네가 바로 저였습니다. 평소 호스피스에 관심은 있었지만 이렇게 빨리 부르실 줄은 몰랐습니다. 또한 제가 믿음이 없었기에 더더욱 의아했습니다.

하지만 이제는 하나님의 뜻을 알게 되었습니다. 하나님께서 죄 많은 저를 미리 아시고 택하여, 하나님의 자녀로 부르시는 과정이 곧 호스피스 사역이었음을 알게 되었습니다. 그리고 부르심의 목적이 하나님의 자녀로서의 안주가 아니라 하나님의 일을 하도록 하심에 있으셨음도 알게 되었습니다.

호스피스 병동에서 제게 준 첫 번째 선물은 '고난과 시련'이었습니다. 일종의 훈련이었지요. 또한 이일이 그만큼 긴급하다는 뜻이기도

하고요.

환우들에게 진통제를 놔주고 몇 분이 지나지 않았는데 여기 저기에서 다시 통증을 호소합니다. 이러할 때는 정말 주사놓으러 뛰어 다니는 일이 큰 일이 되기도 합니다.

또한 어떤 이는 암 덩어리가 자라서 얼굴 전체를 뒤덮어 보기에도 흉악하고 또한 냄새가 매우 역했습니다만 정성껏 치료해 주었습니다.

하지만 이일은 이것으로 끝나지 않고 나에게 불시험으로 다가왔습니다. 치료를 하고 뒤돌아서면 환자가 무의식중에 치료한 부위를 손으로 잡아뜯어 엉망을 만들어 놓곤 하였습니다. 이렇게 몇 번 반복되다보니 저도 모르게 그 환자에게 소리를 지르게 되었습니다.

그의 당황하는 모습을 보며 저는 후회와 함께 처음으로 하나님께 기도를 드리게 되었습니다. "하나님! 제가 눈에 보이는 겉모습만으로 사람을 보지 않게 하시고 명철한 행동을 할 수 있도록 도와주소서…" 저의 눈에는 어느덧 눈물이 흐르고 있었습니다.

우리의 삶에 이해하지 못할 환란이 주어질 때 우리의 눈에는 눈물이 흐르게 됩니다 그렇지만 절망하여 자신을 포기하는 그때, 하나님께서는 우리의 일을 시작하십니다.

묵상을 시간을 통하여, 기도를 통하여 하나님을 만났고 이것이 사명인 것을 깨달아 알게 하셨습니다.

이러한 시련들은 점점 더 저를 성화시켜 나갔고 이제는 환우들의 눈빛만 보아도 입 모양만 보아도 무엇을 이야기 하는 것인지를 알고 또 이해하게 되었습니다.

또한 제게 주신 두 번째 선물은 '무한한 사랑과 즐거움'이었습니다. 아무리 강한 진통제라도 환우의 통증을 경감시키지 못할 때가 있습니다. 이럴 때 환우에게 진정 필요한 것은 '사랑'임을 알게 되었습니다. 그래서 그들을 진정으로 사랑하고 그들을 위해 진심으로 기도하고 그들의 고통을 같이 나누기 위해 노력하고 있습니다.

환우들이 무엇을 이야기하든지 성의있게 들어주기만 해도 통증완화는 물론 곧 평안해지는 모습을 종종 보곤 합니다. 이것이 참 간호가 아닌가 싶습니다.

아무리 혐오스러운 사람의 모습도 하나님 사랑이 내 마음에 비추게 되면 사랑스럽게 보이는 것입니다. 이것은 확실히 제가 하나님께로부터 받은 선물이었습니다.

또한 저희들이 힘들고 지칠 때, 구슬땀으로 옷이 얼룩질 때면 환우분께서 "고마워! 간호사 양반, 힘들지…"하시며 손을 잡고 위로해 주시기도 하십니다.

이곳은 서로를 향한 감사의 노래가 있고 섬김의 즐거움이 있는 곳입니다. 아무리 힘들어도 오래 참을 수 있고, 용서할 줄 압니다. 제게 이렇게 선한 일을 하게 해주신 하나님께 진심으로 감사하며, 최선을 다하여 호스피스 환우들을 섬기겠습니다.

말기 암으로 힘들어 하시는 환우와 보호자가 계시다면 지금 저희 안양 호스피스 선교회의 문을 두드리십시오.

지난 날의 삶의 실패를 두려워하지 마십시오.

오히려 시도하지 않는 것 때문에 기회를 잃는 것을 염려하십시오.

저희들에게는 잘 훈련된 호스피스 정신과 하나님이 주신 천사의 마음이 있습니다.

하나님은 사랑입니다

배 춘 란 간호사
(안양 호스피스 병동)

내가 이곳 호스피스 병동으로 온 지 1년밖에 안 되었는데 몇 년은 된 것 같은 기분이 든다. 아마 많은 환우님들의 삶과 죽음을 옆에서 바라보기 때문이 아닐까? 이곳에서 하나님의 사랑으로 사랑이 가득한 마음으로 변한 여러 환우님들의 모습을 통해 하나님의 살아계심을 느끼며 많은 감동을 받는다.

99년 12월 9일에 입원한 39세의 이○웅님은 기억이 많이 난다.

얼굴을 가리고 있는 몇 달째 감지 못한 긴 머리와 갈아입지 못한 청바지, 그는 거지와 다름없는 모습으로 대단한 악취를 풍기며 이곳으로 오게 되었다.

하악골 종양으로 턱 밑 주위에 종양이 살을 비집고 나와 피와 진물이 흘러 매일 상처 소독후 많은 거즈와 붕대로 고정해야 했다.

처음에는 머리가 아플 정도로 코를 찌르는 정도의 역겨운 냄새 때문에 내가 그에게 어떻게 가까이 다가갈 수 있을지 걱정이 많이 되었다. 그러면서 하나님이 그를 이곳으로 보내신 뜻이 있을 거라고 믿고,

자포자기 상태인 그가 사랑으로 변화되는 모습을 볼 수 있도록 기도하였다.

그에게 다가간 많은 사랑의 손길로, 그는 목욕하고 머리를 단정하게 자르고 병실의 향초덕분으로 그 대단한 악취는 코끝에서 향기로 바뀔 수 있었다.

이곳 생활을 시작한 지 4-5일쯤 되니까 TV에서 나오는 호빵 선전을 보며 "아 맛있겠다"며 부러운 듯 쳐다보기도 하고 식사도 미음에서 죽으로 바뀌어도 잘 드셨다. 그는 어느 새 삶의 의욕을 되찾은 깔끔한 한 남성으로 변해있었다. 예수님에 대해 모르는 그가 가끔씩 성경책을 보고 있는 모습이 보이기도 하고 배고프다며 음료수와 빵을 사달라고 간호사에게 졸라대기도 하고, TV방송에서 가난하고 고생하는 사람들의 모습과 그들을 봉사하는 사람들의 모습을 보며 눈물을 흘리기도 하셨다.

하나님은 그에게 웃음을 되찾아 주시고 사랑의 가슴을 가진 사람으로 바꾸셨다.

12월 23일에는 아주 특별하고도 기쁜 날이었다. 바로 그가 너무나도 진지하고 확실하게 하나님의 자녀로 태어나는 세례식으로 우리 모두를 감동시켰다. 그러한 표정을 그냥 지나칠 수 없어서 수 선생님은 사진을 한방 찍어 놓으셨다. 12월 27일에는 그가 수 선생님께 예쁜 브로찌를 선물하였는데 우리가 정성껏 대해 준 것에 대한 그의 고마운 마음의 표시라고 생각이 들어 수 선생님을 비롯하여 막내인 나까지 그것을 간호사복에 반짝반짝이며 그의 마음을 달고 다녔었다. 그의 사랑이 담긴 그 브로찌는 아무리 많은 돈을 주더라도 어디에서도 구할 수 없는 아주 귀한 것이었다.

1월이 되자 그는 점점 기운을 잃어가면서 물 한 모금도 억지로 입축일 정도로만 드실 뿐이었다. 몸이 많이 아프신지 가끔 "아휴"하며 힘들어 하시고 묻는 말에 대답 대신 겨우 고개만 끄덕 끄덕 거리고 눈만 겨우 떴다 감았다 하는 기운밖에 남지 않으셨다. 보호자없이 혼자서 이 모든 고통을 감당해야 하는 그가 너무나 안쓰럽게 느껴진다. "그가 이 고통 가운데서도 주님이 함께 하심을 느끼며 하나님 바라보며 천국의 소망을 잃지 않기를 기도합니다. 아멘."

밤에는 "아이구" 하며 소리를 지르고 몸으로 침대를 들썩거릴 정도의 통증으로 진통제를 몇 번 맞으셨는데 1월 4일 오후 1시 50분에 그는 고통이 없고 영원한 쉼이 있는 천국으로 이사를 가셨다.

30분 전에도 혈압이 정상을 유지하시더니 갑자기 토한 후 자는 듯한 평온한 모습으로 떠나셨다. 그가 처음 입원했을 때의 모습에서 달라진 그의 모습들이 필름처럼 지나가면서 천국에서 웃고 있을 그의 모습을 떠올리며 나도 미소로 그에게 대답한다.

입으로만 사랑을 말하지 않고 호스피스팀이 하나되어 행동으로써 보여준 작은 정성은 실로 한 영혼에게는 엄청난 사랑으로 다가가서 감동을 주는 것 같다.

이곳에서 느끼는 하나님은 바로 사랑이시다.

그곳에서 다시 만날 나의 형제님

현 정 숙 간호사
(안양 호스피스 병동)

'호스피스'

이곳 호스피스에서 나누는 이야기는 가슴저린 슬픔과 사랑을 동시에 느끼게 한다. 그것은 아마도 그들에게 주어진 시간만큼이나 소중하고 절제된 언어들을 서로 주고 받기 때문일 것이다.

52세, 남, 후두암, 황○영님.

이분 역시 그러했다. 특히 이분은 처음 입원시부터 발음이 정확치 않아 종이메모로 의사표현을 했기 때문에 메모지에 쓰여진 말 한 마디는 곧 이분의 가장 중심적 마음이었다. 진통을 참으면서 써야 하는 글이기에 가끔은 맞춤법도 틀리고, 글씨가 겹쳐져서 잘 알아볼 수도 없을 때가 많았다. 처음 그곳에 쓰이는 대부분의 말은 '주사'였다. 그리고 그 다음에는 치료에 대한 질문들이었다.

아저씨는 무척 꼼꼼하시고 완벽한 분이셨다. 진통제 투여간격을 체크할 정도로…

그러던 어느 날부터 아저씨의 메모는 달라졌다. 자신의 대한 문제보다는 천국에 대한 메모가 많아졌으며, 감사의 제목들로 바뀌기 시작했다. 하나님이 주시는 참 평안을 얻은 것이다.

〈99년 2월 27일〉
이제 봄이 오려는 것일까? 마지막 추위가 창문가에 가득히 쌓였다. 한 남자 환자분의 입실이 있었다. 그분은 후두암으로 왼쪽 목옆으로 혹이 불거져나와 두통과 상처의 통증이 심했다. 목은 기관지 절개 수술을 받아 구멍이 나있다. 아저씨가 잠시도 그곳에서 신경을 놓지 않는 듯이 보인다.

〈99년 3월 23일〉
새벽 1시 20분, 여전히 불이 켜져 있다. 진통제를 놔드리고 먹는 진통제도 드렸는데 다시 진통제를 놔달라고 하신다. 인후암은 엄청난 고통을 동반한다는 사실을 알고 있었지만, 어떻게 도와줄 것이 없다는 것이 새삼 가슴을 저며온다.

〈99년 3월 25일〉
봉사자 두 분이 이런 저런 이야기를 하면서 앞자리에 권○직 아저씨 다리를 맛사지를 하고 있다. 진통제를 주사하고, 혹시나 해서 "아저씨도 다리를 주물러 달라고 할까요?" 하고 물으니 웃으면서 내 손을 잡았다. 나는 괜찮다는 뜻일 줄 알고 가려고 하니 두 다리를 이불밖으로 쭉 내놓으신다. 내가 봉사분께 "우리 아저씨 다리도 안마 해주세요" 하니 한 분이 웃으며 봉사해 주셨다. 아저씨가 말씀은 못하셨지만, 몹시 부러우셨나 보다.

〈99년 3월 28일〉

이제는 아주머니가 계속 아저씨의 곁을 지키시게 되었다. 통증이 더 심해지고, 식사도 거의 못하는 상태이지만, 더 이상 아저씨가 외로워하지는 않을 것 같다.

어미 제비가 둥지 안의 아기 제비에게 먹이를 물어다 주듯이 하나님은 아저씨에게 하나 둘씩 선물을 보여 주기 시작하신 것이다.

〈99년 3월 29일〉
내가 병실로 들어서는 순간 아저씨는 무엇이 목구멍에 걸리는지 힘들어 하셨다. "가래가 목구멍에 걸려 있는 것 같아요"라고 종이에 적어 주셨다. "어떻게 알고 오셨어요? 1004 같아요"라는 메모와 함께…

그 방에서 기구를 이용하여 가래를 흡입하려 하는데 아저씨께서 시끄럽게 해서 다른 환자 분을 깨울까봐 밖에서 하기를 원하신다. 간호사실로 모셔와 가래를 빼었지만 너무 깊이 있어서인지 별로 나오는 것이 없었다.

그 후 조금은 편안한 상태가 되어 자리에 가서 엎드려 계셨다.

〈99년 3월 31일〉
아저씨가 오늘 세례를 받으셨다. 몸이 아프면서 신앙를 갖기 시작했지만, 마음과 입술로 예수님을 구주로 고백하는 날, 아저씨 부인께서는 조용히 눈물을 흘리신다.

아마도 아주머니의 오랜 기도제목이 아니었을까?

〈99년 4월 30일〉
눈으로 보이는 암 덩어리가 감당하기 힘드신 것 같다.

너무 아프셔서 치료하기도 거부하신다. 머리가 아프셔서 얼음 수건으로 감싸고 계신다.

그럼에도 불구하고 예배 시간에 참석하시려는 열심을 보면서, 오늘은 내가 아저씨의 든든한 친구가 되어 드리고자 옆에 앉았다.

그런 내게 아저씨가 베개를 밀어 주신다. 성경책을 올려놓고 보라는 것이다. 꼭 나의 오빠처럼…

〈99년 5월 1일〉

새벽 1시 15분, 아저씨가 평안한 모습으로 누워서 주무신다. 저런 모습은 처음이다. 매일 엎드려 주무시고, 그렇지 않을 때는 거의 앉아 있다시피 했는데, 그의 옆에서 아주머니가 무릎을 꿇고 간절히 기도를 드리고 있다. 아주머니는 병원에 오신 날부터 기도를 쉬지 않고 하신다. 아저씨를 안마하면서, 씻으면서… 계속 조그마한 소리로 기도한신다. 예수님이 우리를 위해 기도하듯이.

〈99년 5월 15일〉

목에 하나 둘 있었던 혹 덩어리들이 이제는 커다랗게 얼기설기 이어졌다. 어느새 자랐을까? 나의 표정이 변했다. 아파 보인다. 하지만 아저씨는 의외로 평안한 얼굴이다. 아저씨가 어느새 이렇게 변했을까?

요즈음 아저씨는 거의 누워서 주무신다. 몇 개월 간 눕지를 못해 거의 엎드려서 졸다시피 주무셨는데…

〈99년 6월 12일〉

얼키고 설킨 암 덩어리에서 출혈이 되더니 멈출 줄을 모른다. 아무래도 혈관 주위에 암 덩어리가 생겨 혈관이 터진 것 같다. 빨리 지혈을 시키고 테이프로 고정했다.

오늘도 아저씨의 부인은 찬송을 목이 메이도록 열심히 부른다. 어느새 나의 입술에서도 찬송이 나오기 시작했다. "주안에 있는 나에게

딴 근심 있으랴, 십자가 밑에 나아가 내 짐을 풀었네" 주님! 우리의 모든 짐을 내려놓습니다. 우리를 받아주소서!

〈99년 6월 18일〉
아저씨가 주무신다. 일부러 깨우고 싶지는 않았다. 그냥 옆에서 아저씨의 숨소리를 하나 둘 세어본다. 기관지 절개술을 받아 목에 난 구멍으로 숨을 쉰다. 아내가 이불을 꼬옥 덮어 드린다. 목에 난 구멍까지…

〈99년 6월 19일〉
아저씨가 평안히 누워 계신다. 칠판에 매직으로 뭔가를 쓰려고 하는데 도저히 무슨 글씨인지를 알아볼 수가 없다. 그래서 대충 추측해서 말해본다. 이마에 손을 얹고 있어서, "머리 아프세요?"라고 말해 보지만 평안한 미소로 고개를 가로로 흔드셨다. "베개가 낮으세요?"라고 말하며 베개를 약간 올려 주니 조금 만족해하신다. 이제 아저씨는 눈이 마주쳐도 주사 달라는 말씀도 없으시다. 오히려 내가 주사 안 맞아도 되겠느냐고 물어볼 정도이다.
하나님의 평안의 날개로 아저씨를 감싸 안으신 것일까?

〈99년 6월 25일〉
오늘은 아저씨의 혈압이 60/40이다. 몇 달 동안 못 보시던 대변도 보신다. 이제는 아저씨도 천국 갈 준비를 하시나 보다. 병실에서 찬송가가 계속 울린다. 가족들이 모두 모였다. 서로를 부둥켜안고 울기도 하시고 웃기도 하신다. 그 동안 짧은 여정 가운데 쓰여진 기나긴 이야기들 때문이리라. 하나님은 이러한 과정 속에서 마지막 정리를 시키고 계셨다.

〈99년 6월 26일 새벽〉

새벽 2시가 못되어 아저씨는 하나님 품으로 가셨다.

광야를 헤매이는 듯한 고달픈 이 세상에서의 삶을 청산하고 이제는 고통도 외로움도 갈등도 없는 영원한 안식의 자리, 그토록 사모하시던 하나님의 품으로 돌아가신 것이다.

〈99년 12월 31일〉

아플 때 기도가 무슨 소용이냐고 하시던 아저씨, 그래서 진통제만 더욱 의지하셨던 아저씨, 그런 아저씨가 어느 날부터인가 부인에게, 목사님께 기도를 부탁할 만큼 달라지셨을 때 저희들은 놀랬습니다.

아저씨!

아저씨를 떠나보낸 시간이 벌써 반 년이 되었어요.

항상 병실에 들어가면 웃으면서 손을 들어 반겨주셨죠. 혹시나 우리들이 힘들까봐 욕창치료도 안하겠다고 할 정도로 깊은 마음을 가졌던 아저씨, 시간이 흘러 세월이 지나가도 아저씨를 잊지 못할 것 같습니다.

저희들이 아저씨를 잊지 못할 것은 또 하나가 있습니다.

그것은 아주머니께서 자원봉사자로 계속 그 자리에 남으셔서 고통하고 절망하는 다른 환우들을 보살펴 드리고 계시기 때문입니다.

보통 사람들의 생각과 계산으로는 이해할 수도 없는 일을 하고 계신 것입니다.

아저씨, 아주머니 사랑해요.

"그날과 그 시간은 아무도 모르니 깨어 준비하고 있으라"하시는 주님의 말씀대로 저희들은 항상 깨어 있는 정신으로 우리 환우분들과 함께 할 것입니다.

이○웅님 세례식

박 미 경
(안양 호스피스 병동 수간호사)

오늘은 아주 특별한 날이다.
그리고 아주 좋은 날이다.
너무 너무 기쁜 날이다.

이○웅(39/남) 12월 9일 저녁 5시 30분.
끈쩍 끈쩍 꾸정물 긴 머리
몇 달 동안 안 갈아 입은 옷
그 지저분한 냄새로 기절할 것만 같은 상태…

턱에는 쥐 뜯어 먹고,
구멍 파 놓은 상처의 말 못할 냄새로
응급실을 통해
호스피스병동으로 입원하셨다.

그러한 그가 목욕재계 후
호스피스의 헤어샵 관리 후
얼굴 로션 맛사지 후
향내 나는 예쁜 향초의 덕분으로
하루가 다르게 변모하여
번듯하며 깔끔한 그리고 꼼꼼한 남성으로 변하더니

오늘 너무도 진지하게 너무도 확실하게
하나님의 아들로 탄생하였다.
예수님을 드디어 신랑으로 맞이하신 것이다.

세례식 때 어찌나 진지하며 확실하며 명료한
주님의 영접의 마음이
우리 모두를 감동시키셨다.
그러한 표정을 그냥 지날 수 없어
사진을 한 방 찍었다,

하나님께서도 그 순간 그 감동을
하나님 가슴에
사진 한 방 찍어 놓으셨음이 분명하다.

구○덕님 세례식

박 미 경

구○덕님이 (Lung Ca) 오늘 세례를 받으셨다.

처음 입원했을 땐 남의 말은 전혀 듣지 않고 안하무인이던 할아버지
때밀이 해주러 오신 자원 봉사자님들게 목욕탕이 허술하다고 "신문에 고발해야 한다"며 호통치던 할아버지
씻겨 주고 닦아주는데도 아무나 혼내며 야단치시던 할아버지
혼자 링겔들고 가다 화장실에서 넘어져 얼굴과 가슴에 피로 범벅이 되어 응급실에 가서 꼬매기도 했었다.

예배시간에는 꼭 나오지도 않는 소변을 누러 부산스러이 화장실에 비틀 비틀 걸어가시며 예배를 방해하던 할아버지
예배 시간에 화장실 안가면 무어라 중얼중얼 하며 예배를 어떻게 해서라도 방해하시던 할아버지

어느 날부턴가 순한 어린양같이 서서히 변화하시더니
예수님을 영접하고 찬송을 불러 달라고 자원봉사자에게 부탁까지
했단다.

어제는 찬양을 불러 주니 몹시도 좋아하시고
평안해 하시며 미소를 띠었다.
3-4일 전에는 가래가 끓어 영원히 가시는 것이 아닌가 했는데 지
금은 가래는커녕 숨쉬기도 편안해 보인다.
그래서 산소 탱크와 Suction은 구○덕님 자리에서 다 치워 버린
오늘, 그는 천국 백성으로 호적에 올려졌다.
여태까지의 예배 중에 가장 점잖게 그리고 조용히 예배에 참석하셨
다.
숨도 크게 안 쉬는 것 같았다.
축복송을 불러 드릴 때는
거의 한 달 동안 먹지 못한 힘없는 상태에서 박수를 치신다.
목사님과 속도를 맞추어 빠르게 축복송이 끝날 때까지 치신다.
나도 박수를 치면서 축복송을 부르는데 할아버지 속도의 반 밖에
못쳤다.

세례 축하 케이크의 불을 끄려고 "하나 두울 셋"하니
할아버지도 자원 봉사자와 함께 큰 소리로 "셋" 하신다.
착한 어린아이와 같다.
엄마 치마폭에 숨는 6살 수줍은 시골 소년 같다.

지금 이 순간 주님의 따스한 손길이 온유함으로 우리를 감싸
안는다.
하나님! 오늘 세례식은 정말 즐거웠어요.

최○순님 세례식

박 미 경

하나님의 사랑은 감이 안 잡힌다

너무도 오랫동안 D종교에 흠뻑 젖어 살던 조그마한 아주머니
이곳 호스피스 선교회가 단지 경제적인 부담이 없다라는
남편의 말에 할 수 없이 입원했던 아주머니이었다.

입원한 지 며칠도 되지 않았는데
그녀가 예수님을 마음으로 믿어 의에 이르고
입으로 시인하여 구원에 이른다

예배 시간에 눈물을 흘리시고
찬양 시간에 눈물을 흘리신다
목사님과 대화를 나눌 때
눈물을 흘리시고
자원봉사자와 예수님에 대해 이야기를 나눌 때

눈물을 흘리신다

최○순님은 예수님을 눈물로 만난 사람이다
예수님 소리만 들어도 눈물이 주르륵 흐른다
오늘 세례식 때에도 계속 눈물로 주님의 말씀을 듣는다
믿음의 확신을 묻는 질문에서는
너무나 확실하게 주님의 자녀됨을 고백한다

이렇게 빨리 주님께서 마음의 문을 열어 주시리라고는
아무도 예측하지 못했다
남편도 가족들도 모두 모두 놀라고 있다
주님께서는 너무도 기다리고 기다리시다가
더 이상 참지 못하시고
주님을 보게 하셨나 보다

하나님의 사랑은 어느 정도로 높은지 깊은지
또 늦게 임하시는지 빠르게 임하시는지
감이 안 잡힌다

2. 선한 사마리아인들

생의 마지막에 서계신 분들을 섬기는 일,
그들의 죽음을 돕는 이 일이 얼마나 소중한가는
함께 동역해보지 않은 분들은 모르시리라…

호스피스에서 일하는 사람들

이 의 웅 사무국장
(시인, 안양중앙병원)

그녀의 얼굴이 창백하게 보이는 것은
죽음의 물음표에서 날라오는 수많은
화살의 상처때문

그녀의 얼굴이 빛나게 보이는 것은
환자 고통 덜기 위해
상냥하게 웃어주는 사랑의 흔적때문

그녀의 얼굴이 기뻐보이는 것은
약보다 손잡아 달라던
환우가 세례받아 기뻐하는 모습때문

임종의 고통을 덜기 위해
있는 열정 모두 태워
남은 것은 오직 잿빛 가슴

봉사의 기쁨

최 훤누리
(참빛교회, 안양호원초등학교 교사)

작년에 대학교 졸업을 하고 발령을 기다리고 있을 때, 목사님께서 말기 암환자들을 돕는 호스피스 교육을 받아보라고 권하셨다.

어려움에 처한 사람들을 위해 뭔가를 할 수 있다는 것이 좋은 일이라고 생각했기 때문에 기꺼이 수강키로 하였다.

그러나 3달 간의 교육을 받으면서 호스피스 사역은 남을 위함이 아닌, 오히려 나를 향한 하나님의 은혜라는 사실을 깨닫게 되었고, 그 동안 안일하게 신앙 생활을 해 오던 나에게 하나님은 좀 더 적극적인 그 어떤 기대가 있으심을 알게 되었다.

환우들을 만날 때면 나의 모습이 너무나 부끄럽게 느껴질 때가 많이 있다. 그들은 육신의 연약함을 가지고 있으면서도 하나님을 너무나 사랑한다. 우리에게 항상 찬양을 요구하셨던 권사님 한 분은 언제나 얼굴에 미소를 잃지 않으셨고, 힘이 들어 찬양을 함께 부르진 못하셨지만 찬양이 끝날 때마다 "아멘"으로 확고한 믿음을 보여주셨다.

그런 어려운 상황에서도 감사와 찬양을 잃지 않으시는 분도 계시는데 나의 모습은 어떠한가 돌아보면 하나님께 너무 죄송스럽기만 하다.

매 달 마지막 주일이면 우리 청년들은 백암에 있는 샘물호스피스 수양관으로 향한다. 아픈 몸으로 하나님의 부르심을 기다리는 환우들에게 작은 힘이나마 "나눔"이 되길 바라는 마음을 가지고 말이다.

말기 암환우들은 오염되지 않은 깨끗한 음식과 맑은 공기로 최대한 보호되어야 한다. 그래서 수양관에서는 직접 농사를 짓고 있다. 쌀, 감자, 고추 등… 우리는 그 곳의 농사를 돕는 노력 봉사를 할 때가 많다. 봉사를 할 때 청년회 형제, 자매들과 남선교회 집사님들의 애쓰는 모습이 너무나 아름답다. 하나님 보시기에도 당연히 그러하시리라 믿는다. 논에서 피를 뽑고, 비료를 주고, 감자를 심기도 한다. 한 달 후에 갔을 때 많이 자란 농작물을 보면서 그것들로 인해 환우들의 건강에 조금이나마 도움이 될 것들을 기대하는 나의 마음은 보람으로 충만해진다. 여럿이 함께 환우들의 각 방을 청소도 하고, 안마와 목욕, 찬양으로 그들을 섬긴다.

봉사의 기쁨은 봉사해본 사람만이 안다.

하나님을 사랑하는 많은 이들이 어려움에 처한 환우들을 섬기고, 그 아름다운 섬김을 통해서 오히려 하나님의 사랑과 은혜를 충만히 받게 되는 기회가 많아지기를 간절히 기도한다.

이 깊은 곳에 그물을 내리라

김 명 길 전도사
(실행위원, 호스피스 병동 전임)

저는 안양 호스피스 병동을 섬기는 김명길 전도사입니다. 저희 담임목사님께서는 몇 년 전부터 호스피스에 관심을 두시고 교육을 받으셨고, 그 후 전교인들을 밀어주시어 저도 3년 전 샘물호스피스 자원봉사자 교육 제6기 교육을 수료하였습니다. 저는 늘 하나님 앞에서 내가 무엇을 하기를 하나님께서는 원하시는지 하나님의 의도를 알고 싶었고, 늘 물으며 기다려 왔습니다. 그런데 이 교육을 받게 되면서 '진정 내가 해야 할 일이 이것이었구나' 하고 생각되면서 가슴이 뜨거워졌고 너무 감격하여 교육을 받으면서 몰래 눈물을 흘리기도 했습니다.

그후 '용인 샘물의 집'으로 봉사를 가게 되었는데, 저는 그곳에서 숨도 쉬기 어려울 정도로 엄숙한 분위기를 느꼈고, 상하고 병든 사람들이 하나님 앞에서 그대로 드러날 수밖에 없는 가련한 모습들을 보며 나를 한번 돌아보았습니다. 그날 저는 알 수 없는 서러움으로 실컷 울었습니다. 돌아오면서 나같이 부족하고 작은 자에게 병들기 전

66 ◀ 호스피스 병동 24시

에 이 현실을 보여 주시고 깨닫게 하신데 감사드렸습니다. 그리고 내게 주신 이 남은 건강, 하나님이 필요하시다면 아낌없이 다 드리고 싶은 마음이 끓어 넘쳤습니다. 이러한 생각을 가지고 기쁜 마음으로 '샘물의 집'에 3년 동안을 오고 갔습니다.

그러던 어느 날 뜻하지 않게 본 선교회 실행위원이신 김병하 집사님으로부터 "중앙병원 이경자 간호과장님께서 병원 호스피스 사역에 관하여 상의해 보자"하신다는 전달을 목사님께서 받게 되었습니다. 저는 순간 '하나님께서 큰 일을 계획하고 계시는구나!'라고 생각되었고, 매일 새벽 기도회에서 간절히 부르짖었습니다. 그때마다 하나님께서는 강한 힘으로 응답을 주시었고, 미약하나 기도로 섬길 것을 다짐하곤 하였습니다. 그때부터 실무 책임자이신 김승주 목사님께서는 실행위원들과 함께 이리 뛰고, 저리 뛰어 다니시면서 분주히 설립에 관한 제반사항을 준비하셨습니다.

9월 8일 개원 감사예배를 은혜스럽게 드렸고, 환자 맞을 병실을 단장하고, 환우들을 기다리는 중 하루는 40세 중반쯤 된 남자분이 사무실로 찾아와서는 "폐암 말기인 자신의 어머니인데, 불교신자라서 다른 종교 이야기하면 퉁명스럽고 어려울 것 같은데 어떻게 하면 좋으냐?"며 의논해왔습니다. 무조건 모시고 오기만 하면 된다고 용기를 주어 보낸 후, 목사님과 간호사님 그리고 저는 내심 긴장하고 그분이 오시기를 기도하며 기다렸습니다.

그 다음날 그분이 오셨고, 혹시나 무조건 예배 드리면 마음 문이 더 굳게 닫힐 것 같아 눈치만 보고 이틀간을 예배를 드리지 못하고 있었습니다. 그러면서도 "이것을 어떻게 해야 할 것인가"를 놓고 기도하는데 "일단 예배부터 드리자"라는 영감이 강하게 오기에 목사님과 상의하여 병실 예배를 드리기 시작했습니다. 물론 할머니에게는 그냥 드러누워서 듣기만 하셔도 된다는 것으로 양해를 드렸습니다. 예배를 드린 지 이틀이 되는 날 할머니께 따뜻한 마음으로 다가가 안마도 해

드리고, 조심스럽게 이야기를 하고 보니 사실은 정이 많은 할머니셨습니다. 듣다보니 초등학교 때 새 신을 사신고 교회를 갔는데 예배를 드리고 나와보니 신이 없어져 마음이 상하여 교회를 등지시고 절에 다니셨다고 합니다. 20년 넘게 혼자 4남매 기르느라 고생 고생하신 할머니가 그때부터 불쌍해 보였습니다. 그리고 "그때 시작한 예수님을 끝까지 잘 믿었으면 고생을 많이 안해도 되었을 것을…" 하는 아쉬움에 마음이 몹시 아팠습니다.

할머니를 지켜보면서 먼저 육신의 케어로 환자의 마음 문이 열린 후 영적 케어를 해야겠다고 마음 먹고, 큰 주전자에 뜨거운 물을 얻어와 머리를 감기고, 발도 닦고, 옷도 갈아 입히고, 머리도 곱게 빗어 드리고 침대에 눕혀 드리니 너무 좋아하셨습니다. 며칠 후 이젠 본격적으로 영적 접근을 해도 되겠다 싶어 할머니가 지은 죄를 대신하여 십자가를 지신 예수님을 소개하였는데, 놀랍게도 영접기도까지 함께 하시기에 이르렀습니다.

그후 점점 얼굴이 평안해지셨고 말도 따뜻하게 잘하시고 밝아지셨습니다. 그 후 할머니는 목사님 기도하시는 중에 소천하셨고, 처음부터 이 과정을 잘 알고 있는 아드님과 며느님은 그렇게 평안히 가실 줄을 몰랐다고 놀라워하며 진심으로 감사해 하였습니다.

또 한 분은 쓸개암을 앓으시는 할아버지인데, 처음에는 너무나 완강하게 거절하셔서 입원을 포기했던 분이었습니다. 먼저번 병원에 계실 때 의사분이나 간호사의 냉대에 질려서 병원이라는 소리만 듣고도 딱 거절하시더랍니다. 그래도 일단 한번 가보자 하여 모셔왔는데 와서보니 다른 병원과 다르게 마음들이 따뜻하고 병실 분위기가 너무 평안한 느낌을 주고 간호사님도 친절하고 목사님 말씀이 너무 좋다면서 이제는 가라고 떠 밀어도 다른 데로 안가겠다 하셨습니다. 하루하루가 지나면서 평안함과 밝은 모습으로 기분이 좋아지셨습니다.

그러던 어느 날부터 예배를 드리는데 마치 오래 믿던 사람같이 사투리 말씨로 "아면"(아멘)을 적절하게 잘 하시고 설교 말씀도 긍정적으로 잘 받아들이셨고 "예수님 믿고 꼭 천국 가겠다"는 소망과 확신에 차 있는 말씀을 하셨습니다.

그 후 세례 받으실 것을 권유하니 쾌히 받기를 기뻐하시어 자녀들과 자원봉사자들 축하받으며 세례받으셨고, 세례받은 사진이 붙은 세례 증서를 받으시고는 너무 좋아하셨습니다.

그 후 얼마 안 남은 생을 시골에 가서 지내고 싶다 하시면서 "다른 곳에 가 있어도 천국 갈 수 있어?" 하고 물으셔서 "예수님 믿음 꼭 간직하시고 하나님의 아들을 끝까지 의지하시면 어디 있든지 천국 가려요"하고 대답해 드리니 안심스러운 표정으로 시골에 내려가셨습니다.

그 후 셋째 따님이 인사차 와서 소식을 전하는데 돌아가시기 전에 밝은 얼굴을 하시고 가끔 혼자 미소도 지어보이셔서 "왜 그러세요?"하고 물으니 "하얀 꽃이 만발한 좋은 곳에 갔었어"하며 좋아하시더니 얼마 안가서 곧 소천하셨다고 전하고 갔습니다.

갈릴리가 고향인 어부 베드로는 고기 잡는 선수였지만 아무리 그물을 던져도 고기를 못 잡는 것을 보신 예수님께서 깊은 곳에 던지라 하실 때 무조건 순종하여 그물이 찢어지도록 고기를 잡은 일을 생각해 봅니다.

안양 호스피스는 하나님께서 많은 영혼을 구하시려고 준비하신 선교의 그물이라고 생각됩니다. 그리고 중앙병원… 이곳이 바로 황금 어장인 깊은 곳이 아닐까요?

하나님이 기뻐하시는 것은 천하와 바꿀 수 없는 한 생명을 구하시는 일이기에 그 어떤 어려움이 있을지라도 모든 것을 하나님께 맡기고, 사는 날 동안 이 일에 최선을 다하렵니다.

주여 이제 안식하게 하소서

김 승 주 목사
(본회 실무책임자)

〈0월 0일〉

총무님으로부터 "정말 어려운 사람이 있어 부탁드린다"는 어떤 분의 전화와 함께 입원한 환자가 있다는 연락을 받았다. 마침 수요일 예배 관계로 다음 날 아침 일찍 병실을 찾았다.

전O수 님. 위암을 앓고 있는 45세의 깡마른 모습의 눈이 유난히도 큰 분이었다. 다소 불안해하는 듯한 모습을 하고 있는 그에게 "우리는 이제 한 가족입니다"라는 말로 안심을 시켜 주었다.

서로의 인사도 잠깐, 그는 짙은 황토색의 위액을 꾸역꾸역 토해 내고 있었다. 도대체 몇 일째 물 한 모금 마신 적이 없다는데, 어디에서 이렇게 많은 물이 나오는 것일까?

〈0월 0일〉

하루를 지낸 그는 눈물을 흘리며 살아오면서 받은 지난 날의 상처들을 드러내어 놓는다. 부산에서의 오랜 직장생활을 청산하고 퇴직금을 포함한 전 재산을 들여 사업을 시작했으나 경험 미숙으로 실패했다고 한다. 그야말로 순식간에 알거지가 되었다고 한다.

설상가상으로 얼마 후에는 20세 먹은 큰 아들을 교통사고로 잃었다고 한다. 벽제에서 화장을 한 후 아들의 분골을 원당 산에 뿌렸지만 도저히 잊을 수가 없었단다. 그래서 밤마다 술에 취해서는 원당의 온 산을 헤매이며 목이 터져라 아들의 이름을 불렀단다.

신앙이 없던 그가 한꺼번에 밀어닥친 드높은 역경의 파고를 뛰어넘기에는 너무나도 역부족이었으리라.

그의 이야기를 들으면서 그의 입으로 토해내고 있는 황토색의 구토물은 분비액이 아닌 한(恨)을 토해내고 있는 것이라는 생각을 했다. 그리고 그에게 무엇보다도 시급한 것은 영적인 치유임을 직감하게 되었다.

〈O월 O일〉

아침 10시의 호스피스 병실예배는 그야말로 가정예배이다. 찬송과 기도 그리고 말씀이 곧 치료이다. 두 손을 모으고 하나님의 은혜를 기대하는 그의 모습이 너무나도 진지하다. "너희가 어린아이와 같이 아니하면 하나님의 나라를 볼 수 없다" 하시던 말씀이 생각이 난다.

예배를 드린 후의 그의 모습은 "힘이 되신 하나님"(시 18:1)을 만난 자답게 생기가 되살아나고 있다.

이제야 정신이 드는지 "이곳이 천국이 아닌가?"하며 감격해 하고 있다.

그도 그럴 것이 우리 호스피스 팀이 주는 분위기는 그가 지금까지 여러 병원을 거쳐오면서 얻은 경험적 상식으로는 도저히 설명이 안되는 분위기이기 때문이다.

그는 지금 충격을 받고 있는 듯 했다. 나를 형님처럼 생각하면 좋겠다고 한 후, 나 또한 '성도님'보다는 그의 이름을 부르기로 하였다.

〈O월 O일〉

오늘은 우리의 고난, 죽음 그리고 심판은 원천적으로 죄의 결과인
것과 이것으로부터의 구원은 오직 예수밖에 없다는 복음의 핵심을 간
간이 간증을 섞어가며 전했다. 들으면서 연신 "아멘"이다. 그렇게 순
수할 수가 없다. 타락 이전의 아담의 모습이 이것이 아닌가? 그 때
이야기를 가만히 듣고 있던 그가 갑자기 "살려만 주신다면 이제는 정
말 주님의 일만 하면서 살겠다"고 한다. 그래서 "지금 이 자리에서 주
의 일을 할 수는 없는가?"라고 했더니 "좋은 세월 다 보내고 이 모습
으로 할 수 있는 일이 뭐가 있겠습니까?" 하며 반문한다.

"따지고 보면 인간이 할 수 있는 일 중에서 가장 큰 일은 기도하는
일이며 그것도 나보다는 더 어려운 가운데 있는 이들을 위하여 하는
기도라면 그것이 곧 주님의 일이 아니겠는가" 했더니 쉽게 이해를 한
다.

〈O월 O일〉

그는 정말 예수님을 인격적으로 만난 사람이었다. 그는 자신이 중
생한 증거 중 하나로 말씀이 그대로 믿어진다는 것' 특히, 새 예루살
렘에 대한 소망이 대단하다. 그리고 '죽이고 싶을 만큼 미웠던 사람이
오히려 불쌍히 여겨지고, 자연스럽게 용서되더라는 것'이었다. 중생에
이보다 더 확실한 증거가 있을까? 내일은 병상세례를 베풀기로 하였
다. 두 분 내외가 함께 받기로 하였다. 안양 호스피스 선교회로서는
처음 베푸는 성례식이다.

〈O월 O일〉

아침에 병실에 들어서니, 세례를 받기 위해 면도도 하고 머리도 감
고 목욕은 못하니 정강이까지는 닦았다며 보고가 한창이다. 꼭 생일
맞는 어린아이같이 설레는가 보다.

그 누가 이분을 건강한 가정을 가진 45세의 가장이라고 하겠는가? 그 동안 우리는 너무 어른인 척하며 살아온 것이 아닌가?

세례 예식이 진행되는 동안 그는 계속 울고 있었다. 이를 지켜보는 아내 역시 연신 눈물을 닦아내고 있다.

세례를 받으면서도 그 눈에 눈물이 없다면 한 번쯤 진지하게 세례의 의미를 다시 생각해 보아야 할 것이다. 예식을 마친 후 스텝들과 함께 기념촬영을 하였다. 아내의 부탁으로 두 분만의 사진도 별도로 찍어 드렸다. 꼭 연애하는 모습 같다. 어느새 아셨는지 환경담당 아주머니께서 축하 꽃을 준비하여 주신다. 스텝들이 모여 간단한 다과로 두 분의 제2의 탄생을 진심으로 축하해 드렸다. 하늘에서는 또 얼마나 기뻐하실까?

〈O월 O일〉

세례식 장면이 담긴 사진을 붙여서 세례증서를 드렸더니 너무 좋아한다. "비록 병들어 야위어서 그렇지 나도 괜찮게 생긴 남자래요…" 강한 부산 사투리가 섞인 농담도 건넨다. 세례를 받으시더니 1주일 전 지칠 대로 지친 초췌한 모습과는 너무도 달라진 모습이다.

오늘은 성경(골 3:1)에 근거하여 "새로운 피조물의 삶"이라는 제목의 설교를 했다. 하나님의 자녀답게, "땅의 것을 추구하기보다는 위의 것, 즉 하나님의 뜻을 구하면서 살자"는 말씀과 함께, 시간적으로는 과거에 대한 미련보다는 장차 그리스도의 영광에 함께 참여하는 것을 나머지 생애 최대의 관심사로 여길 것을 권고하였다. 그는 '아멘'으로 화답하고 있었다.

〈O월 O일〉

오늘은 대화 중에 갑자기 정색을 하며 "목사님, 하나님께서 이 안양 호스피스를 크게 축복하실 겁니다. 두고 보세요"라고 한다.

무슨 말인가? 감사의 표현일가? 아니면 그를 통해서 하시는 하나님 예언의 말씀일까?

〈O월 O일〉
아침부터 희한하다고 호들갑이다. 실행위원 전 목사님과는 먼 친척이 되며, 자신은 전 목사님의 증손자 뻘이 된단다. "다음부터 전 목사님 오시면 침상에서 내려와서 무릎 꿇고 앉으라"고 농담도 했다.

그는 눈물이 많은 사람이다. 눈이 크기 때문인가? 아니면 마음이 열렸기 때문인가? 그가 흘리는 눈물은 대략 3가지로 그 의미를 생각게 된다.

첫째는 회개(悔改)의 눈물이다. 예수를 만나기 이전에 행하던 일들에 대한 회개의 눈물이다. 특히 자신에게 전도하던 누님을 격렬하게 핍박하던 이야기를 하면서 차라리 통곡에 가까운 애통함을 보인다.

둘째는 회한(悔恨)의 눈물이었다. 이렇게 좋으신 하나님을 왜 진작 몰랐을까? 어쩌다가 이 모습이 된 후에야 믿게 되었을까? 그는 복음성가 "세상에서 방황할 때 나 주님을 몰랐네"를 특히 좋아했다.

셋째는 감사(感謝)해서 흘리는 눈물이었다. 뒤늦게라도 불러 주신 하나님 아버지가 너무 감사하고, 이렇게 "때를 따라 도우시는(호스피스 병동으로 입원)" 하나님 아버지의 은혜 또한 너무 감사하단다. 그 말끝에 붙이시는 "하나님 아버지"란 말이 그렇게 자연스러울 수가 없다. 아버지를 불러가면서 그의 눈에는 또다시 눈물이 가득 고여 있다. 마치 눈물주머니를 차고 있는 사람 같다. "앞으로는 물좀 적게 먹으라"고 농담을 해주었다.

〈O월 O일〉
오늘은 아침부터 초췌한 모습으로 맞는다. 구역질 때문에 밤새 한 잠도 자지 못했다고 한다. 예배 시간쯤 되어서 잠이 들더니 예배를 다 마칠 때까지도 일어나지를 못한다.

이럴 분이 아닌데…

〈O월 O일〉

자꾸만 엉뚱한 헛소리를 한다. 혼미가 계속되고 있다. 거의 잠 한 숨 못 자고 뜬눈으로 밤을 샜다고 옆의 환우가 귀띔을 한다. 뜬눈으로 밤을 새우고도 일일이 수발하는 아내가 몹시도 애처롭다. 중보기도와 찬송가를 대신 불러주며 한동안을 그냥 옆에 있어 주었다.

〈O월 O일〉

주일날 새벽 아무래도 이상하다는 연락을 받고 급히 병원으로 달려가 보니 깊은 혼수와 함께 가래 끓는 소리가 예사롭지가 않다.

대기실로 모시고는 가족들과 함께 임종기도를 드렸다. "주여, 이제는 차라리 몸을 떠나 주와 함께 거하게 하소서.", "주여, 이제는 평안하게 하소서, 안식하게 하소서."

(전O수님은 그날 오후에 마치 잠을 자듯이 조용히 하나님의 부르심을 받았습니다.)

이 작은 자를 통하여

류 승 란 집사
(안양제일교회, 제2기 자원봉사회 회장)

원치 않는 육신의 연약함으로 힘들어 지쳐있을 때마다 사랑의 주님은 날 찾아오셔서 치료해주시고 싸매주셨다. 나보다 나를 더 사랑하시는 주님을 만난 뒤 빚진 자로서 고민하면서 호스피스 교육을 받게 되었다.

잘할 수 있을까 두려움과 떨림이 앞선다.

수료식날 찬송가 355장 "부름받아 나선 이몸 어디든지 가오리다 괴로우나 즐거우나 주만 따라 가오리니…"를 부를 때 뜨겁게 흐르는 눈물은 하늘나라 백성에 대한 감사요, 잃었던 건강을 찾아주신 사랑의 감사며, 첫 사랑을 회복시켜 주신 주님의 크신 은혜의 감사였다.

"내게 능력주시는 자 안에서 내가 모든 것을 할 수 있느니라"(빌 4:13)는 말씀으로 용기를 얻어, 봉사자로서 주님을 증거하는 도구가 되고 싶은 소망을 가져본다.

〈99년 5월 17일〉

"생명 주신 이 주님이시라 능력 주신 이 주님이시라 새 생명 얻은 이몸 다 받쳐 주님께 영광 돌리리…"를 찬양하며 안양중앙병원 호스피스 병동에 도착했다.

이○분, 69세, 4월 2일 입원.

3년 전 소천하신 친정 어머님을 만난 듯 친근감을 갖게 하는 할머니였다. "주님 감사해요 저의 형편과 처지를 먼저 아시는 주님 잘 할께요, 도와주세요" 기도하면서 할머니의 손을 잡았다. 그 손으로 전해오는 따뜻함 속에서 오히려 내가 위로를 받는다. 무엇을 어떻게 해야하나? 순간 교육기간 중 들었던 '의사가 할 수 없는 일이 있다' 라는 말이 떠올랐다. 'Skin ship' 주님의 손을 대신하게 해달라고 기도하며 팔다리를 주물러 드렸다. 말씀이 없으시고, 조용하신 분이어서 화장실 가실 때 이외는 별 도움이 필요해 보이지 않았다.

서투른 도움탓인지 할머님의 배설물이 내 유니폼과 손등으로 흘러내렸다. 하지만 감사한 것은 샤워를 해드리면서 "날 사랑하심 날 사랑하심 날 사랑하심 성경에 써있네" 찬양을 할 수 있음이었다.

〈99년 5월 24일〉

"할머님 잘 주무셨어요? 힘드시죠? 저는 이제부터 할머니 딸이에요" 하니 좋으신지 활짝 웃어 주신다. 양치질을 도와드리고 산책을 시켜드리며 천국에 대한 소망도 나누었다. 병원 주위 산에서 들꽃을 꺾어 머리에도 꽂고 또… "할머니 예쁜 공주같아요. 공주 할머니라고 불러드릴게요. 잠만 많이 자니까 잠자는 숲 속의 공주가 낫겠다" 하니까 웃으신다.

오랫동안 쌓인 외로움이 보였다.

〈99년 6월 21일〉

더위가 만만치 않다. 너무 많은 것에 욕심을 낸 것일까? 지치고 힘들다. 나약함과 부족함에 다시금 주님 앞에 엎드린다.

> "나의 힘이 되신 여호와여 내가 주님을 사랑합니다.
> 나의 생명이신 여호와여 내가 주님을 찬양합니다.
> 나의 작은 신음에도 응답하시는 주님 감사합니다.
> 온전히 낮은 자의 모습으로 주의 길 행하게 하옵소서.
> 사모하는 이 마음 변치 않게 하옵소서.
> 찬양과 기도로 얼룩진 이 모습 정케하신 주님께
> 감사드립니다."

새 힘을 얻어 병실로 들어서니 폐암으로 고생하시던 곽○각님이 보이지 않았다. 유난히 눈이 컸던 할아버지, 그 큰 눈만큼 죽음에 두려움이 컸던 할아버지, 악취의 가래를 닦아드릴 때면 미안해 입을 꽉 다무시고 쩔쩔매던 모습이 눈에 선하다.

"할아버지 영생을 맛보며 주 안에 사셔야 되요. 언제나 주 안에 사셔야 되요. 십자가 꼬옥 붙들고 주님만 의지하세요. 하나님 사랑해요 라고 외치세요." 하며 안타까워했었는데… 그후 세례까지 받으신 할아버지. 이제 하나님 나라에서 우리를 지켜보고 계신 것을 소망 가운데 믿어 의심치 않는다.

〈99년 7월 12일〉

한달 전만 해도 걸으시고 양치하시고 식사도 맛있게 잘드셨는데… 이젠 기운도 없으시다고 한다. 숨도 차고 구역질도 나고 화장실 가는 횟수도 줄고 예배시간에도 주무시는 시간이 늘었다. 배도 많이 딱딱해지고 불러왔다. 그래도 다행히 통증은 없으시다고 한다. 하나님께서 병들고 외롭고 소외된 우리의 이웃을 더더욱 사랑하심에 감사했다. 또한 할머니 외로움을 지워주기 위해 아무도 모르게 찾아오곤 하는 '우렁각시' 모습도 감사하기만 하다.

어떤 날은 예쁜 속옷이 가지런히 정리되어 있었고 또 어떤 날에는 맛있는 떡이… 또 쥬스, 사탕, 예쁜 꽃까지 꽂혀 있곤 한다. 우리 하나님께서는 작은 주의 일에도 협력하여 선을 이루도록 하신다는 걸 새삼 느껴본다. 어쩌면 이 세상은 이 작은 아름다움 때문에 아직 지탱하고 있는 것은 아닐까?

할머니! 너무 외로워하지 마세요. 그리고 사랑해요.

⟨99년 7월 26일⟩
오늘은 수건 쟁탈전이 벌어졌다.

날이 더워지고 씻는 일이 많아져서 그럴까? 할머니께서 수건 2장을 누가 훔쳐갔다고 하시며 걱정하신다. 한참 후 침대 건너편 강 할머니와 김 할머니가 빨간 수건을 가지고 서로 당신 것이라고 하신다. 난처했지만 마침 정 집사님께서 수건 2장을 가져와서 일은 마무리된 듯 하였다. 그러나 마음 속에서 이분들의 차지한 오해를 해결할 방법을 고민하던 중 흘러나오는 찬양 테이프에 맞춰 몸찬양을 시작했다. 김 할머니 앞에서 몸찬양하는 모습을 강 할머니께서 시샘하시면서 오라 손짓하신다.

"아름다움 사람들이 모여서 주의 은혜 나누며… 가르쳐준 한 가지 내 이웃을 내 몸과 같이, 미움, 다툼, 시기, 질투 버리고 우리 서로 사랑해" 이렇게 해서 원래의 모습보다도 훨씬 좋아진 모습으로 회복시켜 주시는 하나님의 사랑을 보았다. 하나님께서 이 작은 자를 통해서도 주의 뜻을 이루어 주심을 느끼며 임마누엘 주님께 감사드린다.

⟨99년 8월 16일⟩
언젠가 할머니께서 냉면 드시고 싶다고 하던 생각이 났다. 오늘은 모시고 밖으로 외출을 했다. 병원문을 나서 시내로 들어오니 할머니께선 표정이 바뀌셨다. 두리번거리며 무엇인가 찾고 확인하시는 것

같았다. "할머니! 기분좋으세요?", "응", "어딘 줄 아세요?" 하니 곧 집으로 가자고 하신다.

가족도 친지도 없으셔서 이웃 아저씨의 도움으로 병원에 오신 지 4개월이 지났다. 처음 뵐 때 모습이나 지금이나 한결같이 평안해 보이지만 그래도 마음 속에는 알 수 없는 살아오신 터전에 대한 그리움이 있었다.

우리의 죽음은 고통도 질병도 없는 새로운 세계의 시작이 분명함에도 우린 여전히 이곳 세상에서 삶의 질보다 양을 추구하지 않는가? "하나님! 저는 할머니의 말을 다 알아들을 수 없어요 그래서 제가 할 수 있는 일이라고는 기도하는 것밖에… 할머니가 외로울 때 친구가 되어주시고, 괴로울 때 마음에 평화를 주세요. 그리고 천국에 대한 소망으로 여생을 사시도록 도와주세요."

외출을 끝내고 할머니를 병실까지 모셔다 드린 후 이마에 맺혀 있는 땀을 씻어 내리면서 오늘도 이토록 귀한 일에 주님의 손이 되게 하신 하나님께 진심어린 감사를 드린다.

주님 손으로 섬기게 하소서

조 경 이 권사
(안양감리교회, 제1기 자원봉사자회 총무)

〈99년 11월 27일 금요일〉

이제 오는 30일이면 3개월에 걸친 호스피스 자원봉사자 12주 교육과정이 모두 끝난다. 그리고 우리는 마음에만 품어 두었던 생각들을 행동으로 옮겨야 한다. 하지만 어떻게 해야 하나… 시작해야 하나… 염려가 몰려온다.

그런데 오늘 안양 호스피스 전도사님께서 오후 4시부터 8시까지 중앙병원 봉사를 해 달라고 부탁하신다. 정말로 어떻게 해야 하나? 저번 실습때 "샘물의 집"에 가서도 어찌 할 바를 모른 채 무엇인가 잘못한 아이처럼 서성이기만 했었는데…너무나 떨리는 마음으로, 하지만 성령님께서 꼭 함께 해 달라는 기도를 드리며 병실에 들어섰다.

72세 할머니 장○렬 권사님, 76세 불교신자이신 이○순 할아버지, 52세 기독교인이지만 아직 예수님을 마음으로 받아들이지 않고 있는 김○우 아저씨.

보호자들이 모두 계셔서 내가 할 일이 별로 없다. 우선 할머니 권사님께 다가가서 성경도 읽어드리고, 주물러 드리면서 나는 초조하게 하나님께 기도를 드렸다.

"주님 제게 할 일을 주세요."

오후 6시 30분 새로운 환자가 들어왔다.

27세의 폐암 환자로 S의료원에서 포기한 환자였다. 김○민은 호주 유학생이었다고 한다. 막내동생뻘 되는 ○민이를 위해 하나님께 기도 드린다. 하늘나라에 대한 참 소망과 평온함을 달라고…

○민이 부모님과 함께 예배를 드리고 집으로 돌아왔다.

봉사 첫 날, 너무 긴장한 탓인지 마음과 몸이 모든 힘든 하루였다.

〈98년 12월 7일 화요일〉

새벽기도 때마다 ○민이를 놓고 기도했는데 오늘 와서 보니 병실이 비어있다. 지난 금요일 주님의 품으로 갔다고 하였다.

임종예배까지 드리고 평온함 속에서 부르심을 받았다고 한다. 그렇게 강하게 ○민이를 위해 기도하게 하시더니, 너무나 아름답게 ○민이를 데려가신 주님께 감사함이 절로 나온다.

오늘도 새로운 만남이 있었다. 서울에서 사셨다는 연고도 없으신 78세의 강○자 할머니, 숨도 제대로 쉬지 못하시는 상태, 손녀딸이 유일한 혈육이라고 하였다.

C/T 촬영실에 가는 것을 도와드렸다.

주님 도움의 손길이 필요한 환자들에게 나의 손이 미치게 하소서!

주님! 말이 아닌 마음뿐이 아닌 온 몸으로 행위로 입술로 실천할 수 있게 하소서!

주님! 나의 교만을 죽여주시고, 예수님의 사랑만이 있게 하소서!

오늘 나의 손길이 필요한 환자가 있다는 것이 얼마나 고맙고 감사한지…

〈98년 12월 14일 월요일〉

병실에 들어서니 지난 주에 계셨던 환우님 두 분 이외에는 모두 처음 뵙는 분들이다. 매주 이러한 새로운 만남들을 가질 때마다 생각되는 것은 이 호스피스사역에서 오늘이 차지하는 소중함이다. 오늘 해야 할 일들이 얼마나 많은가? 아니 오늘 하지 않으면 안 되는 일들이 얼마나 많은가? 호스피스 병동에서의 내일은 너무나 사치스러워 보인다.

얼른 호스피스 사무실에 가서 일지를 찾아보았다.

오늘 새로운 만남의 식구들은 75세의 박〇섭님, 46세의 서〇희님, 49세의 유〇이님이셨다.

박〇섭 할아버지는 보호자인 할머니가 집에 가신 사이에 자꾸 이상한 소리를 하신다. 가까이 가서 할아버지의 말을 알아듣게 해달라고 기도하며 계속 귀를 기울이지만, 그 소리를 알아듣기가 쉽지 않았다. 이 눈치를 알아차리신 짝궁 장로님께서 오셔서 강력히 기도해 주시며 말씀을 이끌어 주셨다. 얼마나 감사하고 든든하던지…박〇섭 할아버지로부터 계속 "예수님 사랑합니다. 예수님 믿습니다"를 계속 입으로 시인하게 하였다.

할아버지가 세례를 받겠다고 하신다. 할머니의 탐탁치않은 생각에도 자신의 때를 감지하신 할아버님은 예수님을 붙들고 하늘 나라에 가시고 싶어하시는거다

내일 아침 10시 예배 시간에 세례식을 거행하자고 목사님께서 말씀하셨다. 한 생명이 탕자의 방황을 마치고 주님께 돌아간다는 일이 얼마나 기쁜 일인지…

〈98년 12월 15일 화요일〉

오늘은 봉사하는 날은 아니지만 어제 예정한 박〇섭 할아버지의 세례식을 축하해 드리고 싶어서 병원에 들렀다.

세례식은 정말 기쁜 잔치날이다. 다과도 준비하고 꽃다발도 준비하

여 예배를 준비하였다. 거지가 된 탕자를 맞기 위해 맨발로 뛰어오는 아버지의 모습이, 그 아들을 위해 집안의 물건들을 아끼지 않고 잔치를 베풀었던 그날의 큰 잔치가 이곳에서도 펼쳐지고 있는 것이었다.

그런데 그 기쁨과 웃음 사이 어찌된 일일까?

세례식을 거행하는 옆 침대에 이○순 할아버님이 축하차 하객으로 앉아 계시지 않는가? 그 분은 불교신자이실 뿐 아니라 평소 예배를 그렇게도 싫어하시던 분이 아닌가?

병실에서 행하는 세례식이라 처음은 어리둥절 하였다. 하지만 마음은 얼마나 기쁜지…

집에 돌아와서 부산에 사는 언니에게 전화를 했다. 그리고 언니와 둘이서 또 한번 하나님께 영광을 돌리는 시간들을 가졌다.

〈98년 12월 21일 월요일〉

봉사에 나가기전, 오늘도 주님께 기도를 드린다.

환우님들이 하늘나라의 소망을 갖게 하소서.

그리고 중앙병원과, 안양호스피스 선교회 실무책임자 김승주 목사님과 모든 실행위원들을 위해…

호스피스 간호사님들의 건강을 위해

또한 봉사자님들이 사랑이 담긴 마음의 봉사를 할 수 있도록…

이 땅에 주님의 사랑이 없으면 시궁창보다 못한 세상이 된다. 주님 사랑을 전하는 도구로 쓰임받게 된 것만으로도 무한 감사를 드린다.

"주여 내 손으로 봉사하지 않게 하시고 주님 손으로 봉사하게 하옵소서. 아멘."

아직 기도를 시작하지 않으셨습니까?

정 숙 권사
(안양감리교회, 제1기 자원봉사자)

모든 것은 다 기도로부터 시작합니다.

우리가 사랑할 수 있도록 하나님께 기도하지 않고는 사랑을 지닐 수 없으며 또한 다른 이에게 줄 수 있는 사랑의 정(情)도 극히 적습니다. 사랑이 참되기 위해서는 기도 안에서 하나님과 함께 해야 합니다. "우리가 기도하면 사랑할 수 있고 사랑하면 비로소 봉사할 수 있다"는 마더 테레사 수녀님의 말씀을 오늘도 묵상해 봅니다.

최근 몇 년 사이에 부모님께서는 하나님의 품으로 가셨습니다. 병상에 계신 부모님을 바라보면서 하나님께 고쳐 달라고 울부짖으며 기도했고, 우리의 허물과 죄도 회개했으며, 오랜 병상생활에 욕창이나 살이 썩어 들어가면서 괴로워하시는 부모님을 보면서 하나님께서 빨리 천국으로 데려가시기를 원하기도 하였습니다.

형제들은 지쳐갔고, 같은 병실의 환우들조차 중환자인 부모님을 무서워하며 다른 병실로 옮겨갈 것을 요구해 중환자실, 1인실, 2인실, 다인실로 옮겨 다니는 생활의 연속이었습니다.

그 와중에 하나님께서는 우리 형제들에게 많은 인내와 사랑을 요구하셨습니다. 고통으로 인해 자식들을 알아보지 못하는 부모님을 더욱 더 사랑할 수 있는 마음을 주셨고 많은 고비를 넘기는 과정을 통해 지친 형제들을 서로 끈끈하게 연결시키는 역사를 하셨습니다.

우리를 정죄하고 걱정과 이해보다 동정하는 사람들을 이해와 사랑으로 바라볼 수 있는 마음까지 주셨을 때에야 하나님 품에 안길 수 있었습니다. "무엇 때문에 이런 고통이 내게 왔는가?", "왜 이런 문제가 내 삶 속에 있는 것일까?", "다른 사람에게는 어떤 고통이 있는가?"라는 생각을 통해 나 자신에게만 몰두했던 교만과 자기 중심적인 삶에서 돌이켜 주변의 삶을 돌아보게 되면서 위로받은 경험들, 위로받지 못해 섭섭했던 경험이 이제는 고통당하는 다른 사람을 위로하고 돌보는 일을 하기 원하여 호스피스 자원봉사자 교육을 받고 봉사를 시작한 지 1년의 세월이 흘러갔습니다.

호스피스 병실에 계셨던 많은 환우들을 섬기면서 그들에게 허락한 생이 진정 하나님 안에서 고통이 없기를 바랬고 매일 드리는 병상예배를 통해 하나님이 주시는 평강의 축복과 천국의 소망을 갖기를 원했습니다. 우리의 작은 봉사에도 눈물을 흘리며 고마워했고 구원의 소망 안에 하나님 품으로 가는 많은 환우들을 보면서 천국에서 다시 만날 소망을 가져보지만 그러나 마지막 기회마저 놓치며 떠나는 이들을 바라보면서 안타깝고 마음이 아파 나 자신의 부족함을 하나님께 고백하며 괴로워도 했습니다.

하나님!

병상에 있는 사랑하는 환우들에게 진정 사랑으로 가까이 가기를 원합니다.

하나님 안에서 '스침'보다 '만남'이 되기를 원하며, 그들을 위로하고 고통을 나누며 섬기는 작은 일들을 통해 그들이 진정으로 하나님의 사랑과 평강의 축복을 누리기를 원합니다.

환우 보호자를 바라보는 시선이 연민과 동정이 아니라 그들의 고통을 이해하고 위로하게 하시며 그들의 짐을 잠시나마 나누어 지기를 원합니다. 또한 아직 주님을 영접하지 못한 환우들에게 "아직 기도를 시작하지 않았습니까?" 권하게 하사 그들의 마음이 열리게 하시고 천국의 소망을 갖게 하소서.

이제는 저의 마음을 겸손하게 하시고

칭찬받기 보다는 칭찬하게 하시고

위로받기 보다는 위로하게 하시고

이해받기 보다는 이해하게 하시고

사랑받기 보다는 사랑할 수 있도록 도와 주시옵소서.

예수님 이름으로 기도합니다. 아멘.

영생 주시기로 작정된 자는 다 믿더라

강 희 원 전도사
(여의도순복음교회, 제 1기 자원봉사자회 회장)

〈98년 12월 26일 토요일〉

안양 호스피스 병상을 지나가신 많은 분들 가운데 특히, 잊지 못할 분이 김성찬 할아버지이시다. 일사후퇴때 이북에서 월남하셔서 지금까지 홀로 과일 노점상 등을 하시며 외롭게 지내오신 분. 그래서인지 별로 말이 없으신 할아버지. 처음 만남부터 이렇게 낯설지 않은 것은 우리 어머니와 같이 고향이 평양이라서 그럴까? 병원에서 돌아오자마자 저녁에 어머님께 전화를 드렸다. 어머님은 할아버지에 대해 이것저것 꼬치꼬치 물으시며 매우 반가워 하셨다.

〈99년 1월 2일 토요일〉

할아버지는 우리들이 도움을 드릴 때마다 밝게 웃으시며 고마움을 표시하신다. 그렇지만 아침예배시 할아버지께 예배를 같이 드리자고 조심스럽게 권해 보지만 아프다, 피곤하다 하시며 항상 거절하신다. 지금은 호스피스 각 병실마다 모니터를 설치해 누운 자리에서 예배를 드릴 수 있지만 그 당시에는 병실 한 곳에 모여 목사님께서 예배를 인도 하셨다. 하지만 우리는 별로 걱정하지 않았다. 할아버지를 우리에게 인도하신 주님께서 언젠가는 그분의 마음을 열어주시리라 믿음이 있었기 때문이다.

〈99년 1월 9일 토요일〉

오늘은 할아버지 목욕을 시켜드렸다. 목욕시켜 드리는 일은 우리 봉사자들에게는 가장 좋고 즐거운 시간 중의 하나이다. 카트 위에 환우분을 편히 누인 후에 따뜻한 물로 몸을 씻겨드리며 조용 조용히 대화를 나눌 수 있어서 특히 좋았다. 할아버지도 기뻐하시며 꿈을 꾸듯 먼 과거의 이야기 등 비교적 많은 얘기를 하셨다. 과거 평양서 살던 얘기, 대동아 전쟁때 도꾜 근처 사꾸라마치 일본 동네 비행장으로 징용갔을 때 얘기, 전함 야마도 등등.. 도저히 칠팔십대 노인이라고는 생각 할 수 없듯이 수십 년 전의 일을 너무도 또렷이 기억하고 계셨다.

〈99년 1월 14일 목요일〉

오늘은 할아버지께서 예배를 드리러 가겠다고 하셨다. 도움을 주는 우리를 기쁘게 해주기 위해서일까? 아니면 목사님 전도사님께서 조금씩 뿌린 말씀의 편린들이 우리 할아버지의 마음을 움직여주신 것일까? 모두들 감사한 마음으로 예배를 드렸다. 말씀을 마치시고 목사님께서 할아버지의 손을 잡으시고 "할아버지 예배를 드리니까 좋으시죠?" 하시니까 "예"하시며 씩 웃으신다.

〈99년 2월 4일 목요일〉

우리 호스피스 병실에서는 가끔 조그마한 잔치가 벌어지곤 한다. 케이크를 자르고, 과일 깎고, 음료수를 준비하고, 사진 촬영을 하고…

환우분 또는 그 가족중 누군가가 세례를 받으신 날이다.

아침에 병실에 들어가니 분위기가 달랐다. 약간 들뜬 분위기다. 김성찬 할아버지께서 오늘 세례를 받으신다고 하셨다. 환히 웃으시는 할아버지, 먼저 세례를 받으신 환우님과 같이 우리 모두는 할아버지께 축하를 드렸다. 주님께서 부르시는 날까지 예수님 손 꼭 붙잡고 가시기를 기도하면서…

〈99년 2월 18일 목요일〉
병실에 들어가니 항상 누워계시던 침상에 할아버지의 모습이 보이지 않았다. 지난 주에 몸 상태가 몹시 안 좋으셨는데…어찌된 일일까? 그러나 곧 할아버지의 병세가 위독해져서 다른 병실로 옮겼음을 알 수 있었다. 오늘밤 넘기기가 힘드시다고 했다.

할아버지께서는 2인실에서 가족도 없이 홀로 누워계셨다. 세례 받을 때 웃으시며 찍은 사진만이 할아버지 머리곁에서 지켜보고 있었다. 이미 눈동자는 초점을 잃은 채로 반쯤 감겨져 있었으며 약간 벌어진 입술 사이로 신음과 함께 간간히 비규칙적인 호흡을 내쉬고 있었다. 낡고 병든 육신의 장막은 꺼져 가지만 할아버지의 깨끗한 영혼은 이제 곧 밝고 즐거운 곳으로 떠나시기 위해 분주하게 준비하고 계시리라.

〈99년 2월 20일 토요일〉
할아버지는 어제 아침 일찍 소천하셨다. 목사님께서 대신 드리는 임종 기도의 소리를 들으면서… 마치 주무시듯 임종을 하셨다.

봉사자 몇 분들과 함께 성남화장터에 갔다. 할아버지 동네에 사셨던 주민 몇 분이 북쪽에 가장 가까운 강물에다 할아버지의 유해를 뿌린다고 한탄강으로 떠나셨다.

유해조차 갈 곳 없고, 또 그분을 받아주는 사람도 없지만, 김성찬 할아버지는 지금쯤 주님의 기쁨이 되어 영원한 예수님의 품 안에 들어가 계시리라.

"너의 하나님 여호와가 너의 가운데 계시니 그는 구원을 베푸실 전능자시라 그가 너로 인하여 기쁨을 이기지 못하여 하시며, 너를 잠잠히 사랑하시며 너로 인하여 즐거이 부르며 기뻐 하시리라 하리라"(습 3:17).

어린이의 나라 – 호스피스

정 여 해 집사
(안양제일교회, 제2기 자원봉사자)

〈99년 11월 1일〉

한해도 다 저물어가는 11월 첫 날.

만나고픈 이들을 향해 달려가는 길엔 은행잎이 노랗게 수놓고 있었다. 한 주간 내내 기다렸을 이들이기에, 가는 발걸음이 바빠진다. 어제는 이○분 할머니께서 하나님 품에 안기셨다더니, 오늘은 김○학 할아버지께서 천국으로 이사가셨다. 매 예배시간을 사모하며 기다리시던 할아버지셨는데 임종예배 가운데 소천하셨단다.

저 천국에서 만나면 모른 척 하지 말자고 약속했는데… 할머니 샬롬! 큰딸, 작은딸이 왔어요.

텅빈 침상을 바라보며, 그 동안에 틈틈이 기록해 둔 메모지를 꺼내본다. 장면 장면이 새롭다.

〈99년 ○월 ○일〉

할머니는 치매기가 있었다. 오늘은 화장실을 자주 가신다. 치아도 시원치 않은데 마구 잡수셔서 탈이 난 모양이었다. "할머니! 변을 잘 보셔야죠. 제 손에다 변을 보면 어떻게 해요, 할머니 맴매할 거야!", "맴매하지마" 봉사자 파트너인 류 집사님과 할머니의 대화이다. 찾아오는 이 없는 외로운 할머니를 재미있게 해드리려고 재롱을 부리는 모습… 식사 후엔 휠체어 타고 산책을 하니 기분이 좋다고 하셨다.

〈99년 ○월 ○일〉
　치매기가 있는데도 기억하고 있었던 것은 밖에 나가는 일이었다. "왜 안 데리고 가?" 발음도 정확치 않게 하시는 말씀이지만 간절했다. "오늘은 할머니를 VIP로 모시겠습니다." 류 집사님의 익살이 시작되었다. 할머니를 차에 모시고 병원을 나셨다. 할머니는 밖을 자세히 살펴보셨다. 신기한 듯이 두리번거리시더니 "집에 가!" 하시는 것 아닌가? 속으로 놀라며 "할머니 집은 어딘데요?" 하자 아무 말이 없으시다. 살던 곳이 생각나셨나보다. 안양 병목안 울창한 숲 나무그늘에 자리를 깔고 할머니를 눕혀 드렸다. 오가는 사람들이 유심히 바라보는데도 아랑곳하지 않고 맑은 공기를 실컷 마셨다. "할머니 이제 가요", "안가!", "친구들이 기다려요. 가요", 할머니는 "어" 하신다. 모시고 병원에 돌아오니 평안해 하셨다. 숙제 다한 아이처럼 가벼운 마음이었다.

〈99년 ○월 ○일〉
"숙제검사를 해봐야지요. 잘하셨나요?"
　잘 했다고 하신다. 그 숙제란 힘든 병상 생활이지만 옆, 앞 침상의 환우들에게 아침, 저녁 인사를 가르쳐 드리고 꼭 실천하는 것이었다.
　"원재 형님 샬롬! 묘동 형님 샬롬!"
　실로 주님이 주시는 평안을 비는 인사이다.

〈99년 ○월 ○일〉

추석 명절에 집에 다니러 가신 분도 계시니 병실이 썰렁했다. 할아버지는 가족의 권유에도 안 가셨단다. 열이 나고 머리가 아팠는데 목사님이 오셔서 말씀해 주시고 대화를 나누고 나니 통증이 사라졌다고 하신다. 발 맛사지 하면서 하시는 말씀을 들어 드리니 신이 나셨다. 호스피스를 알았을 때 깜짝 놀랐으며, 진작 신앙생활 못한 것을 후회했노라고 하신다.

〈99년 ○월 ○일〉

오늘은 머리를 감고 싶어하셔서 머리를 감겨 드렸더니 매우 개운해 하셨다. 힘이 드셨던지 예배시간에 잠깐 주무셨다. 예배후에 "목사님 죄송합니다. 여간해서 예배시간에 안 자는데 깜빡 졸았습니다. 졸려도 참고 기다리며 예배시간을 기다리는데…" 어린아이 같은 순수함이 우리 마음까지 깨끗하게 하는 것 같았다.

〈99년 ○월 ○일〉

토요일 오후부터 주일내내 적적했다는 할아버지의 말씀이 머리에서 떠나지 않는다.

"할아버지!" 하며 병실 문을 들어서자 손을 들어 반갑게 인사하신다. 몹시 수척해지셨다. 따뜻한 물에 발을 씻겨달라고 하셨다. 따뜻한 물에 발을 담그니 매우 기분이 좋으신 모양이다. 주님의 사랑이 이렇게 따뜻한 것 아닐까? 정성껏 예배드리시는 할아버지는 영락없는 하늘 백성의 평안한 모습 그대로 이었다.

"하나님! 이분들을 만나게 해주셔서 감사드립니다.
서로 짐을 나눠지는 그리스도인들이 더욱 많아질 것을 기대합니다. 주님께서 공급해 주시는 대로 사랑을 실천하게 하소서. 아멘."

마지막의 미소

김 영 희 권사
(안양감리교회, 제1기 자원봉사자 부회장)

막 틔울려는 꽃봉우리와 그것을 시기하는 바람 간의 막바지 다툼인지 제법 쌀쌀한 날씨였다. 나는 그 추위를 밀치듯 호스피스 사무실 문을 세게 밀치고 들어섰다. 아니, 어쩌면 매주 어김없이 듣게 되는 환우님들의 소천 소식의 아픔을 미리 삼켜버리려는 내 마음 속 깊은 곳의 자기방어일지도 모르겠다.

역시나, 사무실 벽 칠판에 게시된 환우님들 소개란에는 또 다른 이름들이 쓰여져 있었다. 이렇게 작은 실망과 소망이 교차하는 사이, 왠지 낯설지 않는 이름 하나를 발견했다.

김○우님!

우리는 그분을 '방장'이라고 불렀었다. 가장 오랜 기간 그 병실을 지키기도 했지만, 호스피스 봉사에 초보인 우리에게 그분은 코치 선생님이셨기 때문이다.

막상 우리가 도우러 왔다고는 하지만, 우리는 그분에게서 다른 환우들의 상태을 듣고 나서야 그 환우들에게 무엇을 도와주어야 할 것인지 알 때가 더 많았다. 언젠가 퇴원하셨다는 소식을 들은 적이 있는데… 그분이 다시 이곳에 오신 것이다.

오랜만에 만나는 것이기에 설레이는 마음으로 526호실 문을 열었다. 순간 속으로는 '주여' 소리가 절로 나며 나의 마음은 철렁 내려앉고, 눈에는 눈물이 고여 왔다. '이러면 안되지' 하며 마음을 가다듬고, "안녕하세요" 라고 밝게 인사를 건넸다. 기억하고 계시는지 고개를 끄떡여 주셨다. 너무도 변해버린 김○우님의 모습은 나의 마음을 아프게 했다. 지난 번 여기에 계실 때는 아주 건강해 보였고 씩씩하셔서 금방이라도 나을 것만 같았는데… 전혀 다른 사람을 보는 것 같다.

옆에 계신 어머니가 나의 도움을 사양하시지만, 나는 김○우님과 눈으로 의사를 주고 받으며, 면도며 손톱을 깍는 일이며 김○우님에게 해줄 수 있는 도움들을 하나 하나 연결시켜 나갔다. 너무나 힘든 모습이지만, 때때로 눈이 마주칠 때면 지긋이 미소를 지어보이신다. 주님 만날 날이 가까워 오고 있음을 아시는 것일까?

이곳에 있는 환우들에게 오직 소망은 저 천국에 있다. 나의 기도는 나의 작은 도움으로 그분들이 하늘나라에 무사히 도착할 때까지 조금이라도 편안하기를 구하고 있다.

일주일 후 김○우님의 얼굴을 다시 볼 수가 없었다. 그러나 간사님으로부터 소천하실 때 밝은 미소를 지으셨다는 얘기를 전해 들을 수 있었다.

헤어짐의 아픔이 크지만 그분이 남기신 미소는 적지 않은 위로가 되었다.

삶의 마지막 순간에 보여주신 김○우님의 미소는 우리에게 무엇을 말하려는 것이었을까? 혼수상태와 거친 숨을 몰아쉬면서 지칠 대로 지쳐버린 그 시간까지도 기다리고 기다리시며, 내민 손을 결코 거두지 않으셨던 주님을 드디어 찾았다는 신호가 아닐까?

　　주님! 방황하는 영혼들이 주님을 만날 때까지 결코 내미신 손을 거두지 마옵소서. 아멘.

이 축복의 기회를 놓칠 수는 없다

홍 미 옥 권사
(안양감리교회, 제1기 자원봉사자회 회계)

호스피스 교육을 받고 봉사를 시작한 지 벌써 2년째…

어떠한 도움을 주어야 할지, 어떻게 표정을 지어야 할지, 또 무슨 말부터 건네야 할지, 정말 어색하고 서툴기만한 했던 시간들이었다. 하지만 지금와서 돌이켜 보면 이 시간은 어쩌면 연한 오렌지빛 호스피스 봉사자 유니폼을 내 것으로 맞추기 위해 꼭 필요했던 시간들이었다.

호스피스 교육을 받으면서 가졌던 공감적인 이론과 감동들은 실제로 병상에서는 쉽게 실천되지 않았다. 서투른 나의 봉사가 혹시 환우들에게 더 큰 상처가 되는 것은 아닐까? 불필요한 봉사로 환우들을 귀찮게만 하는 것은 아닐까? 때로는 속상한 마음과 함께, 봉사를 계속해야 할 것인지 하는 갈등을 겪기도 하였다.

그러나 그러한 가운데 환우님들을 향한 간호사님들의 한결같은 밝은 얼굴과 헌신적인 보살핌은 갈등하는 내 자신을 부끄럽게 만들고 다시금 마음을 고쳐먹게 했었다. 지금도 많은 도움을 주지 못해서 아쉽고 미안한 마음은 많지만 그래도 환우들의 아픔이 더 많이 느껴지고 그들의 구원에 대한 안타까움으로 기도하는 시간이 많아지는 것은 봉사를 통해 받은 영적인 은혜로 여겨 마음의 위안이 된다.

호스피스 봉사를 하면서 가장 보람있을 때는 "좀 더 빨리 주님을 영접했더라면 지금처럼 살지 않았을 거야" 하며 예수님을 영접하는 고백을 들을 때이다. 안타깝기도 하지만 늦게라도 주님을 영접한 그 영혼이 얼마나 소중하고 감사한지 모른다.

예수님을 몰랐던 영혼이 이슬비 같은 봉사자들의 손길에 마음을 조금씩 열더니 어느새 빛되신 예수님을 그 마음에 가득 채우면서 고백되어지는 한 마디 한 마디는 하나님께서 그 영혼을 얼마나 소중하게 지켜오셨는가를 실감하게 해준다.

그렇지만 가끔은 몹시 강퍅한 환우님을 보면서 마음이 상할 때도 있었다. "저런 분이 어떻게 이렇게 복된 곳에 올 수 있었을까?" 주님 사랑의 수취자가 바뀐 것처럼, 시간 주는 것도 아깝고 마음이 다가가질 않는다. 그럴 때마다 주님은 나에게 "자격이 있어서 구원받은 사람은 한 사람도 없다"(롬 3:10)는 말씀으로 깨닫게 하시고 더욱 겸손하기를 요구하셨다.

하나님께서는 인간 모두를 사랑하신다. 사랑하시는 방법은 달라도… 또 먼저 사랑 받은 자들을 도구로 당신의 사랑을 보이시고 확증하게 하신다. 작은 봉사를 통해 하나님께서는 내게 늘 영적 깨달음을 주신다. 이런 영적 축복의 기회를 어떻게 놓치겠는가?

어떤 때는 나태해지기도 하고, 피곤하여 쉬고 싶을 때도 있지만 할 수 있는 한 열심히 할 것이다. 하나님의 진실한 사랑의 도구가 되기를 간절히 기도한다.

새로운 운동을 시작하며

지 성 학
(참빛교회, 한성고등학교 교사)

지금으로부터 꼭 7년 전 나는 두 달 동안 고열의 열병을 앓았다. 얼음냉수도 해열제로도 어찌할 수 없는 정신적 혹은 영적인 열병이었다. 중학교 2학년 때 교회를 처음 출석한 이후, 한번도 빼먹지 않은 주일예배를 두 달 동안, 그것도 100% 나의 의지로 참석하지 않았으니 말이다.

주일내내 교정을 어슬렁거리며 고민하고 또 고민했다. 풀리지 않는 근본적 물음에 답을 구하지 못한 나는 조금씩 지쳐가고 있었다. "하나님은 계신가?" 나는 감히 이것을 묻고 있었다. 고등학교 3년 내내 집과 학교, 교회만을 오가며, 착한 아들로, 공부만 하는 학생으로, 학생회장까지 지냈던 성실한 기독학생이 대학생활 2년째의 여름, 그 해 여름보다 더 뜨거운 열병을 앓고 있던 것이었다.

갑갑한 고3 생활을 끝낸 나는 입학 직후 여기저기 동아리를 기웃거리며 여러 친구들을 사귀었다. 당시 대학생은 두 갈래로 나눌 수 있어 보였다. 항상 심각하게 질문을 갖고 지내던 운동권 학생, 그와 다

수의 학생들… 내게는 운동권 친구들이야말로 삶을 제대로 사는 듯이 보였다. 사회를 고민하고 근원적 질문에 답을 찾고자 애쓰는 그들의 생활이 바로 참다운 대학생활이라고 느껴졌다. 그 친구들이 집회를 참석하여 노래하고 시위하며 싸우는 모습은 나에게 묻고 있는 듯했다. "뭐하고 있는지, 이 사회의 모순과 불평등 앞에서 가만히 있을 것인지…"

한 친구는 예수도 혁명가였다며 민중신학(民衆神學) 서적을 권해주기도 했다. 허나 아쉽게도 주위의 신앙 선배들은 이 질문에 답해 주지 않았다. 아니 관심도 없어 보였다. 그들은 그저 성경 읽고 전도하는 개인구원에만 관심 있어 보였다. '크리스천의 사회구원' 바로 내 열병의 첫 질문이었다.

그로부터 꼭 7년 후 나는 다시 내 몸의 미열을 느끼고 있다. 이 글을 쓰며 회의와 방황이 아닌 믿음과 확신의 뜨거운 기운을 느끼고 있는 것이다. 이제 드디어 답을 찾은 것 같다. 나의 하나님이 계시다는 확신과 함께, 크리스천으로 이 사회에서 어떻게 살 것인가에 대한 응답도 왔다.

졸업하고 직장을 구하고 결혼하여 가정을 이룬 요즘, 대학 시절 열병의 회복을 바라보고 있다. 언저리에서 맴돌았던 학생운동을 뒤로하고 나만의 사회운동을 시작하고 있는 것이다. 여러 시민단체의 후원을 통해, 서명운동과 진보적 공부을 통해, 또 학교에서 아이들을 일깨우는 수업을 통해, 그리고 이제 3년째 접어든 호스피스 활동을 통해서…

7년 전 운동권 친구들이 하나 둘 사회로 들어가 생활에 묻혀갈 즈음 나는 새로운 운동을 시작하고 있는 것이다. 그렇다. 내 열병의 치유는 바로 여기에서 왔다. 호스피스 교육을 통해 삶과 죽음의 문제를 확실히 했고, 또 봉사활동을 통해서 크리스천의 사회구원도 이룰 수 있음을 배웠다.

인간사의 모든 질문은 바로 '죽음'을 어떻게 이해하고 준비하느냐에 있다는 것을 배웠으며, 개인구원과 사회구원이 결코 떼어놓을 수 없는 일임을 직접 체험하며 깨달았다.

일주일에 두 시간을 전후로 하는 봉사활동이지만 이 시간은 주일예배와 더불어 미룰 수 없는 부동(不動)의 시간이며, 내 생활의 방향이 과연 올바른가를 질문하는 시간이다.

아이러니하게도 죽음을 눈 앞에 둔 이들을 도우며 내가 느끼는 것은 삶의 에너지요, 내 삶의 방향에 대한 확신(確信)인 것이다.

호스피스를 배우며

윤 혜 경 전도사
(참빛교회, 호스피스 병동 간사)

소꿉놀이를 무척 좋아하던 어린 시절이 있었습니다. 작은 소나무 사이로 지붕없는 집을 만들고, 찢겨진 비닐 조각 하나가 방이 되고, 사방의 풀이 밥도 되고, 간식도 되는… 반듯하고 윤기나던 사철나무 잎은 돈이 되고, 부러진 소나무는 자동차가 되는 마을. 많은 음식도, 돈도 필요없는 마을. 그래서 금고도, 창고도 필요없는 마을, 더욱이 그것을 감출 대문이 필요없는 마을…

저의 어린 시절 오후는 이 마을에서 시작되었습니다. 하지만 어김없이 저녁 해가 지면 그 마을은 사라지고 우리의 소꿉놀이는 끝이 납니다. 그리고 하나둘씩 연기가 피어오르는 집으로 돌아갑니다.

어떠할 때는 어머니의 손에 이끌리어 먼저 돌아가는 아이도 있지만, 아무도 어둠에 갇힌 마을에 남아 있는 아이는 없습니다.

아이들이 떠난 자리에는 돈도 뒹굴고, 서로 먹여 주며 즐겁게 웃던 음식도 버려져 있지만 아무도 그것들을 챙겨 들고 가지는 않습니다.

왜냐하면 집에 돌아가면 신데렐라 마법과 같이 돈과 음식이 풀과 나무로 바뀌는 것을 알기 때문입니다. 어떤 아이는 사철나무 잎을 주머니에 담기도 합니다. 하지만 여지없이 그 아이가 집에 가면 어머니는 그 잎을 휴지통에 버립니다.

때로는 죽음을 준비시키는 호스피스 사역이 야속하기도 합니다. 믿음이 없는 것도 아니고, 천국의 아름다움을 모르는 것도 아닌데, 때로는 죽음이 아닌 삶의 얘기만을 전해주고 싶을 때가 있습니다. 아마 그것은 천국에 대한 소망이 없다는 말보다는 아직 세상에서 보지 못한 꿈들이 많다고 믿는, 아니 이루어야 할 꿈이 있다고 믿는 사람에게 실망을 안겨주어야 하는 아픔의 표현일 것입니다.

노○미님도 그러했습니다.

30살의 미혼, 몇 달 전까지만 해도 발레를 공부하는 꿈 많은 일본 유학생이었습니다.

그녀가 처음왔을 때, "언니 만나서 반가워요" 하고 인사는 했지만, 얼굴은 한참 어린 동생처럼 느껴지는 가냘픈 소녀였습니다. 자칭 투철한 불교신자라시는 아버지는 그녀의 곁을 떠나지 않았고, 언니도 봉사자들의 찬송소리가 신경쓰여서 2인실로 옮길 만큼 날카로워져 있는 상태였습니다.

며칠 동안 언니에게 형식적인 인사밖에는 다가갈 수 없었습니다. 만약 내가 그 언니 입장이라면 건강한 또래의 모습을 보는 것이 어쩌면 더 힘들 수 있다는 생각이 들어서이기도 하지만, 한편으로는 정말 할 말이 없었습니다.

오랜만에 기회가 찾아왔습니다. 어설프게 "머리 좀 감겨드릴까요?" 한 말 한 마디가 적중되어, 머리를 감겨주게 된 것이다. "잠깐 고개를 돌려주실래요? 샴푸가 들어갈 수 있으니 눈감으세요…" 머리를 감겨주면서 하는 지시성 대화였지만, 어느새 난 언니와 친해지기 시작했습니다.

내가 염려했던 것처럼 언니는 천국과 동떨어 있지 않았습니다. 예수님과 천국을 소개하는 설교 속에서 언니의 마음은 어느새 녹여져서 찬송가를 따라 부르고, 말씀 속에서 기도 속에서 늘 "아멘"으로 화답합니다.

너무 감사한 것은 언니가 기운이 없이 찬송가를 잘 못찾기 때문에 아버지가 성경, 찬송가를 다 찾아주신다는 것이었습니다. 알고 보니 아버지는 옛날에 신앙생활을 하셨다가 상처를 받으셔서 신앙생활을 접어두셨다고 합니다. 어느새 성령의 이슬비는 두 모녀에게 한 여름의 소낙비만큼 적셔지고 있었습니다.

상태가 많이 안좋아져 임종실로 옮겼습니다. 하루 이틀… 생각 보다 긴 시간이 임종실에서 계속되었습니다.

수선생님은 헝클어진 긴 머리를 양쪽으로 묶어주었습니다. 물로 몸도 깨끗이 닦아주었습니다.

지켜보던 아버지가 언니의 손을 붙잡고 말씀하십니다.

"○미야! 수선생님과 혜경씨가 우리 ○미 천국가게 깨끗이 씻겨주었네."

언니가 천국가는 날 아버지는 대성통곡하며 울었습니다. 하지만 확신하고 계셨습니다. 언니가 천국갔다는 사실을…

저는 아직 호스피스를 배우고 있다고 생각합니다. 호스피스는 어떤 특수한 사람들만의 삶을 배우게 하는 것이 아니라 곧 나를 배우고 탐구하게 하는 공부입니다.

저는 지금까지 '주는 자'와 '받는 자' 중에서 '받는 자'가 되기 위해서 살았습니다.

"만약 나에게 물질적인 축복이 온다면, 건강을 허락하신다면, 좋은 환경을 허락만 하신다면…"

하지만 이제는 '주는 자'로 살고 싶습니다. 왜냐하면 제가 숨쉬는 이 시간조차 제 것이 아니기 때문입니다. 이미 저는 충분히 받은 자입니다.

"제가 만약 가난한 자라면 저보다 더 가난한 자를 생각하게 하시고,
제가 만약 아픈 자라면 저보다 더 아픈 자를 생각하게 하시고, 제가
낮은 자라면 더욱 낮은 곳을 향하여 일할 수 있는 용기를 주소서"
이 기도가 제 삶의 기도가 되길 기도합니다. 아멘.

산부인과 의사 조산부,
호스피스 봉사자 조사부

박 순 자 전도사
(샘물교회, 본회 실행위원)

1994년 겨울, '샘물호스피스의 날'에 초대되어 간 자리에서 나는 마음에 큰 충격을 받았다. 암환자였던 가족을 먼저 떠나보낸 분들이 들려준 자신들이 받아온 고통과 샘물호스피스 봉사자들에 대한 감사의 말들을 들으면서, '아 그랬었지, 나도 아버지가 1984년 암으로 돌아가셨지. 그럼에도 불구하고 암환자들과의 고통분담은 생각하지 않고 살아왔구나!' 하고 생각하게 되었다.

나는 그 날 바로 결심을 하고 1995년 봄 제4기 샘물 호스피스 교육에 참가하게 되었다. 교육을 받는 과정에서 더욱더 결심은 굳혀져서 나의 생애의 일부분은 저들을 위해 봉사하리라 결심하게 되었다. 그때부터 주님은 이상하게도 암환자분들과의 관계를 맺게 하셨고, 황성주 박사님이 계시는 사랑의 클리닉에서 근무도 하게 하셨다.

하루 종일 암환자분들을 만나면서 그들과 신체적, 정신적, 사회적 그리고 영적인 고통을 함께 나누게 되었고, 그들의 모습을 바라보며 참 많이 안타까워했다. 지푸라기라도 잡고 싶어하는 그들, 가장 가까운 가족에 대한 배신감, 하나님께 버림받은 것 같다는 두려움, 물질과 육체의 소진으로 인한 고통과 두려움을 볼 때 마음이 아팠고, 특히 말기암 환자들은 그 모든 것을 소진하고 결국 부름을 받는다는 사실이 너무나 가슴을 아프게 했다. 또한 끝까지 삶에 대한 애착을 버리지 못하고 불안해하는 이들을 보면서는 특히 많이 안타까웠다. 그들에게 천국의 소망을 확실하게 붙잡게만 한다면 저토록 불안해 하지는 않을 텐데…

그러던 중, 안양 중앙병원으로부터 당시 교회적으로 호스피스 봉사를 해오던 김승주 목사님께 '호스피스 병동 운영에 관한 제의'가 들어왔다. 처음에 김 목사님도 너무 벅찬 일이라고 생각하셨으나 하나님께서는 우리들에게 너무나 분명한 메시지를 보내 주셨고, 우리로 하여금 순종하도록 밀어주셨다.

생의 마지막에 서계신 분들을 섬기는 일, 그들의 죽음을 돕는 이 일이 얼마나 소중한가는 함께 동역해 보지 않은 분들은 모르시리라. 그토록 불안해 하면서 들어오셨던 분들이 평안을 찾으시고 감사해 하시는가 하면, 행복한 모습으로 병상 세례를 받으신 후 평안히 천국으로 가시는 모습들… 섬기는 이 귀한 사역에 부름 받고 열과 성을 다해 섬기는 우리 봉사자들의 천사 같은 모습들… 또한 "나는 아직…"하면서 물질로 열심히 섬기시는 이들… 기도로 동역하시는 이들… 이 모든 분들의 섬김이 모여 저들에게 천국을 알게 하고 평안한 죽음을 맞게 한다.

이제 2년이 지난 지금 정말 헌신적인 봉사를 하는 호스피스 봉사자님들과 호스피스 간호사님들, 또한 간사님들을 보면서 나는 감탄을 하며 항상 부족한 나를 부끄러워 한다. 직장 생활로 시간에 쫓기어 건강으로도 감당 못하는 자신이 부끄러울 때가 많다. 그러나 토요일마다 그들과 함께 예배를 드릴 때 나의 가슴은 항상 뜨겁고 그들의 영혼이 하나님을 만날 수 있는 예배가 되도록 언제나 기도하는 마음으로 준비한다.

"하나님 아버지, 이 말씀을 통하여 저들이 살아계신 하나님을 만날 수 있게 하시고 천국을 소망하는 평안을 허락하여 주시옵소서."

자신의 일이 될 것이라고는 생각지도 못했던 병으로 인하여 모든 것이 소진된 그들의 친구가 되어 '죽음이 끝이 아닌 주님과의 영원한 생명의 다른 시작임'을 알려 주는 호스피스 사역이야말로 주님이 명령하신 '땅끝선교의 가장 끝'이라는 확신을 오늘도 다져보며 더 많은 봉사자들이 동역하기를 간절히 기도한다.

주님의 기쁨을 경험하며

김 민 숙 집사
(평강교회, 제2기 자원봉사자)

120년 간을 살다간 인생의 선배 모세는 "세월을 마치 화살과 같이 빠르다"(시 90)고 술회한 바 있습니다. 어느 날엔가 문득 그 말씀이 가슴에 와 닿으면서 저는 당황하기 시작하였습니다. "세월을 아끼라"는 말씀이 그때처럼 절실하게 부딪쳐 온 적은 없었습니다.

"아 그렇구나, 세월은 정말 화살 같은 것이로구나. 날아가는 세월을 어떻게 하면 아낄 수 있을까?" 궁리를 거듭하며 얻어낸 결론은 "나를 필요로 하는 곳이 있다면 기꺼이 헌신하리라"였습니다.

그러면서도 현실적으로는 막연히 때를 기다리고 있었습니다. 그러던 중 우연찮게 호스피스 교육 프로그램에 참여하게 되었고 설레임 속에서 교육을 마치게 되었습니다.

그러나 막상 수료를 하고 현장에 임하고 보니 무엇부터 어떻게 해야 할지 참으로 난감할 때도 많이 있었습니다.

너무 말라서 만질 수조차 없게 된 환우… 너무 부어서 옴짝 달짝 못하는 환우… 복수가 차서 숨쉬기도 힘들어 하는 환우… 그동안의 고통으로 인하여 아예 표정을 잃어버린 환우…

그들을 보면서 평상시의 건강이 얼마나 소중한가를 새삼 깨닫게 되었고 인간의 궁극적 위안은 오직 하나님께만 있음을 다시 한번 절감하게 되었습니다.

그러면서도 한편으로는 나의 작은 힘이라도 다른 사람들에게 나눌 수 있게 됨을 감사하게 되었습니다.

환우들의 오물 씻김을 너무 자연스럽게 처리하는 천사같은 간사님, 다른 봉사자님들을 보면서 "나는 정말 한 영혼을 사랑하는 마음으로 이곳에 와 있는 것인가?"하고 자문해 볼 때도 여러 번 있었습니다.

또한 불신자로 오셔서 예수님을 구주로 영접한 후 세례를 받고 기뻐하는 환우들을 볼 때에는 잃은 양 한 마리를 찾는 주님의 기쁨(눅 15:7)을 조금이라고 이해할 수 있을 것 같았습니다.

이토록 귀한 일을 할 수 있도록 기회를 주신 안양 호스피스 선교회와 함께 수고하시는 모든 분들께 다시 한번 진심어린 존경을 드리오며, 주님이 주시는 나눔의 열매가 날로 더욱 풍성해지시기를 기도 드립니다.

나의 인생 학교

염 윤 진 사무국장
(만안교회, 제3기 자원봉사자회 회장)

　　언젠가는 썩어지고 없어질 세상의 정욕을 좇아 살던 한 사람을 은혜주시고, 이제는 영원한 것 없어지지 않을 것을 위해 살도록 부르시며, 선한 일을 행하게 예비하여 인도하신 곳이 바로 호스피스 봉사자 교육장이었다. 약간의 망설임과 설레임… 아직까지 발을 한 번도 디뎌보지 못한 곳에 대한 두려움… 많은 생각과 갈등이 교차하는… 그러나 지존자의 사랑은 다시금 모든 생각을 정리하게 하고 호스피스 교육을 받는데 시간외에 많은 것을 감당할 수 있도록 준비해 주셨다. 그러나 사이사이 깊은 곳에서 나오는 영적 침체와 많은 감정들이 앞을 막기도 하였다.

　　하지만 결정적으로 마음을 굳힌 계기가 있었는데 바로 임상 실습때였다. 젊은 나이의 암환우분들을 대해 본 적도 없었을 뿐더러 중앙병원 5층은 나에게 아주 낯선 공간이었다. 처음 보는 얼굴들, 낯익지 않은 시설물들, 모든 것이 예사롭지 않게 보였다. 꽤 오랜 시간 동안 강의를 통해 교육을 받았지만 병실에 들어서는 순간 이상야릇한 감정을 느낄 수 있었다. 환우분에게 가볍게 인사를 했지만 표정 없는 얼굴과 고통스러워하는 인상, 경계한 눈빛만이 그에 대한 응답이었다. 오랜 고통으로 인해 마음까지 침체되어 있는 것처럼 보였다. 이 상황에 '어떻게 할 수 있을까?' 속으로 자문자답하는 가운데 교육중 배운 것이 생각났다. 말을 하기보다는 경청해 주고 똑같은 눈으로 바라보기보다는 다가가서 손이나 발을 만져주는 것이 도움이 된다고… 그래서 바로 행동으로 옮겼다.

먼저 폐암으로 뼈만 앙상한 채 누워 계시는 할아버지의 발을 주물러 드렸다. 할아버지께서 미소를 지으면서 고마워하셨다.

'바로 이거구나'하는 생각에 용기를 내서 앞 침대에 있는 환우분의 손과 발을 정성을 다해 교육 중에 배운 이론을 가지고 적용하며 주무르고 있을 때, 마음 깊은 곳에서 뜨거운 기운이 용솟음쳐오름을 느낄 수 있었다.

그 가운데 "지극히 작은 자 하나에게 한 것이 곧 내게 한 것이니라"는 성경구절이 머리를 스치고 지나갔다. 순간 그 환우분이 바로 주님처럼 느껴졌던 것이다. "아이고 주님! 주님께서 여기에 이렇게 누워 계시다니요! 손이 왜 이렇게 되셨어요! 발이 왜 이렇게 되셨어요!"

그 후로 얼마 동안은 봉사에 적극적으로 참여할 수 있었다. 그러나 시간이 지나감에 따라 뜨거웠던 열정이 식어갔다. 한 날은 봉사를 뒷전으로 미루고 나의 안락함을 따랐을 때 우연치 않은 경미한 사고를 통해 다시금 마음을 가다듬고 봉사를 하게 재정비해 주셨다.

그 주신 마음으로 비록 많은 것으로 할 수는 없지만 작은 것으로 섬기다 보니 1년이 다 되어간다. 환우분들을 주물러 드렸을 때의 흐뭇해하는 모습, 쑥스러워 하시면서도 목욕을 한 후에 상쾌해 하는 모습, 의미심장한 미소를 지으며 하늘나라로 가는 이 모습들이 지난 1년 간 봉사를 하며 본 사람들의 삶의 모습이었다.

그 이후로 호스피스 봉사에 관심을 가지고 참여하려고 노력했고 몇 날 동안의 봉사와 적은 후원으로 인생과 인생의 종착역에 대해 교육받는 시간이 되었다.

지금은 처음보다는 익숙해진 얼굴들과 익숙해진 공간, 익숙해진 환우분들, 토요일 되면 휘파람을 불며 가는 날도 있을 만큼 여유가 생겼다. 또 다른 인생 학교에서 배우게끔 인도해 주시고 힘들었을 때 힘주신 분께 감사를 드린다.

제2부

미리 써보는 유언장

호스피스는 조사부이다.
죽어보지 않은 사람은 죽어가는 사람을
효과적으로 도울 수 없다.
조사부가 되기를 자원하는 이들에게 먼
저 자신의 죽음을 경험하도록 한다.

천국에서 다시 만날 날을 기약하며

강 ○ 임

지난 6년…

기독교인으로서 주님을 마음 속으로 받아들이긴 했지만 내 자신의 주인이 여전히 나였던 신앙생활이었습니다. 이러한 저를 여러 가지 시련으로 주님의 반석에 다시 세워 주시고 건강한 상태에서 유언장까지 작성할 수 있도록 인도하여 주신 주님께 감사드립니다.

먼저 천국이 나를 기다리고 있음을 확신하므로, 천국에서 다시 만날 나의 사랑하는 가족들을 생각하며, 작은 글은 남겨봅니다.

먼저 나의 사랑하는 남편!

신앙인으로서 이제 첫 발을 내딛기 시작한 당신, 온전히 구원받고 믿음으로 주님을 영접하시고 성숙한 신앙인이 되어 이 세상 주 안에서 살아갈 동안 후회없는 삶을 살기를 바랍니다.

하루 하루 시간들을 소중히 아끼면서…

그동안 아내로서 지혜롭지 못하게 대했던 나를 이 지면을 통해서 용서를 구합니다.

그리고 나의 예쁘고 소중한 딸 미○, 명○야!

엄마랑은 잠시 헤어지는 것이란다. 엄마가 없어도 예수님을 너희들 마음 속에 꼭 모시고 살아가면, 예수님께서 너희들에게 큰 힘이 되어 주실거야

믿음의 자녀로, 기쁨의 아이로 건강하게 잘 자라서, 이 사회에 꼭 필요한 일꾼으로 크게 쓰임 받고 나중에 엄마랑 저 천국에서 다시 만나자! 약속할 수 있겠지!

나의 육신중 어느 부분이든 건강한 부분이 있다면 필요로 하는 분들께 모두 드리고 싶습니다.

그리고 시신은 화장하기를 원합니다.

이 결정을 내릴 수 있도록 용기를 주신 주님께 정말 진실로 감사드립니다.

그리고 너무 행복합니다. 저 세상의 더 좋은 천국이 기다리므로…

사랑하며 살거라

엄마는 이 아침에 경건한 마음으로 이 글을 쓴단다.

우리는 어느 날 갑자기 사랑하는 사람을 하나님 앞에 보내면서 누구라도 하나님이 부르시면 가야하는 걸 알았잖아.

○혜야!

엄마도 하나님 앞에 언제 갈지 모르지만 이 땅에 사는 그날까지 열심히 부끄럽지 않게 살련다.

한치 앞도 모르는 내일을 우리는 자랑하며 많은 약속을 하고 살잖아. 하지만 오늘 하루, 아니 이 시간이 가장 소중하고 분명한 시간이란 걸 우리는 알았어.

○혜야!

순간 순간을 최선을 다하고 사랑하며 살아야 해. 아낌없이 베풀고 감싸주며 하나님이 내게 주신 그 어떤 것이든 마음껏 나누며 살아가거라.

아빠가 우리에게 보여주셨던 남을 불쌍히 여기며 섬기며 사랑하며 살았던 그 모습을 기억하며 아빠의 딸로 부끄럽지 않게 살아야 한다.

제2부 미리 써보는 유언장 ▶ 119

형제끼리 서로 우애있게 서로 보살피며 아끼며 살아야 한다.

○혜야!

엄마도 아빠처럼 그런 상황이 되거든 지체없이 장기이식을 하여라. 땅 속에 묻히면 썩어 흙이 될 육신, 죽어라도 생명을 살리는 일은 가장 귀하다고 생각한다.

그리고 화장을 해서 아빠있는 산 속에 뿌려줘.

○혜야!

주 안에서 늘 소망을 가지고 엄마, 아빠 기억하며 참 열심히 아름답게 살다간 사람들이었다고 이야기해 주려무나. 동생도 잘 보살펴 주어야 한다.

천국은 참 좋은 곳이라고 하지만 그래도 아빠와 너희와 살았던 이 땅도 엄마는 너무 행복했고 좋았단다.

○혜야! 우리 다시 만나자. 안녕.

감사로 맞는 죽음

죽음을 생각하기는 조금 서운한 마음도 있지만 삶이 나의 뜻이 아님을 나는 알고 있어 기쁨도 슬픔도 억울함도 애통함도 미움도 사랑도 적절하게 있게 하시고 나를 인도하셨던 주님께서 나의 소망하는 죽음에도 같이 하시리라는 확신을 가졌기에 할 수만 있다면 기쁜 마음으로 가고 싶다.

유언장을 쓴다고 하니까 염려하며 "엄마 나는 싫어요" 하며 "벌써 그렇게 서두르실 필요없지 않느냐"는 우리 작은아들. 그래 그 마음을 안다.

그러나 주관자이신 하나님의 계획은 모른다. 언제, 어디서 어떻게 엄마의 죽음을 준비하고 계실지…

아들아!

너는 아직 생각하고 싶지 않겠지만 엄마의 나이 40 중반이니 나는 미리 죽음을 준비하여 아름다운 죽음을 맞이하고 싶구나.

아들아!

엄마는 7-8년 전부터 죽음을 준비했는지 모른다. 장기기증 본부에 죽음 후에 시신 기증을 했으니 말이다. 주변의 사람들이 그때 너와 같이 말렸었지. "젊은 나이에 어찌 그럴 수가 있느냐"고…

그때 아빠는 신장기증을 약속하셔서, 그 약속을 재작년 12월 8일 고통받는 이웃의 고통을 나누기 위해 실천하셨지 않니?

너는 엄마의 시신 기증를 허락할 수 없다면서 엄마 마음대로 왜 그렇게 하셨느냐고 눈물을 글썽였지만 이해할 때가 올 것이다. 형과 협력하여 허락하도록 해라. 엄마는 모든 것을 감사하며 죽음을 맞고 싶다.

하나님께서 부모님을 통하여 세상에 태어나게 하시고, 아빠를 만나게 하시고, 또 두 아들을 맡기셔서 양육하게 하셨으며, 적절한 슬픔과 기쁨으로 이 시간까지 이끄셨음을, 또 죽음 이후의 삶도 이처럼 인도하시리라고 소망하기에 어찌 감사 아니하겠니?

아들아!

받아들이고 싶지 않은 엄마의 유언장이었지만 감사로 받아들일 수 있도록 성령께서 너를 돌보실거야.

나는 죽음 이후에 너희들이 기쁘게 살다가 감사하는 마음으로 하나님을 소망하며 죽음을 맞이한 엄마를 기억해 주길 바랄 뿐이다.

준비된 삶을 살거라

장 ○ 자

사랑하는 아이들에게

인간은 한번 태어나면 언젠가는 한번은 죽는다.

모두가 다 알면서도 인간의 어리석음과 지혜롭지 못하므로 말미암아 준비되지 않는 삶을 산단다.

그러다 어느 날 갑자기 자기 죽음이 눈 앞에 닥치면 우리는 그 죽음 앞에 감당치 못하는 감정들이 모두를 다스린단다.

이렇게 되지 않기 위하여 너희는 준비된 삶을 살도록 하여라.

하나님을 의지하며 항상 기도하는 마음으로 응답 속에서 엮어가는 아름다운 삶을 살아가길 바란다.

어떤 경우로 내가 이 땅을 떠나게 될는지 모르지만 몸이 병들어 죽음을 맞이하게 되었을 때, 회복이 불가능하면 추하지 않는 모습으로 떠날 수 있게 해주길 바라며, 약은 고통을 잠재우기 위해서만 투여해 주기 바란다.

생명을 연장하기 위한 투약은 하지 말아라.

내 육신이 필요한 곳이 있다면 기증하여 주고, 사후에는 화장하여 주기 바란다.

아빠도 원하셨던 부분이다.

너희들에게 다시 부탁한다.

안일한 삶만 영위하다 보면 후회의 연속이 된단다.

어떤 어려운 환난이 와도 준비된 삶을 살아간다면 가슴에 상처가 조금은 덜할 것이다.

시대의 흐름에 맞춰 살 줄도 알아야 하고 항상 근본이 되는 하나님의 사랑을 가슴에 새기며 살아야 한다. 두려움이 아닌 당당한 모습으로 이 험한 세파를 헤쳐 나가기 바란다.

누구를 의지해서도 안되며. 원망해서도 안된다. 하나님께서 주시는 복을 누리기를 바라며 하나님께 쓰여지는 그릇이 되길 바란다.

무엇보다 베푸는 자가 되어라. 늘 감사하며 또 준비된 자가 되기를 바란다.

나의 사랑하는 사람아

한 ○ 경

사랑하는 당신께

사랑이 무엇인지 당신을 만나 알게 되었고, 나의 가장 힘든 부분까지도 감싸주며 오늘까지 함께 해준 당신께 진심으로 감사를 드립니다.

나의 모난 성품도 당신과 함께였기에 따뜻한 울타리 안에서 때로는 녹을 수 있었고 어떤 순간에는 자신을 죽일 수 있는 방법도 배웠지요.

나의 하고 싶어하는 모든 것을 긍정적으로 봐주며 믿어 주었던 당신… 나도 모르게 당신한테 상처 준 것이 있다면 용서하세요. 그리고 잊어 주세요.

○훈씨!

이 글을 쓰는 순간 너무도 많은 생각들이 나의 머리 속을 스쳐갑니다.

당신과 함께한 모든 순간들이 지금은 아름다움으로 나의 가슴에 채

워져 있답니다.

결혼 초에 깊은 마음의 고통과 육체적 고생이 있었어도 늘 당신이 내 곁에 있어주었기에 잘 견딜 수 있었고 또 오늘까지 올 수 있었다고 생각하면서 감사하다는 말밖에 할말이 없어요.

당신으로 인하여 행복한 삶을 살다 갑니다. 마지막으로 당신께 부탁 있어요.

나의 장기를 필요로 하는 사람이 있다면 주고 싶어요. 내가 그 말만 하면 당신은 화를 냈죠.

정말 자신 없었던 것이 나의 육체였답니다. 어느 한 부분이라도 사용할 수 있다면 주고 싶어요.

당신도 나의 뜻에 함께 해 주면 고맙겠어요.

사랑하는 아이들 하나님 말씀에 삶의 기준을 삼고 살아가도록 당신이 많이 돌봐 주세요.

사랑해요.

나의 사랑하는 ○인아! ○성아!

엄마가 이 땅에 살면서 너희들로 인하여 너무도 많이 행복했었단다.

너희들 초등학교 다닐 때 너희들이 옷을 갈아 입고 엄마를 놀래 주려 했던 일들…

여러 가지가 생각이 나는구나. 너희들은 나의 기쁨이고 소망이었단다.

하나님 말씀에 순종하며 살아라. 믿음 안에 살다가 먼 훗날 천국에서 우리 기쁨으로 만나자.

사랑한다.

제3부

사명자여 사명자여

호스피스 현장은 하나님의 나라이다.
말씀이 있기 때문이다.

1. 빚진 자임을 아는가?

봉사에 임하기 전

그 화려한 그림들을 그리기 전에

먼저 자신은 누구인가?

이 사역을 해야만 하는 이유는 무엇인가에 대한

분명한 답을 가지고 있어야 한다‥

주님의 손을 대신하여

(요 5:1-9)

백 문 현 감독
(안양감리교회 담임, 본회 자문위원)

참으로 반갑고, 감사하고, 기쁨이 있습니다. 오늘 여기저기에서 자원봉사하시는 여러분들을 모시고 말씀을 나눌 수 있는 귀한 시간을 참으로, 하나님께 감사를 드립니다.

독일에 트리겐이라는 조그마한 마을이 있었습니다. 그 마을에 교회가 하나 있었는데, 그 교회 정원에는 예수님의 동상이 하나 서있었습니다. 두 팔을 벌리고, "수고하고 무거운 짐진 자들아 다 내게로 오라 내가 너희를 쉬게 하리라"고 부르시는 듯한 그런 모습의 동상이었습니다.

그런데 2차 세계대전이 일어나서 여기 저기에 폭격이 시작되었습니다. 트리겐 마을에도 폭탄이 하나 떨어졌는데, 하필이면 예수님의 손을 벌리고 있는 동상에 떨어져서, 그만 두 손이 잘라져 나갔습니다. 전쟁이 다 끝났습니다. 그동안 흩어졌던 사람들이 교회에 모여 들었습니다. 그리고 그들이 예배를 드리려고 교회에 막 들어서는데 동상의 두 손이 딱! 잘라져 있는 것이었습니다.

모든 교인들이 예배를 마치고 난 다음에, 요즈음 말하면 제직회, 중직회 같은 것이 열렸습니다. 의견은 2가지로 나뉘었습니다. 하나는 "아예 예수님의 동상을 헐어버리고 다시 세우자"였고, 다른 하나는 "아니다. 아까운 몸은 성하니 그냥두고, 손만 떨어졌으니 그것만 붙이면 되지 않느냐"였습니다. "헐어 새로 세우자", "아니다 손만 붙이자" 하며 오랫동안 논란이 벌어지고 있었습니다.

그런데 이를 지켜보던 어떤 노인 한 분이 일어나 말했습니다. "그걸 가지고 도대체 몇 시간 동안을 회의를 합니까? 예수님의 손이 잘라졌으면, 그냥 놔두고, 이제부터 예수님의 손노릇을 우리가 하면 되지 않겠습니까?" 이 말을 듣고 있던, 모든 중직들에게 깨달음이 왔습니다.

그리하여 팔이 없는 예수님의 손을 그냥 놔둔 채, 모든 교인들이 그 동상을 바라보면서, 이렇게 고백을 하기 시작했습니다. "주님! 주님의 손이 잘라졌군요. 제가 주님의 손노릇을 하겠습니다."

그후로 트리겐 교회 모든 성도들은 교회에 올 때마다 그 동상 앞에 서서 그것을 바라보면서, 마음 속으로 "주님! 주님의 손이 잘라졌군요. 제가, 제가 주님의 손노릇을 하겠습니다" 라고 다짐하곤 했다고 합니다.

20세기의 최고의 성자로 호칭을 받는 테레사 수녀가 있습니다. 그에게 어떤 기자 한 사람이 "당신은 왜 그토록 어려운 일을 선택했습니까? 세상에 잘사는 길도 많고, 좀 편하게 사는 길도 많은데, 당신은 어찌하여 이런 어려운 일, 말로 다할 수 없는 이런 고난의 길을 선택했습니까?"라고 물었습니다. 이에 대하여 테레사 수녀는 "나는 한 번도 내가 하는 일이 어렵다고, 고생스럽다고 생각을 해보지 않았습니다. 그래서 잘 모르겠습니다. 저는 다만, 주님이 나에게 은혜를 주셔서 이 일을 기쁜 마음으로 지금까지 감당해왔을 뿐입니다"라고 대답을 했습니다. 과연, 그것은 그녀가 이 20세기에 위대한 성녀가 될 수밖에 없었던 하나의 비결이라고 생각되는 것입니다.

오늘 여기 요한복음의 5장에 기록된 말씀은 우리가 잘알고 있는 말씀입니다. 예루살렘 외곽에 베데스다 연못이 있었습니다. 이 연못가에는 각색 병자들이 다 모였습니다. 요즈음으로 말하자면, 종합병원 같은 곳이었습니다. 눈먼 자, 말못하는 사람, 소경, 귀머거리, 팔없는 사람 등의 환자들로 인산인해를 이루었습니다. 이유는 전설적으로 내려오는 이야기로는 그 연못에 물이 갑자기 '콱' 끓을 때가 있는데, 그 물이 '콱' 하고 끓어오를 그때에, 제일 먼저 들어가는 병자는 병 고침을 받는다는 것이었습니다.

그런데 어느 날 예수님이 이곳으로 오셨습니다. 얼마인지는 모르지만 그중에는 눈하나 밖에 없는 사람도 있을 것이고, 말못하는 사람도 있을 것입니다만, 예수님이 제일 먼저 찾아간 사람은 38년된 앉은뱅이 병자였습니다. 병자는 38년 간을 일어서지도 못했습니다. 손 하나 까닥하지 못하는 누워있는 산송장이었습니다. 예수님께서 그 환자에게 "낫고자 원하느냐?"라고 물으셨습니다. 그런데 그 환자는 "예, 낫고자 원합니다"라고 대답하는 것이 아니라 "저 물이 동할 때에 나를 먼저 연못에 넣어주는 사람이 아무도 없었습니다"라고 했습니다. 다시 말하자면, 자기를 도와줄 사람이 아무도 없었다는 것이었습니다. 이 말을 들은 주님은 "내가 명하노니 네가 자리를 들고 일어나라" 말씀하시었고, 이 말씀을 듣는 즉시, 그는 자리를 들고 일어났던 것이었습니다. 만약 그에게 아내가 옆에 있었다면, 그에게 아들이나 딸이 있었다면, 그 가족들이 옆에 있다가 물이 끓을 때 "비켜, 비켜"하고 그 환자를 밀어넣어 줄 수 있었을 텐데, 그는 그런 사람이 전혀 없었던 것이었습니다. 물이 막 끓을 때 "내가 좀 들어가야겠다"고 생각하면, 그때 벌써 사지가 멀쩡한 사람이 먼저 들어가는 것이었습니다. 이 사람은 머리에서 발끝까지 아무 것도 움직일 수 없는 사람, 그리고 아무도 돌아보지 않는 사람이었습니다.

제가 여러분에게 말씀 드리려는 것이 바로 이것입니다. 예수님은 과연 어떤 사람들에게 관심을 가지고 있는가? 베데스타 연못가에 수십명, 수백명 그 많은 환자들 가운데 가장 오래된 병자, 가장 절망가운데 있는 병자, 이제 소생할 기미가 보이지 않는 사람, 아무도 돌볼 사람이 없는 이 사람에게 관심을 가지고 계셨다는 사실입니다.

이제 여러분들은 호스피스 봉사자로서 일정한 교육을 마치고, 수료장을 받게 되었습니다. 독일에 트리겐 마을의 교인들은 "주님의 손이 되겠습니다" 라고 맹세하였다고 했는데, 앞으로 여러분이 할 일이 무엇입니까?

2000년 전 베데스다 연못에 가족도 아내도 자식도 아무도 없는, 그래서 연못이 끓어도 거기에 넣어줄 사람이 없는 38년 병자에게 예수님이 관심을 가지고 그곳에 찾아갔다고 한다면, 오늘 여러분들이 가져야 할 관심의 대상은 누구이겠습니까? 예수님이 가장 관심을 가지는 사람은 간호하나 받을 수 없는 사람, 병원에 입원했는데도 돌볼 사람이 없는 환자, 이제 일어날 가망이 전혀없는 사람, 이 절망적인 사람에게 주님은 오늘도 관심을 가지고 계신다는 사실을 잊어서는 안 될 것입니다.

여러분이 다 아시는 것처럼 20세기 지성인 헬렌켈러 여사는 어려서부터 말하지도, 보지도, 듣지도 못하는 사람이었습니다. 그런데, 설리반이라는 선생이 그 소녀를 맡아서 가르치기 시작을 했습니다. 우리말로 말하면 '기억', 영문으로 말하면 'A' 문자를 깨닫는데 3개월이 걸렸습니다. 보지도 못하니까, 듣지도 못하니까 3개월이 걸렸습니다. 한번 상상을 해보세요. 내가 낳은 자식이라면 할 수 있겠습니까? 어쩔수 없이 포기하지 않겠어요? 엊그제 어떤 신문을 보니까, 고아원에서 한 어린 핏덩이를 입양해서 길렀는데 그만 불치병에 걸렸다고 합니다. 아무리 약을 써도 소용이 없으니까, 법원에 자식 무효 소송을 냈습니다. 그런데 법원의 판결은 그냥 기르라고 했다고 합니다. 5년, 6년 기르면서 정이 들지 않았겠습니까? 낳은 정보다 기른 정이라는데 고칠 수 없는 병이라는 이유 때문에 자식을 버리는 것이 세상 인심인 것입니다. 많은 사람들이 설리반에게 "왜 그렇게 고생을 하느냐?"고 물었습니다. 이에 대하여 설리반은 "나는 헬렌켈러를 볼 때 한 인간으로 보지 않고 헬렌켈러의 모습을 통하여 주님을 봅니다. 주님의 형상을 봅니다. 주님의 형상을 보니까, 버릴 수 없는 것입니다. 포기할 수 없는 것입니다." 라고 대답을 했다고 합니다.

여러분, 여러분들이 앞서서 나가는 길은 결코 기쁜 일이 아닙니다. 즐거운 일이 아닙니다. 앞으로 해보십시오 혹시라도 이중에서 "이런 줄 몰랐는데, 참 괜히 기분에 했다가 내가 아주 고생길에 들어섰구나" 하는 생각을 하는 사람도 나올 수 있습니다.

가족들이 돌보지 못하는 사람들을 수종든다는 것이 말처럼 그렇게 쉬운 것이 아닙니다. 엄청나게 어려운 일이 따를 것입니다. 처음부터 이에 대한 각오를 해야만 할 것입니다. 어려울 때마다, 여러분은 2000년 전을 거슬러 생각해 보시기를 바랍니다. '만일, 이 병원에 주님이 찾아 오신다면 과연 어떤 사람들에게 관심을 가지실까?'를 진지하게 생각해 보시기 바랍니다.

주님을 대신하는 여러분의 따뜻한 손길이, 그토록 불쌍한 사람들에게 가까이 하게 될 때에, 여러분에게는 주님이 준비하신 상급과 축복하심이 넘치게 임하실 것입니다. 아무리 어려운 일이 있어도 포기하지 마시고, 자원하시는 마음으로, 감사하는 마음으로, 기쁜 마음으로, 봉사하시기 바랍니다. 하나님께서는 여러분들을 기뻐하시는 제물로 받으실 것을 믿습니다.

주의 손을 잡으라

(마 9:18-22)

설 삼 용 목사
(안양제일교회, 본회 자문위원)

　현대는 적어도 한곳 이상의 시민단체에 가입해서 회비도 내고 자원봉사도 하는 사람들을 요구하고 있습니다. 이런 의미에서 여러분들이 호스피스 자원봉사자로 수고하시게 된 것은 참으로 현대인의 조건에 합당한 일이라고 할 수 있을 것입니다. 우리 사회도 앞으로는 내가 노력한 시간, 물질까지 바쳐서 봉사하는 그런 어떤 자격증을 많이 가진 사람들을 우대되는 세상, 또 젊은 청소년들이 그런 자격증를 몇개를 가지고 있었을 때, 그 숫자를 따져서 대학에 우선 순위로 입학시켜주는 그런 시대가 꼭 올 것입니다

　한 고등학교에서 1등, 2등한 두 학생이 하버드대학에 지원했습니다. 1등이 한국학생이었고, 2등이 미국학생이었지만 하버드대학에는 1등이었던 학생이 떨어지고 2등이 합격되었다고 합니다. 그 소식을 들은 한국학생 학부모가 찾아가서 항의했습니다. "우리 아이가 1등으로 졸업하고 미국아이가 2등인데, 인종차별을 하느냐? 왜 한국아이

가 떨어져야 하느냐?" 하고 항의하니까 대학당국의 답변이 "한국 학생은 학교에서 공부만 열심히 해서 성적만 좋지만 미국아이는 방학 때마다 보이스카웃, 해양소년단, 시골봉사를 다녔으며 또한 미국아이는 기타를 잘친다. 그러나 한국아이는 악기를 다루는 것이 하나도 없다. 그래서 미국아이를 합격시켰다"라고 이유를 밝히더랍니다. 이 답변을 들은 그 부모는 아무 말도 못하고 물러 나왔다고 합니다.

사실 남을 생각할 줄도 모르고, 음악도 모르는, 정서적으로 그렇게 고갈된 아이들이 대학에 들어가면 무얼 하겠습니까? 여러분들의 자녀들은 예능을 꼭 전공하지 않아도 악기 하나쯤은 다룰 수 있는 그런 여유 있는 인생을 설계해야 할 것입니다. 또 그들의 풍요로운 미래를 진심으로 생각한다면 방학때를 이용해서 그런 자원봉사를 한 여러 가지 경력들을 많이 소유하도록 기회를 마련해 주어야 할 것입니다.

우리의 현재적 삶은 하나의 미래를 준비하는 과정입니다. 우리 스스로에게 한번 물어봅시다. 내일 아침 9시 우리 주님께서 불러가시겠다고 오늘 예고를 하신다면 지금 여러분의 표정은 어떠시겠습니까?

그 반응에는 먼저 우왕좌왕형이 있습니다.

"이제 서둘러서 정리해야 되겠다. 빚도 갚고, 또 어디가서 봉사좀 하고…"이제 시간이 급하니까 천국에 가기 위해 애쓰는 것이 우왕좌왕형입니다.

또 이판사판형 있습니다.

"내가 이때까지 이 모양으로 살았으니 될 때로 되라" 며 퍼마시고 그냥 안절부절하는 형입니다.

그런가 하면 준비완료형이 있습니다.

"나는 이미 준비가 끝났으니까 내일 주께서 나를 부르시면 나는 참 기쁘다. 내일 그렇게 소망하던 하늘나라에 가게 되었으니 얼마나 기쁘냐?"며 준비를 완료한 분도 있습니다.

허드슨 테일러 목사님이 중국선교를 마치고 미국에 돌아가서 매일

하는 일은 옥상에서부터 지하실까지 하루 한번씩 오르락 내리락 하는 것입니다. 왜 오르락 내리락 합니까? 다리운동하는 것입니까? 그것이 아닙니다. 옷장을 열어보고, "주님이 오실 때 이 옷이 무슨 의미가 있느냐? 이렇게 많이 필요하지 않느냐?" 하고 그곳에서 몇 개를 가려내어 없는 이에서 나누어주고, 또 신발장을 보고, "주님 오실 때 이렇게 여러 켤레의 신발을 신고 갈 것인가?" 필요없다면 꺼내어서 없는 이에게 갖다 주자며, 옥상에서 지하실까지 주님이 오실 때 필요 없는 것을 가려내는 일들을 매일 한 것입니다.

이 부부는 매일 매일 죽음을 준비하며 살아가신 것입니다. 여러분들의 호스피스 봉사가 준비완료형, 말하자면 주님께서 나를 부르시는 날 바로 그날을 준비하는 과정이 되시기를 축원합니다.

오늘 성경말씀을 보면은, 그 많은 사람들 가운데서 옷자락을 만진 사람은 여인 하나밖에 없었습니다. 주님께서는 방금 죽은 아이를 살리러 가시는 길입니다. 이스라엘은 아열대 기후로 굉장히 덥기 때문에 죽으면 그날이 지나기 전에 장례를 치러야 합니다. 이런 긴박한 상황 속에서 바쁘신 그 길에 주님께서 멈추어 서셨습니다. 이유는, 많은 사람들 중에 다급하게 손을 내밀고 내 손을 잡고 내 옷자락을 잡는 사람이 있다는 것입니다. 얼마나 다급하면 그랬겠느냐 하시는 것입니다. 그 사람이 누구인가를 돌아보시기 위해서 서셨습니다.

여러분, 지금 여러분들이 상대해야 할 호스피스 환자들의 심정은 지푸라기 하나라도 잡으려는 그런 심정입니다. 여러분들의 손길이 저들에게는 주의 손길이 되기를 진정으로 축원합니다.

내가 그런 시한부인생을 사는 사람에게 주는 도움의 의미는 무엇인가를 생각하시고 남에게 용기를 주고 위로가 되었다는 것 자체가 얼마나 축복인지를 생각해 보시기 바랍니다.

저는 신학교 다닐 때, 어느 날 너무나 아파서 기숙사 식당아주머니 방에서 뒹굴고 있는데 한해 선배가 다가와서 제 손을 꼭 잡고 열심히 기도해주었습니다. 저는 그때 그 손길을 지금도 잊을 수가 없습니다.

지금은 제가 목회자로서 가는 데마다 방문하고 위로하고 용기를 주고 있습니다만 그때를 생각하면 "내가 정말 멋있구나! 내가 지금 그 사람을 잊을 수 없는데 저 사람은 어떻게 나를 잊을 수 있겠는가?" 하는 것을 생각하곤 합니다.

호스피스… 여러분들은 지금 주님이 가장 기뻐하시는 일들을 하고 있는 것입니다.

마태복음 25장을 보면 소위 동일성의 신학이 나옵니다. "다칠 때 돌아보고, 나그네될 때 영접하고, 벗었을 때 입혀주고, 목마를 때 마시게 하고, 병들 때 돌아보게 하고, 이런 사람은 영생에 들어가게 되는데 그러지 못한 사람은 영벌에 처하겠다"라고 하셨습니다. 그리고 "바로 그 소자가 곧 나다"라고 말씀하고 계신 것입니다. 여러분이 상대하는 '말기 암환자가 곧 주님'이라고 생각할 때 우리들의 생각은 지금보다 훨씬 진지해질 수 밖에는 없을 것입니다.

전설에 어느 날 마르다가 곧 방문하실 예수님을 위해 열심히 음식 준비를 하는데 노크소리가 납니다. 얼른 손을 닦으면서 "아이구 오셨구나" 하며 반가히 문을 열었는데 그 자리에는 어떤 소년이 벌벌 떨며 밥을 달라고 서있습니다. 마르다는 화가 났습니다. "내가 지금 예수님을 위해 식사준비하는데 너를 돌볼 여유가 어디 있느냐? 이 다음에 오라" 하며 쫓아내었습니다. 또 한참 열심히 일하는데 노크소리가 납니다. "아 이제야 오셨구나"하고 반가히 문을 여는데, 이번에는 웬 할아버지가 춥다며 몸좀 녹이고 가자고 서있습니다. 마르다는 더욱 화가나서 "내가 지금 할아버지 돌볼 여유가 어디 있소? 이 다음에 오시오" 하며 문을 확 닫으려고 했습니다. 그런데 돌아가려던 할아버지가 고개를 돌려서 보니, 그 할아버지는 주님이셨습니다. 사색이 된 마르다가 "주님 제가 잘못했어요. 주님인 줄 몰랐습니다"라고 변명을 했습니다.

그렇다면 주님인지 알면 영접하고 모르면 쫓아내는 것입니까?' 이 것이 오늘날 우리 일반인들의 신앙인 것입니다. 이러한 때에 우리가 동일성의 신학, 말하자면 여러분이 상대하는 '말기 암환자가 곧 주님' 이라는 생각을 가지고, 주님을 상대하듯이 친절을 다하시면 그분들의 메마른 심령이 극적으로 소생하는 놀라운 역사가 일어날 줄로 믿습니다. 이 시대의 '주님의 손'들이 꼭 되시기를 주님의 이름으로 축원합니다.

행치 아니하는 자는 영벌에

(마 25:42-46)

조 병 창 목사
(안양성결교회, 본회 자문위원)

　우리가 인간으로서 가지는 가치와 보람과 삶의 긍지는 인간으로서 마땅히 해야 될 일을 잘 감당하는 데 있다고 하겠습니다. 또한 사람이 짐승과 다르다는 것도 바로 사람으로서 해야 될 일을 하는 데 있다고 볼 수 있는데, 오늘 본문은 그 차원을 뛰어넘어 해야 될 일을 하지 않은 사람은 '영벌에'라고 하는 무서운 결론을 내리고 있습니다

　우리는 인간으로서 반드시 해야 될 일이 있습니다. 이것은 사명입니다. 그런데도 더러는 이 일을 삶의 알맹이가 되는 귀중한 일로 생각지 않을 수도 있습니다.

　그러나 우리는 해야 될 일을 하지 않았을 때, 바로 그것은 죄가 되고, 그 죄로 인하여 불행의 역사가 오고, 결국은 파멸을 초래하게 된다는 사실을 결코 잊어서는 안될 것입니다.

　그렇다면 우리를 파멸에 이르게 하는 죄의 종류는 어떤 것이 있을까요?

1. 사랑하지 않은 죄입니다.

더불어 사는 우리는 주변에 있는 사람들이 주리고, 목마르고, 헐벗고, 병들었을 때, 옥에 갇혔을 때에. 우리 마음 속에 사랑하는 마음이 일어나야 합니다. 그들을 보면서도 사랑하는 마음이 일어나지 않는 것은 명백한 죄입니다. 그리고 그 사람의 삶 자체도 무가치한 삶이 되어지는 것입니다.

성경은 이러한 예를 들었습니다. 어떤 사람이 여리고에 내려가다가 강도를 만났습니다. 많은 상해를 입어 피를 흘리고 거의 죽게 되었습니다. 그런데 제사장이 지나가다 그냥 지나쳐 버리고, 레위사람 또한 그냥 가 버렸습니다. 그러나 사마리아 사람은 그 사람을 보고, 응급처치를 한 후, 주막에 맡겨서 돌보도록 부탁하고, 그에게 부비가 더 들게 되면, 돌아오는 길에 지급하겠노라는 약속을 하며, 그 사람을 살려내는 것을 봅니다.

당시 지도자이며, 종교계에 귀중한 인물들이면서도 행함이 없을 때, 주님 보시기에 그들은 아주 무가치한 사람이었습니다. 그러나 사마리아 사람, 그는 혼혈로서 그 사회 속에서는 가장 저질적 부류로 취급받는 사람이었지만 그가 불쌍한 사람을 돌아보고, 사랑을 실천하는 모습을 보신 예수님은 그 일을 아주 크게 보시고, 그를 높이 평가하시는 것을 봅니다.

그리고 영생의 길을 묻는 청년에게 "너도 가서 그렇게 하라" 하셨습니다. 이 말씀을 다른 말로 하면 "마땅히 해야 할 일을 행치 아니하면 영벌을 받을 수밖에 없다"는 말씀이 되기도 하는 것입니다.

2. 도와주지 않은 죄입니다.

우리는 언제나 건강한 것이 아닙니다. 어떠할 때는 건강하다가도 병이 들고, 장애자가 되고, 부하다가도 가난하고… 우리는 역사나 환경의 변화에 따라서, 또 원하지 않지만 순간적으로 이렇게 저렇게 심한 변화 속에서 살아가게 됩니다. 그러므로 그나마 내가 힘이 있을 때 약한 자를 돕고, 서로 더불어 사는 삶의 태도를 가져야 하는 것입니다.

창세기 38장을 보면 오난의 얘기가 나옵니다. 오난은 엘의 동생입니다. 그 엘이 자녀도 없이 죽음을 맞게 되었습니다. 그 당시 이스라엘 법은 그 형제가 자녀가 없이 죽게 되면 그 형수나 제수를 위해서, 그 형제가 대를 이어주어야 했습니다. 그래서 아버지가 되는 유다는 오난을 불러 형의 대를 이어줄 것을 부탁하였습니다. 그러나 오난은 그렇게 하지 않았습니다. 형제에 대하여 자비함이 없는 오난은 하나님의 의해 즉시 죽임을 당하였습니다.

내 이웃은 곧, 우리의 형제요 핏줄입니다. 우리 한국은 좁아서 얘기를 나누다보면, 친척 아닌 사람이 없습니다. 몇 발짝 건너 넘어가면 다 이어지고 있습니다. 그리고 우리는 단군을 시조를 한 동족이기도 합니다. 뿐만 아니라 더 올라가서 세상을 보면, 우리 모두는 아담의 후손입니다. 따라서 형제가 되는 세계인 모두는 서로 돕고, 격려하고, 이끌어주며, 살아가는 것이 곧 인류의 아버지가 되시는 하나님의 뜻이고 기대입니다. 따라서 형제를 도와주지 않는 죄는 하나님의 기대를 거슬리는 일이고, 결국은 영벌에 들어갈 수밖에 없는 것입니다.

3. 돌아보지 않은 죄입니다.

우리는 얼마 전에 앞집에 사람이 죽어 며칠이 지난 것도 모르고 있다가 냄새가 나서야 알게 되었다는 신문 보도를 접한 적이 있습니다. 너무 삭막한 세상이 되었습니다. 우리는 이웃을 돌아보아야 합니다. 주변의 사람이 보이지 않으면, 전화를 해서라도 돌아보아야 하는 것입니다. 그러할 때 우리의 삶은 구성지고, 아름답고 참 행복을 찾을 수 있을 것입니다.

미국 뉴욕에는 '라과디아'라는 공항이 있습니다. 이 이름은 한 판사의 실명인데 공항의 이름이 되기까지의 이야기는 우리에게 시사해 주는 바가 큽니다.

라과디아 판사에게 한 노인이 재판을 받으러 나왔습니다. 서류를 보니 그는 절도범이었습니다. 판사가 질문하였습니다. "무엇을 훔쳤습니까?", "네, 저는 빵을 훔쳐먹었습니다", "왜 훔쳤습니까?", "며칠 굶다보니까 눈이 뒤집혀서 그만 빵을 훔쳐먹었습니다." 그의 진술을 들은 판사는 한참을 머리를 숙이고 고심하는 모습이었습니다. 잠시 후 이렇게 판결을 내렸습니다. "아무리 배가 고파도 남의 것을 훔쳐먹는 것은 잘못된 것입니다. 그러므로 벌금 10불을 내십시오." 그리고 그는 자신의 주머니 속에서 10불을 꺼내들었습니다. "나도 이 절도의 공범입니다. 그래서 저도 벌금 10불을 내겠습니다." 그리고 영문을 모른 채 술렁거리는 방청객을 향해 "여러분, 우리 모두는 이 노인이 며칠을 굶어서 눈이 뒤집혀지고, 그 배고픔으로 빵을 훔쳐먹어야만 하는 사정이 되도록 그를 돌아보지 않았습니다. 그러므로 우리들 또한 공범들입니다. 만약 이 말을 공감하신다면, 여러분들도 이 시간 벌금을 내주시기 바랍니다." 그리고 조리대를 하나 돌렸습니다. 그러자 그곳에 있던 사람들이 "그렇구나. 우리가 그를 돌아보지 않은 죄가 크구나" 하면서 모두가 돈을 그곳에 넣었습니다. 그렇게 모은 돈을 다 할아버지게 드리면서, 라과디아 판사는 "앞으로는 절대로 남의 것을 훔치지 마십시오, 이제 이 돈으로 사서 드십시오"라고 말하는 것이었습니다.

이러한 아름다운 이야기는 점점 퍼져 나가게 되었고, 훗날 그의 인격에 감동받은 사람들에 의하여, 그는 뉴욕시장으로 추대되었고, 당선이 되었습니다. 시장이 된 그는 정말 자기 뜻한 바대로 그 이웃을 잘 돌아봐주고, 도와주며, 뉴욕 시민을 사랑하는 마음으로 일했습니다. 그후 그는 시장직을 은퇴했습니다. 그러나 시민들은 그토록 훌륭한 분을 그냥 지나쳐 버릴 수는 없다고 하여 기념적인 일을 생각하기 시작하였고, 그러한 시민의 뜻이 모여, 커다란 비행장을 세우고 그의 이름을 따서 '라과디아 공항'이라 칭하였습니다. 그야말로 행하는 자의 이름이 오래오래 기억되게 된 것이지요.

기독교 신앙은 말에 있는 것이 아니라 하나님의 말씀을 믿고 바로 실천하는 데 있는 것입니다. 불쌍한 이웃에 대하여 '돌아보지 않는 자'의 믿음은 '죽은 믿음'이라고 야고보서는 말씀하셨고, 오늘 본문은 "죽은 믿음을 가진 자는 결국 영벌에 들어갈 수밖에 없다"는 사실을 분명히 말씀하고 계신 것입니다.

이토록 각박한 세상 한복판에서 소외되고 절망하는 이웃들을 끝까지 사랑하며 섬기는 호스피스 운동에 제2기 자원봉사자들이 이렇게 많이 참여하게 되었다는 것은 참으로 안양의 영광이요, 기쁨입니다. 그리고 안양이 새롭게 거듭 태어나고 참으로 위대한 도시가 되어지는 지름길이라고 생각합니다. 부디 안양호스피스 선교회 여러분의 이런 봉사가 많은 열매를 맺어서 많은 영혼을 구원하고 우리 사회를 뜨겁고 훈훈하고, 정말 포근한 사회로 만들어 가는 복된 자취가 되기를 주님의 이름으로 축원합니다.

앞서가는 사람

(눅 19:1-10)

천 상 홍 목사

(비산감리교회, 안양시 기독교 연합회 증경회장)

할렐루야!

이 아침에 여러분들을 만나뵙게 되어 반갑습니다. 오늘 주시는 말씀으로 받으신 사명을 다시 한번 확인하는 시간이 되시기를 바랍니다.

본문에 나오는 삭개오란 인물은 당시의 모든 사람들이 부러워할 만큼 위치에 있던 사람이었습니다. 여리고 도성은 아주 풍요로운 도시입니다. 돈도 많고 장사하는 사람들도 많고… 그런데 마치 생산가게에 파리가 끼듯이, 이처럼 돈 많은 곳에는 착취하는 사람들이 있기 마련입니다. 그들은 세금거두는 사람들이었습니다. 당시에는 오늘날처럼 합리적이지 않고, 세리들의 판단이 곧 절대적 기준이 되었습니다. 세리 마음대로였습니다. 그래서 사람들은 이러한 세리들을 싫어했습니다.

이 중에서도 우두머리를 하고 있는 인물이 '삭개오'라는 인물이었습니다. 당시의 어떤 사람이라고 해도 이 사람이 징수하면 반드시 납부해야만 했습니다.

그런데 그러한 입장에 있는 삭개오 귀에 이상한 소문이 들려오고 있었습니다. 소문에 의하면 "어떤 사람이 하나 출현해서 동네를 시끄럽게 하며, 많은 사람들이 몰려다니더라, 그 사람이 어떤 표적을 일으키더라, 기사가 행하여 지더라…" 등 이러 저러한 소문이 들리니 궁금증이 날 수밖에 없었습니다.

"그렇다면 이 사람은 과연 누구일까? 무슨 사람일까? 무슨 메시야가 온다는데 그 메시야라는 존재는 어떤 존재인가?" 이렇게 궁금증을 갖다가 "그러면 내가 한번 그 사람을 만나봐야 되겠다" 하고 집을 나선것입니다. 막상 나가서 들어보니, 이상하게도 그 사람을 만나면, 지금까지 남에게 차마 이야기할 수 없었던 내 마음 속에 가지고 있는 어떤 것들이 해결될 것 같고, 뭔가 시원할 것 같고, 편안할 것 같은 마음이 생겨나기 시작한 것입니다. 그는 예수께 대하여 더욱 관심을 갖기 시작하였습니다.

그런데 부족할 것이 없는 것 같은 그에게도 부족한 것이 있었습니다. 삭개오는 키가 매우 작은 사람이었습니다. 사람들이 많으니까, 도저히 예수님을 만날 길이 없었습니다. 그래서 그는 머리를 씁니다. 이 무리들이 어디로 갈 것이라는 것을 계산해 보았습니다. 머리가 비상한 것 같습니다. 미리 예측하고는 그 방향으로 달려갔습니다. 그는 **앞서간 사람**이었습니다. 그리고는 어떻게 했습니까? 앞서가서 우두커니 서 있어보아야 그 군중이 오면 안보이기는 마찬가지입니다. 그는 재빠르게 나무에 올라갔습니다. 이것이 앞서간 사람의 모습인 줄 믿습니다. 할렐루야!

성경은 무엇이라고 기록되어 있습니까? "예수님께서 삭개오를 우러러 보았다"고 되어 있습니다. 평소에 늘 그랬듯이 예수님을 제압하겠다는 심정도 가지고 올라갔는지는 몰라도, 일단 올라가서 내려다보고 있을 때였습니다. 예수께서는 그를 쳐다보시고는 내려오라고 소리를 지르셨습니다. 그는 즉시 높은 곳에서 내려올 수밖에 없었습니다. 그런데 주목할 것은 그토록 기고만장하게 살아가던 그가 예수님의 내려오라는 말 한 마디로 단번에 내려왔다는 사실입니다. 위엄있는 주님의 말씀을 듣는 순간에 그의 잔뜩 높아있던 교만은 한꺼번에 무너진 줄을 믿습니다. 주님을 제대로 만나면 이처럼 겸손해질 수밖에 없는 것입니다. 할렐루야!

여러분 마음에도 혹 높아진 마음이 있을 수 있습니다. "내가 저 고름나는 것, 저 죽어가는 환우 앞에서 저걸 어떡해야지? 나는 징그러워, 나는 못해" 하는 높은 곳에 서있던 여러분들의 마음이 있다면 오늘 이 수료식을 기하여 완전히 내려오시기를 바랍니다. 그래야 여러분들이 3개월 동안 교육받으면서 받은 사명을 감당할 줄을 믿습니다. 낮출 대로 낮추고, 내릴 대로 내려야 여러분의 손이 닿는 환자들이 여러분들의 모습 속에서 평화를 찾고, 행복을 찾고 위로를 얻게 되는 것을 잊지 마시기를 바랍니다. 그래야 비로소 여러분들이 이 진정한 사명자가 될 줄 믿습니다.

예수님께서 삭개오에게 가까이 가셨습니다. 그리고 말씀하셨습니다. "내가 오늘밤 네 집에 유하리라…" 이 한 마디에 감격한 삭개오는 지금까지의 자기 자신과 삶을 완전히 포기하고 예수님께 두마디의 말씀을 드렸습니다. 오늘 예수님께 드린 삭개오의 두 말씀을 꼭 기억하시기를 바랍니다. 왜냐하면 예수 안에서의 새로운 사람이 마땅히 가져야할 태도이기 때문입니다.

1. 그는 "주겠다"고 했습니다.

"예수님 제가 제 재산을 절반을 팔아가지고, 가난한 자에게 주겠나이다" 할렐루야!

참으로 놀라운 변화입니다. 평생을 남의 것을 빼앗는 데만 익숙했던 그가 이제는 주겠다는 것입니다. 오늘, 우리의 봉사라는 것이 무엇입니까? 주는 것입니다. 봉사하기로 약속된 날은 핑계하지 말고 시간도, 돈도, 다 줘야 진정한 봉사자라고 할 수 있습니다. 여러분 최선을 다해서 진정한 봉사자들이 되시기를 바랍니다.

2. 그는 "갚겠다"고 했습니다.

"제가 누구에게 토색한 것이 있거든 네 배나 갚겠습니다" 라고 했습니다. "제가 장사를 하는데 이윤을 3할을 먹어도 되는데 5할을 먹은 것이 있어요. 네 배나 붙여서 갚겠습니다".

여러분 부당하게 취한 것이 있다면 당연히 갚으시기 바랍니다.

갚으라는 말은 무엇입니까? 빚진 것을 갚는 일입니다. 오늘 시작하면서 기도하신 것처럼 사실 우리 모두는 빚진 자입니다. 이래저래 따지고 보면, 온통 빚투성이로 살아가는 것입니다. 남을 섬기고 봉사하는 정신이 바로 이 빚 갚은 심정이 아니고는 지속하기가 어려운 것입니다.

여러분 한번 빚져보셨습니까? 빚져보지 않은 사람은 그 심정을 모를 것입니다. 빚져 놓으면 친한 친구도, 그 얼굴을 보면 끔찍해 보여요. 도망하고 싶고… 그런데 빚 갚으러 가면 어떻습니까? 그것처럼 신바람 나는 것이 없습니다. 애인 만나는 것보다 더 신바람이 납니다. 달려가서, "얼마예요?" 하고 갚아줄 때, 남의 것 갚는 건데도 그렇게 신바람 나는 것입니다.

봉사란 무엇입니까? 갚는 것입니다.

여러분!

주님을 만나기 위해서 앞서간 사람은 겸손해지게 되어 있습니다.

겸손한 섬김을 통하여 삭개오처럼 아브라함의 자손이라는 평가를 받게 되시기를 축원합니다.

사랑할 수 없는 사랑을 하자

(마 5:43-48)

이승열 목사
(성안교회 담임)

영국의 탐험가들이 약 3천년 동안이나 고요하게 닫혀져 있던 이집트 무덤의 문을 열고, 안으로 들어갔습니다. 그 안에는 정교한 조각으로 장식되어진 어린아이의 관이 발견되었는데, 그 위에는 다음과 같은 말이 새겨져 있었습니다.

"오 나의 생명, 나의 사랑, 나의 작은 아이야! 차라리 네대신 내가 죽었더라면…"

두 사람의 영국인 탐험가들은 그 자리에서 조용히 모자를 벗었으며 눈에는 눈물이 고인 채로 무덤의 어둠에서 빛 가운데로 소리 없이 걸어나왔습니다. 그들은 아버지의 사랑이 아들의 죽음을 영원히 지켜줄 수 있도록 다시 한번 그 무덤을 경건하게 봉하여 주었습니다.

한 아버지의 자식에 대한 사랑이 냉철하기 이를 데 없는 탐험가들 눈에 눈물을 흘리게 한 것입니다.

우리 기독교는 사랑의 종교입니다. 그런데 본문은 원수에 대해서는 사랑할 것을 명하고 있습니다. 그러나 원수를 사랑한다는 것은 정말 어려운 일이며, 어떤 면에서는 불가능한 일입니다. 기껏해야 원수에게 복수하지 않는 것에 만족하며, 머물기를 원하는 우리에게 성경은 보다 더 나아가서 그들을 사랑할 것을 요구하고 있습니다.

곧 이 원수에 대한 사랑은 기독교 사랑의 원리요 극치입니다.

그렇다면 '원수 사랑'은 구체적으로 무엇을 의미하는 것일까요?

1. 사랑할 수 없는 자를 사랑하라는 것입니다.

본문 46절에 "너희가 너희를 사랑하는 자를 사랑하면 무슨 상이 있으리요 세리도 이같이 아니하느냐?"라고 말씀하셨습니다. 이 말씀은 사랑할 수 없는 자임에도 불구하고 사랑해야 함을 강조하고 있는 것입니다. 성경을 잘 안다는 바리새인들은 이웃사랑에 열심을 냈으나, 그 사랑의 대상은 어디까지나 자기 민족인 이스라엘 백성이었습니다. 그래서 다른 민족에 대해서는 마치 개와 같이 취급하는 잘못을 저질렀습니다.

그러나 본문은 "원수를 사랑하라"고 했습니다. 여기서 원수는 '액드로스'인데 그 의미는 내게 치명적인 손해를 준 자를 말하는 것입니다.

다시 말해서, 주님께서는 나에게 치명타를 입힌 사람, 그래서 내가 도저히 사랑할 수가 없는 사람을 사랑할 수 있게 해달라고 구하라는 것입니다.

여러분, 사랑할 수 없는 대상이 있습니까? 그렇다면 그 사람을 사랑할 수 있는 능력을 달라고 하나님께 간절히 기도해야 할 것입니다.

2. 법과 원리를 초월해서 사랑하라는 것입니다.

마태복음 5장 38절은 "눈은 눈으로 이는 이로 갚으라 하였다는 것을 너희가 들었으나"라고 말씀하셨습니다. 여기서 '눈은 눈으로', '이는 이로' 갚는 것은 잘못이 아닙니다. 구약시대에는 행위는 행위로 갚게

했기 때문입니다.

그런데 신약에 와서는 이 원리 위에 '하나님의 은혜'가 있음을 밝혀 주고 있습니다.

스웨던부르그라는 사람은 "천국에는 원리와 법을 주장하는 사람은 한 사람도 갈 수 없고, 은혜를 베푸는 자만이 갈 수 있다"고 말하고 있습니다. 만일 법대로만 하자면 하나님께서는 우리가 잘못할 때마다 징계하셔야 하기 때문입니다. 이것이 곧 원리이고 법입니다. 그러나 하나님께서는 우리에게 그 원리를 적용치 않으시고, 대신에 은혜를 적용하셨습니다. 그래서 지금도 우리가 존재하고 있는 것입니다. 그리고 우리가 탕자처럼 회개하고 돌아오기만 한다면 언제든지 용서해 주시는 것입니다.

어느 교회에서 있었던 일입니다. 제직회를 할 때마다 한 청년집사는 사사건건 "목사님 법대로 원칙대로 하십시오" 라고 말하는 것이었습니다. 도대체 회의가 진행되지가 않았습니다. 어느 날 목사님께서 그를 부르셨습니다. 그리고 그 청년집사에게 나지막히 물어보았습니다. "집사님, 집사님을 법대로만 하나님께서 대하셨다면 집사님은 지금쯤 어떻게 되었겠습니까?" 그후로 집사님은 더 이상 '법대로 원칙대로' 라는 트집을 부리지 않았으며, 제직회 또한 은혜롭게 진행되었다고 합니다.

3. 자신을 희생하며 사랑하는 것입니다.

본문 41절에 "누구든지 너로 억지로 오리를 가게 하거든 십리를 동행하고"라는 말씀은 자신의 자아를 죽이라는 명령인 것입니다. 원수가 나타나거든 자신을 죽이는 기회로 삼고 내가 희생할 수 있는 절호의 기회로 여기라는 것입니다. 상대에 대해 분노가 생길 때 그 순간을 내 자신을 죽이는 하나님이 주시는 귀한 기회로 삼으시기 바랍니다.

김익두 목사는 한 때 유명한 깡패였습니다. 그러던 그가 예수 믿고 거듭난 후 "김익두는 죽었다"라고 부고장을 주위에 돌렸습니다. 하루는 성경책을 들고 시장을 지나가고 있는데 누군가가 물을 그에게 뒤집어 씌었습니다. 그러자 그가 말하기를 "당신은 옛날 김익두가 죽었다는 사실을 기뻐하십시오. 만약 그 김익두가 살았더라면 당신은 벌써 요절이 났을 것입니다" 라며 조용히 그곳을 지나갔다고 합니다.

주님께서는 나 같은 죄인, 하나님을 배반한 원수 같은 나를 위해서 자신을 희생하셨습니다. 그리고 그분의 그러한 삶을 우리에게도 요구하시고 계십니다.

여러분, 여러분을 미워하는 자가 있습니까? 그렇다면 그 사람을 위해서 기도하고 그 사람의 유익을 위해서 한번 희생해 보시기 바랍니다. 그러할 때 비로소 우리는 그렇게도 열망하는 '내 안에서 주님의 형상'이 이루어질 수 있을 것입니다.

그리고 마태복음 6장 14절에 "너희가 사람의 과실을 용서하면 너희 천부께서도 너희 과실을 용서하시려니와"라고 말씀하셨습니다. 내가 남을 용서하고, 사랑하고, 원수를 위해 기도할 때, 비로소 나도 주님으로부터 용서함을 받을 수가 있다는 사실도 늘 기억하시기 바랍니다.

큰 믿음과 적은 믿음의 차이

(마 8:5-13, 23-27)

최 일 환 목사
(장안중앙교회 담임)

여러분에게 있어서 최대의 관심사는 무엇입니까? 믿음은 곧 생명입니다. 생명과 같은 자신의 믿음에 대해 과연 얼마나 관심을 갖고 있습니까? 그리고 믿음의 성장에 대해서 어떠한 노력과 수고를 하고 계십니까? 우리가 성경을 보면 믿음에 대해서 한 가지 특징을 발견하게 됩니다. 그것은 믿음에는 크기가 있다는 것입니다.

마태복음 15:28에서는 "이에 예수께서 대답하여 가라사대 여자야 네 믿음이 크도다 네 소원대로 되리라 하시니…"하시며 큰 믿음을 말씀하셨습니다. 그런가 하면 마태복음 6:30에는 "오늘 있다가 내일 아궁이에 던지우는 들풀도 하나님이 이렇게 입히시거든 하물며 너희일까보냐 믿음이 적은 자들아"라고 적은 믿음에 대해서도 말씀하셨습니다.

사랑하는 여러분!

여러분의 믿음의 상태는 어떻다고 생각하고 계십니까? 오늘 하나님

이 우리에게 주신 성경은 이 두 가지의 특징을 너무도 분명하게 보여
주고 있습니다. 큰 믿음과 적은 믿음은 어떤 차이가 있을까요?

1. 큰 믿음의 특징은 무엇입니까?

① 체면을 버립니다.

한 백부장이 예수님께 나아옵니다. 많은 사람들이 이 부분을 그냥
대수롭지 않게 생각합니다. 그러나 백부장은 그 당시의 정복자로서
로마가 이스라엘을 지배하면서 파견한 군대의 지도자입니다. 그런데
그가 예수님께 부탁을 가지고 나아옵니다. 이것이 믿음입니다. 큰 믿
음이 그에게 있었기에 가능한 것입니다. 흔히 사람들은 후배라든지
또는 아래 사람들에게는 이유 없는 자존심을 내세웁니다. 이른바 체
면입니다. 이것이 우리의 앞길을 막을 때가 너무 많이 있습니다. 그
러나 백부장은 이것을 버렸습니다. 우리도 이것을 버려야 합니다. 이
것이 내가 복을 누릴 수 있고 큰 믿음을 갖출 수 있는 지름길입니다.
특별히 하나님 앞에서는 체면이고 자존심이고 없어야 큰 믿음으로 인
정받게 됨을 알아야 합니다. 이것을 못 버리면 봉사할 수 없습니다.
이것을 못 버리면 낮아질 수도 없고, 풍족한 하나님의 은혜를 누릴
수도 없는 것입니다.

② 남의 문제에 관심을 갖습니다.

백부장은 어떤 문제를 가지고 나왔습니까? 그는 자기 하인이 중풍
병을 앓아 몹시 고생하는 것이 안타까와서 그 문제를 가지고 나온 것
입니다. 사실 어찌보면 하잘것 없는 것이라 할 것입니다. 그러나 이
것이 큰 믿음의 자세입니다. 자기보다 남의 고통을 더 생각하는 믿음,
그래서 그 작은 문제를 가지고 예수님께 나아오는 믿음. 주님은 그의
믿음을 크게 보신 것입니다.

여러분은 하나님께 기도할 때 누구 문제를 가지고 나오십니까? 혹

시 내 건강, 내 직장, 내 부모, 내 자식, 내 교회, 내, 내, 내… 상당히 많은 내용이 나와 관련된 문제 아닙니까? 물론 우리 주님이 이런 기도를 안 들어주시는 것은 아닙니다. 그러나 그보다 더 기뻐하시는 기도는 중보기도입니다. 나라를 위해, 동포를 위해, 해외 선교사들을 위해, 호스피스와 같이 소외되고 병들어 고통받는 사람들을 위해 기도를 드리는 것입니다.

어린아이는 어려서부터 자기중심적입니다. 무엇이든 자기만 위해서 하고 자기 입만 생각합니다. 그런데 철이 들면서 달라집니다. 부모를 생각하고 형제를 생각합니다. 그럴 때 부모가 감동하는 것입니다. 여러분의 기도를 통해 하나님이 감동하고 계십니까? 예수님이 백부장의 그 간구와 자세를 보고 "내가 이만한 믿음을 이스라엘 중에서 만나보지 못했느니라"하며 기이히 여기는 모습처럼 오늘 우리의 기도와 믿음을 보시고 감동을 받으시겠느냐는 말입니다. 우리 기도내용을 한번쯤 점검해 보시기를 바랍니다.

③ 주님의 능력을 전적으로 신뢰합니다.

백부장이 큰 믿음으로 인정받는 가장 결정적인 것은 주님의 능력에 대한 백부장의 자세입니다. 집으로 가겠다는 예수님을 만류하고 "다만 말씀으로만 하옵소서. 그러면 내 하인이 나겠삽나이다"라고 한 것입니다. 예수님의 능력은 공간을 초월하여 이루어진다는 믿음이 그에게 있었던 것입니다.

오늘 우리는 어떻습니까? 예수님 당시에는 가능한 일이지만 현대는 안 된다고 믿고 계시지는 않습니까? 주님의 시공을 초월하는 전능하심을 감히 우리의 좁은 선입견으로 제한하고 있지는 않습니까? 우리 주님의 능력을 온전히 신뢰하는 저와 여러분이 되시기를 바랍니다. 그러면 그 믿음으로 엄청난 하나님의 은혜를 경험하게 될 것입니다.

2. 적은 믿음의 특징은 무엇인가요?

① 죽음을 두려워하는 믿음입니다.

예수님과 제자들이 갈릴리 바다를 건너고 있을 때 갑자기 큰 물결이 일어나 배를 덮치게 되었습니다. 제자들 중에는 그 바다가 생업현장인 어부들이 있었습니다. 그래서 그 풍랑에 나름대로 대처하고자 하였습니다. 하지만 도저히 감당할 수 없었던 것입니다. 그때 그들에게 두려움이 임했습니다. "이제 죽었구나 이젠 이 바다에서 끝장이구나"하고 절망하며 죽음의 공포에 빠졌던 것입니다. 그때 그들이 주님을 깨우며 소리칩니다. "주여 구원하소서. 우리가 죽겠나이다"라고 주님께 부르짖었습니다.

우리 삶에는 예상치 못한 풍랑이 닥칠 때가 있습니다. 우리는 수단과 방법을 다 동원해 보아도 해결이 될 것 같지 않습니다. 그때 죽음의 공포가 우리에게 다가옵니다. 그러나 그럴지라도 두려워 마시기 바랍니다. 우리 생명의 주인은 하나님이십니다. 그분에게 맡겨진 생명입니다. 이미 예수님을 통해 영생을 얻은 존재입니다. 이제 죽음을 두려워하는 믿음은 적은 믿음의 특징이라는 것을 명심하고, 내 생명을 하나님의 손에 맡길 때 큰 믿음을 소유하게 되는 줄 믿으시기 바랍니다.

② 눈앞에 닥친 환경만 바라봅니다.

우리 앞에 닥치는 풍랑은 예상치 못한 것이 대부분입니다. 그때 그 풍랑만 바라보면 안됩니다. 그 풍랑 속에서 우리를 붙들고 계시는 주님을 바라보아야 하는 것입니다. 적은 믿음은 눈 앞의 것밖에 보이지 않습니다. 그래서 어린아이에게 있어서 사탕을 빼앗기는 것은 불행입니다.

그러나 큰 믿음은 그 다음을 볼 수 있습니다. 이면에서 일하시는 하나님을 볼 수 있단 말입니다. 그러니 평안한 것입니다. 왜 예수님은 그 풍랑 속에서 잠을 잘 수 있었던 것일까요? 풍랑을 모르셨을까요? 아닙니다. 아시면서 어떻게 그럴 수 있었을까요? 주님은 환경만을 보신 것이 아니기 때문입니다. 하나님의 함께 하심과 그 능력을 믿었기에 평안이 있었던 것입니다.

③ 주님을 전능자로 믿지 못합니다.

왜 제자들이 풍랑 속에서 맨 나중에 가서야 예수님을 깨웠을까요? 왜 죽게 되었다면 그 난리를 치는 것일까요? 여러 이유중 가장 결정적인 것은 함께 계시는 주님이 어떤 능력을 소유한 분인지 알지 못하고 있었기 때문입니다. 바람도 바다도 꾸짖어 잠잠케 할 수 있는 전능하신 하나님이심을 알았다면 그들은 결코 두려워하지 않았을 것입니다.

사랑하는 여러분!

여러분이 믿는 주님이 천지 만물을 만드신 전능자임을 믿으시기 바랍니다. 그것을 믿지 못한다면 주님께 책망 받는 적은 믿음의 소유자가 되는 것입니다. 기왕이면 큰 믿음을 가지시고 지금보다 더욱 풍성한 하나님의 은혜를 늘 체험하며 살게 되시기를 축원합니다.

하나님은 강자를 사랑하신다

(롬 15:1)

김 승 주 목사
(본회 실무책임자)

IMF 이후 지금 우리 사회는 각종 '파괴 바람'이 불고 있습니다.

쉽게는 가격파괴로부터 시작하여 요즈음은 '고정관념 파괴'라고 하는 신종어가 등장하여 바람을 일으키고 있습니다. 오랜 경험에 의한 선입견은 우리에게 유익을 주기도 합니다. 그러나 때로는 자기 발전에 막대한 지장을 줄 수가 있음도 유의해야만 합니다.

이러한 폐해는 영적 생활에서도 마찬가지입니다. 영적 선입견 가운데는 "하나님은 약자만을 사랑하신다"는 것이 있습니다. 얼핏 그럴 듯해보이지만 이말은 성경적이지 않습니다.

그렇다면 하나님 사랑의 대상은 누구일까요?

로마서 15:1을 보면 "우리 강한 자가…"라고 하셨습니다. 하나님은 강한자를 우리 편이라고 하셨습니다. 놀라운 사고의 반전입니다. 약한 자는 현실적으로 하나님의 동역자가 될 수 없습니다. 이점을 우리는 인정해야 합니다. 따라서 정확히 말하자면, "하나님은 강자도 사랑

제3부 사명자여 사명자여 ▶ 159

하시고, 약자도 사랑하신다"라는 말이 더 옳을 것입니다

그렇다면 강자를 사랑하시는 이유는 무엇일까요?

계속해서 본문을 보면을 보면 "마땅히 약한 자의 약점을 담당하고…"라고 했습니다. 우리가 강해야 하는 이유가 바로 여기에 있는 것입니다 세상의 가치관은 약육강식입니다 사자에게 사냥하는 이유를 묻는 것은 무의미합니다.

하지만 성경은 상대를 사냥의 대상으로 삼지 말고 '섬기라' 하는 것입니다. 우리는 강해야 합니다. 수영을 못하면 물에 빠진 자를 건질 수 없습니다. 돈이 없으면 가난한 사람을 실제적으로 도울 수 없습니다. 능력이 없으면 왜곡된 구조악 속에서 신음하는 이들을 현실적으로 도울 수가 없는 것입니다.

따라서 우리는 강해야 합니다 될 수 있는 한 많은 힘이 있어야 합니다 다만 수단과 목적을 혼동하지만 않는다면…

오늘의 비극은 무엇입니까? 힘을 자기 만족의 수단으로 삼거나 심지어는 상대를 사냥하는 도구로 전용하는 것, 바로 이것이 문제인 것입니다. 확실히 이것은 죄악입니다. 여러분들은 다른 사람의 약점에 대하여 어떠한 생각을 가지고 있습니까? 혹시 타인의 약점을 자신의 기회로 여기지는 않습니까? 우리가 혹 이러한 사고를 가지고 있는 한 우리는 절대로 하나님의 관심권 안에 들 수가 없습니다

여러분!

기왕이면 강자가 됩시다. 그것도 하나님이 인정하시는 강자가 됩시다.

우리 가운데 건강에 자신이 있는 이들이 있습니까? 병약한 이들의 짐을 나누어 져야만 할 것입니다. 우리 가운데 진심으로 감사하는 이들이 있습니까? 그렇다면 가난하고 소외된 자들을 위하여 지금보다는 훨씬 많은 자유를 스스로 포기해야만 할 것입니다.

그래야만 비로소 우리가 주께서 기대하시는 진정한 의미에서의 강

자가 될 수가 있을 것입니다.

　수단과 목적을 결코 혼동하지 않는 이 시대 최대의 강자가 되셔서 우리 하나님께 귀하게 쓰임을 받는 저와 여러분이 꼭 되시기를 주님의 이름으로 기원합니다.

눈물이 없이는 구원도 없다

(마 25:31-46)

김 승 주
(본회실무책임자)

수년 전에, 〈구원의 커트라인〉이라는 신앙도서가 소개된 적이 있습니다. 그런데 이책의 제목을 본 어떤 분의 라디오 상담을 들으면서 혼자 실소(失笑)를 금할 수가 없었습니다. 그 분의 질문은 "도대체 몇 점을 받아야 구원을 받겠는가"? 였습니다

한참을 웃고 있던 저는 그러나 마냥 웃을 수만은 없다는 것을 알았습니다. 왜냐하면 커트라인은 실재하기 때문입니다. 그것은 눈물입니다. 눈물이 없이는 정말 구원을 받을 수가 없는 것입니다.

"구원은 믿음으로만 얻어진다는데, 이게 무슨 소리냐?" 하실 것입니다

이제 그 이유들을 같이 한번 생각해 보면서 우리의 구원을 진지하게 생각해 보겠습니다.

1. 죄에 대한 애통의 눈물이 있어야 합니다.

인생 최대의 과제는 죄입니다. 죄 때문에 창조주와의 단절이 죄 때문에 저주가 왔고, 죄 때문에 결국은 지옥에 가게 되는 것입니다. 죄는 관념이 아니고 현실이고 실제입니다.

죄의 가공할 만한 결과 때문에도 떨어야 하겠지만, 지은 죄를 회개하고 나서도 반복해서 짓고 또 짓게 된다는 사실 앞에서는 그만 울수밖에 없는 것입니다. 바울의 "오호라 나는 곤고한 사람이로다. 이 사망의 몸에서 누가 나를 건져내랴"(롬 7 :24)는 고백은 자신의 의지와 관계없이 반복되는 죄에 대한 절규이며 통곡입니다. 자신의 죄에 대하여 애통해 본적이 없는 이에게 과연 죄사함의 은총이 해당이 되겠습니까?

2. 용서하심에 대한 감격의 눈물이 있어야 합니다.

우리의 죄는 탈색제로 지워지는 것이 아닙니다. 지우개로 지워지는 것도 아닙니다. 더구나 부정하거나 적당히 얼버무린다고 해서 없어지는 것도 아닙니다. 죄를 아니 지을 수도 없고 지은 죄를 어떻게 할 수도 없는 것, 이것이 문제입니다.

솔직히 말해서 죄 값을 그대로 받겠다면 이야기는 간단합니다. 그러나 이것은 본능적으로 용납될 수 없는 이야기를 하고 있는 것입니다. 죄는 짓되 죄 값은 받기 싫은 것, 이것이 우리가 가지고 있는 "딜레마(Dilemma)"인 것입니다.

주님은 바로 이것을 해결해 주셨습니다. 우리를 위하여 대신 죽어 주시고, 그것을 믿기만 하면 구원을 얻을 수 있도록 은혜의 길을 열어 주신 것입니다(요 5:24).

자신의 죄로 인하여 몸서리를 쳐본 사람이라면 이 일방적인 은혜 앞에 감격의 눈물을 흘리지 않을 수가 없는 것입니다. 옥합의 향유를 부으며, 주님의 발을 적시던 여인의 눈물이 바로 이 눈물이 아니겠습니까?(눅 7:37~38) 저와 여러분이 주로 많이 흘리는 눈물의 성격은 무엇입니까?

3. 이웃에 대한 긍휼의 눈물이 있어야 합니다.

오늘 본문은 마지막 심판대에서 일어날 일들을 배경으로 하고 있습니다. 마지막날에 주님은 양과 염소를 가르겠다고 하셨습니다. 그리고 그 기준은 그동안 고통받는 이웃들 앞에서 우리가 얼마나 많은 눈물을 흘렸는가에 두겠다고 분명히 말씀하셨습니다.

본문의 구원받지 못한 염소의 특징은 무엇입니까? 무자비함입니다. 눈물이 없다는 것입니다. 따라서 눈물이 없으면 구원도 없는 것입니다.

여기에서 특히 주목할 것은, 우리는 믿음을 말하는데 주님은 눈물을 강조하고 계신다는 사실입니다.

이는 "…보는데 그 형제를 사랑치 아니하는 자가 보지 못하는 바 하나님을 사랑할 수가 없느니라"(요일 4:20)고 못박으시던 말씀의 구체적인 적용입니다.

눈물 몇 방울이 이미 받은 구원에 그토록 결정적인 영향을 끼칠 수 있을까요? 그러나 이 말씀은 무턱대고 선한 행위를 강조하기 이전에 존재론적 이야기입니다(마 7:18). 주님은 "좋은 나무가 나쁜 열매를 맺을 수 없고 못된 나무가 아름다운 열매를 맺을 수 없느니라"고 하셨습니다.

자신의 죄로 인하여 애통해본 사람이라면, 감격의 눈물을 흘리지 않을 수 없고, 감격의 눈물과 함께 일생을 빚진 자의 심정으로 살아가는 사람이라면, 고통받는 이웃에 대한 동병상련(同病相憐)의 긍휼의 마음이 솟아나야 함은 너무나도 자연스러운 일이 아니겠느냐 하는 말씀입니다.

긍휼의 눈물은 새로운 피조물의 영적인 본능입니다.

흔히 농담삼아 "하늘에는 3가지 액체가 보관되어 있다"고 합니다.

그것은 순교적 신앙을 말하는 피요, 충성을 말하는 땀이요, 그리고 눈물입니다. 주께서는 이것들을 그만큼 귀하게 여기시고, 기억하고 계신다는 뜻이겠지요. 일리가 있는 말입니다

이를 뒷받침하듯, "하나님께서 저희 눈에서 모든 눈물을 씻어 주실 것임이러라"(계 4:17)고 하셨고, "모든 눈물을 그 눈에서 씻기시매" (계 21:4)라고 하셨습니다.

이 말씀은 실제로 눈물을 흘려본 적이 없는 사람에게는 전혀 해당되지 않다는 사실을 우리는 알아야 할 것입니다.

여러분!

반복되는 죄 때문에 몸서리를 치십니까? 애통의 눈물을 흘리시기 바랍니다. 사유(赦宥)하심에 진심으로 감사하고 있습니까? 감격의 눈물을 흘리시기 바랍니다. 그리고 고통받는 이웃을 보시거든 긍휼의 눈물을 흘리시기 바랍니다. 그것도 될수 있는 한 많이 흘리시기 바랍니다.

눈물이 없이는 구원도 없기 때문입니다.

그동안 생활의 분주함 속에서 잃어버린 눈물을 금번의 기회를 통하여 반드시 회복하시기를 주님의 이름으로 기원합니다.

죽음도 연습하자

(고전 15:31)

김 승 주 목사(본회 실무책임자)

우리의 인생이 이토록 소중하게 느껴지는 것은, 이 인생이 우리 개인에게 유(唯) 일회적인 일이며, 어느 누구도 대신 살아줄 수 없기 때문입니다. 따라서 그 어떤 경우에라도 우리는 이 소중한 인생을 실패해서는 안될 것입니다. 반드시 성공적인 생애를 살아야 합니다.

그렇다면 그 비결은 무엇입니까?

1. 겸손입니다.

우리는 호흡에서부터 시작하여 전 생애를 하나님의 은혜를 덧입지 않고는 살아갈 수가 없습니다. 그런데 하나님은 어떤 사람에게 은혜를 주십니까? 바로 겸손한 사람입니다.

하나님은 교만한 자를 물리치시고, 겸손한 자에게 은혜를 주시는 분입니다.

물론, 우리가 살아가노라면 긍지는 필요합니다. 능력 있는 직장인으로서, 한 나라의 국민으로서, 그리고 하나님의 자녀로서… 그러나 교만해서는 안됩니다.

교만과 긍지의 차이는 무엇이겠습니까? 교만이 상위 권위를 인정치 않는 것이라면, 긍지는 상위 권위를 인정하는 것입니다. 다시 말해서 일생을 성공적으로 살아가기 위해서는 자신 위에 하나님이 계심을 깨닫고 그분 앞에서 겸손하게 살아야 하는 것입니다.

2. 섬김입니다.

마가복음 9:45에 "내가 온 것은 섬김을 받으려 함이 아니요 오히려 섬기려 하고…"라고 말씀하고 계십니다. 예수 그리스도는 존재적으로 하나님의 아들이셨지만 그분의 실제적 삶은 철저히 종의 삶을 살아가셨습니다. 그리스도께서 그토록 위대하신 것은, 본래 하나님 아들이심에 있음이 아니라, 시종일관 섬김의 삶을 사셨기 때문인 것입니다.

그리스도께서는 겸손하신 분이셨습니다. 그런데 그분의 겸손은 섬김을 위한 겸손이었습니다. 어떤 이의 겸손이 섬김 없는 겸손이라면, 그것은 위선이거나 무능의 또 다른 표현일 뿐입니다.

많은 권력자들이 '권력무상'을 이야기합니다. '권좌를 떠나니까 사람들도 떠나더라'는 말입니다. 이것은 참된 권위가 인위적으로 주어지는 것이 아니며, 섬김으로부터 자연스럽게 나온다는 사실을 처음부터 이해하지 못하는 것에서 비롯된 필연적 결과인 것입니다. 위대한 생애는 권위주의적 삶의 자세에서가 아닌 진실하고 헌신적인 섬김으로부터, 비로소 나오는 것입니다.

3. 죽음의 연습입니다.

살아가면서 우리는 중요하다고 생각되는 일은 반드시 연습을 하게 됩니다.

어느 유명한 야구 투수에게 기자가 승리투수의 비결을 물었을 때,

그는 중요한 시합을 앞두고는 남들이 잘 때, 자신은 달빛을 벗삼아서 수천 개씩 공을 던지는 연습을 한다고 말하였다고 합니다.

우리는 대학입시를 치르기 위해서도 수를 헤아릴 수 없을 만큼 많은 문제들을 풀어봅니다. 하다못해 운전면허를 취득하는데도 주차, T코스, S코스 등 얼마나 많은 연습을 하게 되는지 모릅니다.

히브리서 9:27에 "사람이 한번 죽는 것은 정한 이치요"라고 말씀하셨습니다. 우리는 다 죽습니다. 아무도 이것을 비켜 가려고 해서는 안됩니다. 또 비켜 갈 수도 없는 것입니다. 왜냐하면 하나님이 정하셨기 때문입니다.

내 생애에 죽음만큼 중요한 것은 없습니다. 그래서 우리 인생에 있어서 가장 본질적이고 핵심적인 관심은 죽음입니다.

그렇다면 이토록 엄청난 일을 연습 한번 하지 않고 맞이할 수 있습니까?

성공적인 인생을 마무리하기 위해서는 죽음 연습도 반드시 해야 합니다. 죽음 연습을 많이 하면 할수록 우리는 아주 자연스럽게 죽음을 맞이할 수가 있을 것입니다. 그리고 가장 성공적으로 인생을 마감할 수가 있을 것입니다.

우리가 아무리 겸손하게, 그리고 헌신적인 섬김의 삶을 살았다 할지라도, 죽을 때 잘못 죽으면 실패작 인생이 될 것입니다. 마치 대서양, 태평양으로 세계를 누비며 다니던 비행기라도 김포 비행장에서 착지를 잘못하면, 그 동안의 비행은 엉망이 되는 것처럼 말입니다.

많은 신앙인들이 바울의 생애를 위대하다고 하며 부러워 합니다. 오늘 본문에서 우리는 바울 생애의 성공 비결을 배울 수 있습니다. 그것은 '날마다 죽는 것'이었습니다.

사랑하는 동역자 여러분!

호스피스, 이것은 시간이 넉넉한 사람들이나 물질의 여유가 있는 사람들이 하는 유희(遊戱)가 아닙니다. 이것은 자기 죽음의 연습입니다. 일정기간을 섬기며, 사랑하는 이들의 죽음의 길을 직, 간접으로 동행하면서, 사실은 자기 죽음을 연습하고 있는 것입니다.

보다 성의 있는 연습으로 인생 착지(着地)에 반드시 성공하시기를 주님의 이름으로 축원합니다.

빚진 자

(롬 1:14)

김 승 주 목사
(본회 실무책임자)

요즈음 "신문이나 TV뉴스 보기가 두렵다"고 이야기하는 이들이 많습니다. 연일 끔찍한 사건들이 보도되기 때문입니다. '인간이 사악(邪惡)하면 도대체 얼마나 사악해 질수 있는가?'를 보여주려는 듯한 시대를 우리는 살아가고 있습니다.

그러함에도 우리 사회가 이만큼이라도 건강하게 유지되는 데는 아직도 우리 사회에는 그만큼의 착한 이들이 있기 때문입니다. 감사한 일이 아닐 수 없습니다.

그렇다면, 선행의 동기에는 어떤 것이 있을까요?

몇가지를 알아보겠습니다.

첫째는 동정심입니다. 따뜻한 마음을 가진 분들이 우리 사회에는 너무나 많이 있습니다. 어려운 이들을 보면 본능적으로 가만히 있을 수 없는 사람들입니다.

둘째, 자기실현 욕구입니다. 이것은 "받은 달란트를 묵여 둘 수는 없다"는 생각으로 하는 선행입니다.

셋째, 축복 받으려는 마음입니다. 이것은 "행한 대로 갚아 주겠다"는 것이 일관된 성경의 약속이기에 그것을 의식하면서 행하는 선행입니다.

마지막으로, 빚진 자의 심정입니다. 벌거벗고 똑같이 태어나서, 어쩌다 보니 어떤 이는 상대적으로 더 높은 지위에, 어떤 이는 상대적으로 더 많은 재산을, 어떤 이는 상대적으로 더욱 건강하게 살아갑니다.

이때 이들의 마음가짐은 어떠해야 하겠습니까? 당연히 '빚진 자 심정'이 되어야만 할 것입니다. 이러한 심정으로 착한 일을 하는 분들이 있습니다.

그렇다면, 성숙한 선행의 동기는 무엇일까요?

그것은 당연히 '빚진 자의 심정'으로 하는 선행입니다. 종교적 윤리의 핵심은 '빚진 자임을 알라'는 것입니다.

작년 가을 우리 선교회에서는 '하루찻집'을 개설하였습니다. 격려차 방문해 주신 만안구청 박규상 청장님께서는 저희들에게 "아무리 종교인이라고 하지만 어떻게 이런 일들을 할 수 있는가?"하고 좀처럼 이해하기 어렵다며 물으셨습니다.

이에 저는 "종교적 가르침에 깊이 들어갈수록, 자신이 얼마나 큰 빚을 지고 살아가는가? 를 점점 더 깊이 깨닫게 됩니다"라고 말씀을 드렸습니다.

이에 대하여 청장님께서는 "듣고 보니 참 신선합니다."라고 말씀하셨던 기억이 있습니다.

그렇습니다. 성숙한 선행의 동기는 당연히 '빚진 자 심정'이어야 합니다.

많이 가진 자는 상대적으로 그렇지 못한 자들 앞에서, 소위 출세한 자는 상대적으로 그렇지 못한 자들 앞에서, 건강한 자는 상대적으로 병약한 이들 앞에서, 자기 공로로 내세우거나 잘난 척 오만을 부리지 말고, 빚진 자의 심정이 되어야 합니다. 세상에는 그만큼 노력하지 않은 사람은 없기 때문입니다.

이 모든 것을 주신 하나님께 감사해야 합니다. 그러나 무조건 상투적으로 감사하기 이전에 먼저 못 가진 자, 낮은 위치에 있는 자, 병약한 자를 볼 수 있어야 합니다. 그리고 이들 앞에서 빚진 자 마음이 솟아날 때 비로소 감사해야 할 것입니다.

오늘날 우리 사회의 아픔은 지나치게 채권자(債權者)만을 양산하고 있다는 것입니다. 따라서 아무리 많이 가져도, 지위가 높아도, 건강해도 거기에 따르는 기쁨, 감사, 평안이 없습니다. 더구나 사명감 따위는 안중에도 없는 것입니다. 우리 모두는 기본적으로 채권자가 아닌 채무자(빚진 자)입니다.

우리는 사도 바울의 생애를 부러워합니다. 현실적으로 "바울이 없었다면 기독교가 이만큼 발전 할 수 있겠느냐?"는 질문의 여지를 남길 만큼 그는 위대한 족적(足迹)을 남긴 사람입니다. 그래서 많은 사람들이 그를 부러워합니다.

그러나 우리는 부러워만 할 것이 아니라 그럴 수밖에 없었던 요인에 관심을 기울여야 할 것입니다.

그는 사도로서의 긍지가 대단한 사람이었습니다. 서신서의 서두마다 누누이 자신이 사도임을 강조하고 있습니다. 그러면서도 중기에는 "성도 중 지극히 작은 자보다 더 작은 자"(엡 3:8)라고 하더니 후기에는 자신을 아예 "죄인의 괴수"(딤전 1:15)라고 자평(自評)하고 있습니다.

죄인의 괴수와 같은 자신을 들어 천사가 흠모할 만한 사역자로 세우신 것을 생각해 볼 때, 그는 자신이 얼마나 큰 빚을 진 자임을 절감하지 않을 수가 없었고, 이러한 영적 자각이 상대적으로 구원받지 못한 자들을 향한 전도자로 변함없이 충성하도록 만들었다는 점을 결코 잊어서는 안될 것입니다.

　사랑하는 선교 동역자 여러분!

　여러분은 오늘부터 14주간의 '호스피스 자원봉사자 교육'을 받게 될 것입니다.

　교육기간 내내, 아니 생을 마감하는 순간까지 이 '빚진 자'의 심정을 변함없이 유지하시어서 하나님 보시기에 가장 성숙한 의인(義人)으로서의 평가를 받으며 살게 되시기를 주님의 이름으로 축원합니다.

2. 무엇을 전할 것인가?

우리는 새로이 만나는 환우 한 사람 한 사람을
"영생을 주시기로 작정하신 자"(행 13:48)로
믿어 의심치 않는다.
이 말씀을 뒷받침하듯이
말씀이 선포되는 동안 복받치는 눈물이 있었고,
하늘의 위로와 평안과 확신, 그리고 환희가 있었다.
본 문단의 말씀들은 한 사람의 불신자가
예수님을 구주로 영접하여 새로운 삶을 시작한 후
평안 속에 자신의 삶을 성공적으로 마무리짓고
확신 속에 하나님의 부르심을 받기까지의
전 과정에서 선포되었던 말씀의 현장기록이다.

〈초청〉

헛된 인생

(전 1:1-14)

하나님께서는 인류의 대표로 솔로몬을 세우셨습니다. 그리고는 우리가 그렇게 원하는 부귀영화를 마음껏 누리도록 하셨습니다.

그런 뒤 그 느낌을 한번 "솔직하게 써 보아라"고 하셨습니다.

그것이 "전도서"입니다.

그는 무엇을 느꼈다고 하였습니까? "헛된 것 뿐이다"라는 것입니다.

'헛되다'라는 말은 본문 2절에서만 5회 반복하고 있으며, 전도서 전체로는 무려 38회가 반복되고 있습니다.

무엇이, 어떤 의미에서 헛되다는 것이겠습니까?

또 어떻게 하라는 것이겠습니까?

본문을 통하여 같이 생각해 보고자 합니다.

1. 쾌락은 헛되다는 것입니다.

본문 7절에서는 "모든 강물은 다 바다로 흐르되 바다를 채우지 못하며…"라고 하셨습니다.

그는 안해본 일이 없이 살았습니다. 하지만 그의 "육필수기"는 다 헛된 것이라고 말하고 있습니다.

우리는 일생을 좀 더 나은 쾌락을 얻고자 울고, 불고, 때로는 미워하고, 싸우고 살아가는데 말입니다.

2. 수고한 것이 헛되다는 것입니다.

솔로몬은 그의 선왕 다윗에 비하여 정치, 사회적으로는 월등하다
할 만큼 능력이 있었습니다.

멀리 스바의 여왕이 그 명예를 듣고 솔로몬을 방문하기도 하였습니
다(왕상 10:1).

그러나 지내놓고 보니 그것도 헛된 것이었습니다. 오히려 피곤만
남았다고 했습니다.

3. 더구나 인생이 너무 짧다는 것입니다.

본문 5절에서는 "해는 떴다가 지며 그 떴던 곳으로 빨리 들어가며"
라고 하셨습니다.

진시황제를 비롯한 많은 사람들이 자신의 생명를 연장하려고 백방
의 노력을 하였었지만, 모두 하나같이 무위(無爲)로 그치고 말았습니
다. 인생은 짧습니다. 아침에 잠깐 왔다 가는 안개와 같은 것입니다.

여러분!

솔로몬이 얻은 결론은 무엇입니까?

본문 14절은 "내가 해 아래서 행하는 모든 일을 본즉 다 헛되어 바
람을 잡으려는 것이로다"라고 하고 있습니다. 해 아래 있는 모든 것이
헛되다는 것입니다.

혹시 공감되는 부분이 없으십니까? 좀 지낼 만하다 싶으면 죽음을
준비해야 하는 시간들이 다가오고 너무나 아쉬움과 한이 남는 것이
인생이라는 것입니다.

그렇다면 어떻게 하자는 것입니까? 만약 해 아래 것이 헛것이라면,
해 위의 것을 찾자는 것입니다. 만약 해 아래 것이 잠깐이라면, 해
위의 것은 영원하기 때문인 것입니다.

한 시대의 대표적 부귀영화의 상징이 되었던 솔로몬 인생의 회고를 통하여, 반복되는 헛된 인생의 주인공이 아니라, 참된 지표를 찾아 나서는 인생이 되시기를 주님의 이름으로 기도드립니다.

은혜 인생

(눅 5:3-7)

사람들이 이 세상에서 살아가는 태도는 천태만상이겠지만 요약하면 크게 세 가지로 나누어 볼 수 있습니다.

1. 불성실한 인생입니다.

우리는 사회적 관계 속에서 살아갑니다. 따라서 나의 행동은 긍정이든 부정이든 반드시 다른 사람에게 영향을 주게끔 되어 있습니다.

불성실하게, 게으르게, 무책임하게 살게 되면 반드시 그와 관련된 사람들이 고통을 받게 되어 있습니다. 나라에서는 도박, 마약 등 그 해악의 정도에 따라 그런 사람들을 강제 격리시키기도 합니다.

2. 성실 인생입니다.

우리 사회가 이 만큼이라고 건강하게 유지되는 것은 대부분의 사람들이 성실하게 자신이나 가정, 직장, 그리고 속한 공동체 안에서 사회적 책임을 다하고 있기 때문입니다.

그런데 중요한 의문에 부딪치게 됩니다. 바로 "성실하면 다냐?"는 것입니다.

성실하게 살았는데 그것이 나를 만족케 하고 나를 성공으로 이끌고, 나에게 후회없는 인생을 보장하는가 하는 것입니다.

본문 5절에서는 "우리들이 밤이 맞도록 수고를 하였으되 얻은 것이 없지만은"이라고 성실 인생의 한계를 고백하고 있습니다. 성실하게는 살아야겠지만 성실이 만능은 아님을 인정하시기를 바랍니다.

3. 은혜 인생입니다.

본문의 내용은 바다에서 태어나고, 자라서 그 바다를 생활무대로 삼고 있던 베테랑 어부 베드로와 그 일행에 대한 이야기입니다.

이들은 밤새 그물을 던져 고기를 잡고자 하였으나 헛수고를 하고, 작업을 마치기 위해 그물을 씻고 있었습니다.

이때 이들을 주의깊게 지켜보시던 주님이 "다시 깊은 바다로 나가서 그물을 던질 것"을 명령하셨습니다. 특별한 믿음이 있었던 것은 아니지만 베드로는 일단 이 말씀을 순순히 받아들였습니다. 그 결과 두 배에 가득히 차는 엄청난 풍어의 복을 받았다는 것입니다.

우리가 주목할 것은 "밤이 맞도록 그물을 던졌으나 얻은 것이 없지마는 말씀에 의지하여 내가 그물을 내리리다"(눅 5:5)는 말씀입니다.

여기에서 "성실 인생"의 한계와 함께 "은혜 인생"의 가치를 너무도 분명하게 구별, 확인할 수가 있습니다.

여러분!

제가 알기로는 여기에 계신 여러분들의 대부분은 성실하게 살아오신 분들로 알고 있습니다.

그런데 이 시점에서 한번쯤 생각해 보시기 바랍니다. 성실하게는 살아왔지만 세상이 여러분들에게 준 것은 무엇인가 하는 것입니다. 솔직히 말해서 실망밖에는 얻은 것이 없을 것입니다.

여기에서 우리는 "깊은 데로 나가서 그물을 던지라"시는 주님의 말씀에 귀를 기울이시기를 바랍니다.

이는 "수고하고 무거운 짐진 자들아 다 내게로 오라"(마 11:28)시는 초청의 말씀인 것입니다.

　이제부터라도 "성실 인생"에 나를 걸지 말고, "은혜 인생"으로 인생의 승부를 거는, 그래서 주님안에서 새로이 보장된 보다 풍성한 은혜를 누리며 살게 되시기를 주님의 이름으로 축원합니다.

가장 비중있는 평가

(살전 2:10)

사람은 혼자서 살아갈 수가 없습니다. 따라서 우리는 누군가를 평가하게 되고 또 자신 또한 어느 정도는 남의 평가를 받으면서 살아갑니다.

평가중 가장 의미있고 비중있는 평가는 무엇이겠습니까?

1. 타인의 평가입니다.

사회적 동물로서의 우리는 다른 사람의 평가를 무시해서는 안됩니다. 따라서 늘 이를 의식하면서 살 수밖에 없습니다.

이것이 우리를 늘 피곤하게 하는 것도 사실입니다. 그런데 이보다 더 비중있는 평가가 있습니다.

2. 양심의 평가입니다.

남이 아무리 좋게 보아준다고 해도 자기 자신은 알고 있는 것이 있습니다.

자기 자신이 용납할 수 없는 타인의 평가는 양심의 고통만 안겨다 줄 것입니다.

타인의 평가보다 더 무서운 평가가 곧 자기 자신의 평가입니다.

3. 하나님의 평가입니다.

우리는 우리 자신의 양심을 매우 중요시 하고 있습니다.

사실 이것이 우리 자신을 '건강한 사회인'으로 살아가게도 하는 것입니다.

그러나 이것도 완전할 수는 없습니다. 그것은 그가 어떤 환경에서 자랐고 어떻게 학습되었느냐에 따라서 얼마든지 기준이 틀릴 수 있기 때문입니다.

예를 들어서 도둑질을 처음할 때가 떨리는 것입니다. 그런데 세 번만 눈 딱감고 도둑질을 해보면, 네 번째는 아마 아무렇지도 않을 것입니다. 그런 의미에서 양심은 매우 중요합니다만 이것도 그리 믿을 만한 평가는 못되는 것입니다.

여기에 천하의 공의로우신 평가가 있습니다. 그것은 하나님의 평가입니다. 우리는 바로 그 하나님의 평가를 늘 의식하면서 살아야 합니다.

불꽃과 같은 눈빛으로 살피시는 하나님의 평가에 "나는 깨끗합니다"라고 자신있게 이야기할 사람이 과연 어디에 있겠습니까?

그래서 성경은 "의인은 없나니 하나도 없으며"(롬 3:10)라고 하였습니다.

여러분!

하나님께서는 "죄의 삯은 사망이요"(롬 6:23)라고 말씀하셨습니다.

참으로 두려운 일이 아닐 수 없습니다.

늘 사망을 의식하며 살아야 하는 사람들에게 무슨 평안이 있겠습니까? 납덩어리 같은 영적 부담이 우리 모두에게는 있는 것입니다.

그런데 하나님께서는 "그리스도 예수 안에 있는 자에게는 결코 정죄함이 없나니"(롬 8:1)라고 하셨습니다.

그리스도 안에 확실히 거함으로써 정죄함과 거리가 먼 평안의 삶을 살게 되시기를 주님의 이름으로 축원합니다.

곤고한 날에 생각할 일

(전 7:14)

우리의 삶은 영.욕의 반복이라고 할 수 있을 것입니다.

만사가 형통하여 마치 세상이 자기만을 위하여 존재하는 듯한 때도 있는가 하면 어떤 때는 세상에서 자기가 가장 불행한 사람인 것처럼 고통스럽게 느껴질 때도 있는 것입니다.

형통에는 메시지가 약합니다. 그러나 곤고할 때는 매우 강한 메시지가 있는 것입니다.

그렇다면 곤고한 날에 들을 수 있는 메시지는 무엇이겠습니까?

1. 자신의 한계를 알아야 합니다.

인간들의 최대의 약점은 자신의 분수를 잘 모른다는 것입니다. 이것은 우리의 조상 아담으로부터 물려받은 매우 바람직스럽지 못한 유산인 것입니다.

인간은 자신의 주인을 자기 자신으로 착각하며 살아갑니다. 그래서 툭하면 장담하며 교만하게 살아갑니다.

하나님께서 우리의 삶에 형통과 곤고함을 굳이 번갈아 주시는 것은 "좀 자기 분수를 알고 살라"는 깊은 뜻이 담겨있는 것입니다.

2. 감사하며 살아야 합니다.

한치 앞을 장담할 수 없는 것이 인생입니다. 여러분들이 당하시는 어려움, 누구인들 예측이나 했겠습니까?

이런 의미에서는 전적으로 무능한 존재라고 해도 결코 지나친 말이 아닐 것입니다.

그럼에도 불구하고 "그래도 지금까지는 그래도 건재해왔다"는 사실을 인정할 수 있다면 하나님 앞에서 우리는 일단 감사해야 하는 것입니다.

3. 맡기며 살아야 합니다.

지금까지의 삶의 주인이 자기 자신이 아니었음을 정직하게 시인한다면, 앞으로는 어떻게 하시겠습니까?

나도 모르게 나의 생명을 허락하시고 지금까지의 나의 삶을 주장해 오신 그분께 아예 "맡겨버리는 것", 이것이 지혜로운 자의 살아가는 삶의 방식이 될 것입니다.

따라서 하나님께서는 "너희 염려를 다 주께 맡겨 버리라"(벧전5:7)고 하셨습니다.

여러분!

어차피 감당하지 못할 점이 있다면 아예 처음부터 맡겨 버리는 지혜와 용기가 필요한 것입니다.

어차피 감당 못할 짐이란 무엇입니까? 우리의 "미래"인 것입니다.

미래를 완전히 맡기시고 지금보다 훨씬 평안하심 속에서 살게 되시기를 축원합니다.

나그네 인생

(히 11:13-16)

흔히 학교 다닐 때 공부를 잘하던 친구들이 "세상에서도 성공한다
는 보장은 없다"라는 말을 자주 합니다. 세상살이, 우리의 인생이 그
만큼 어렵다는 이야기일 것입니다. 세상사가 너무 복잡하기 때문입니
다.

그래서 하나님은 우리의 성공적 삶을 위하여 몇 가지의 중요한 '요
점정리'를 해주셨습니다. 그 중의 하나가 '인생은 나그네'라는 것입니
다.

본문 13절에서는 "또 땅에서는 외국인과 나그네로라 증거하였으니"
라고 말하였습니다.

그렇다면 나그네의 특징은 무엇이겠습니까?

1. 고달픕니다.

흔히 "그래도 내 집만한 곳이 없다"라는 말을 합니다. 긴 여행을 한
후 집에 돌아와서 하는 이야기입니다.

그렇습니다. 여행길 특히 나그네길은 고달픈 것입니다. 아무리 즐
겁고 볼 것이 많아도 역시 나그네길은 고달픈 것입니다.

우리의 삶이 왜 이리 고달픕니까? 이상하게 생각할 것이 없습니다.

본래가 나그네 삶이기 때문입니다.

2. 돌아갈 고향이 있습니다.

본문 16절에서는 "이제는 더 나은 본향을 사모하니 곧 하늘에 있는 것이라"고 말하고 있습니다.

고달픈 여행길에서도 참고 인내할 수 있는 것은 고향을 바라보기 때문입니다. 부모 형제들이 있는 곳, 남의 눈치 보지 않아도 좋은 곳, 엄마의 품과 같은 고향이 있기 때문입니다.

우리의 삶이 이렇게 고통스럽고, 외로워도 잘 참으시기를 바랍니다. 시간과 비례해서 그만큼 고향에는 점점 더 가까워 오고 있기 때문입니다.

3. 여행길에 미련을 두지 않습니다.

본문 15절에서는 "저희가 나온 바 본향을 생각하였더면 돌아갈 기회가 있었으려니와" 라고 말씀하고 있습니다.

여행길에는 구경거리가 많습니다. 말로만 듣던 신기한 것, 기이한 것이 많이 있습니다. 그러나 슬기로운 여행자는 어디까지나 그것으로 "끝"입니다. 좋으면 좋은 것으로 언짢았으면 언짢았던 것으로 그냥 통과하는 것입니다. 갈 길이 바쁘기 때문입니다.

지혜있는 여행자는 여행길에 있었던 일에 절대로 미련을 주지 않습니다.

여러분! 저와 여러분은 여행객이요 나그네입니다. 삶이 이렇게 고달픈 것을 너무 서러워 마시기 바랍니다. 원래 나그네 삶의 특성이 이것입니다.

또한 지난 날들의 일들에 너무 미련을 갖거나 아쉬워 말고 본향으로 부지런히 가시기 바랍니다.

부르짖으라

(렘 33:3)

"쌀 창고 안의 쥐가 굶어 죽는다"는 속담이 있습니다. 가마니 속의 풍성한 쌀은 알지 못하고, 눈앞에 흩어진 것만 주어먹다가 그것이 떨어지면 굶어 죽는 어리석은 쥐를 빗대어 하는 속담입니다.

우리는 하나님의 자녀입니다. 여기에 따르는 권세가 있습니다. 보장된 특권이 있습니다.

그 중의 하나가 바로 "기도"입니다. 그래서 예레미야 33장 3절에서도 "너는 내게 부르짖으라"고 하셨습니다.

그렇다면 기도하면 어떤 일이 일어나겠습니까?

1. 반드시 응답하실 것입니다.

본문에서는 "내가 네게 응답하겠고"라고 하셨습니다.

또한 "부르짖으라"는 명령형입니다. 인격적 관계에서 상대에게 일방적인 명령을 한다는 것은 그리 쉬운 일이 아닙니다. 그만큼 자신이 있거나, 아니면 무엇인가가 있는 자만이 할 수 있는 표현입니다.

"부르짖으라"고 주님이 말씀하셨으니 반드시 응답하실 것입니다. 그 믿음을 가지시기 바랍니다.

2. 기대 이상으로 응답하실 것입니다.

본문에서는 "네가 알지 못하는 크고 비밀한 일을 네게 보이리라"고 하셨습니다.

기도는 하나님과 속마음을 주고 받는 것입니다. 유창하게 기도하는 다른 사람의 기도에 마음을 빼앗길 필요가 없습니다. 기도는 하나님과 나와의 1:1의 "나눔"이며, 마음의 전달인 것입니다.

피조물인 우리는 어쩔 수 없습니다. 하나님께 은혜를 구하며 살 수밖에 없습니다.

진통제를 맞아도 아플 때 그대로 그 상태를 아뢰시기를 바랍니다. 진정케 해주실 것입니다.

왠지 외로울 때 그 외로움을 호소하시기 바랍니다. 위로해 주실 것입니다.

가슴이 답답해질 때도 속마음을 털어 놓으시기 바랍니다. 마음의 평안을 주실 것입니다.

그리고 아직까지 고통을 당하는 이유를 찾지 못하셨거든 그 심정 그대로를 부르짖어 아뢰시기를 바랍니다.

그리하면 감히 생각해 보지도 못했던 당신을 위한 크고 아주 비밀한 하나님의 계획을 알려주실 것입니다.

여러분!

기도는 의무가 아닌 하나님 자녀들의 특권입니다. 권리입니다.

마땅히 주어진 특권을 잘 선용하시어 좀더 '안정됨' 속에서 생활하게 되시기를 주님의 이름으로 축원합니다.

부르시는 하나님

(사 1:18)

우리의 인격적인 관계를 원하시는 하나님은 때로는 우리를 "부르시는 분"이십니다.

하나님은 어떤 사람을 부르시겠습니까?

1. 지친 자를 부르십니다.

마태복음 11장 28절에서 "수고하고 무거운 짐진 자들아 다 내게로 오라 내가 너희를 쉬게 하리라"고 하셨습니다.

우리의 인생이 이렇게 힘이 드는 것은 지고 있는 짐이 너무 무겁기 때문입니다. 사회적인 짐, 경제적인 짐, 신체적 한계와 질병, 정서적 불안 등 실로 우리가 지고 있는 짐은 전인격적이라고 할 수 있을 것입니다.

어떤 목사님이 성도님 가정의 돌잔치에 초대를 받으셨습니다. 축복 기도를 하시는 중에 갑자기 울음을 터트리셨습니다.

모두들 의아해 하기도 하고 당사자인 부모는 언짢기까지 하였습니다.

그래서 그 이유를 물었더니 "이 아기가 앞으로 걸어가면서 감당해야 할 무겁디 무거운 짐들을 생각하니, 남같이 않아 나도 모르게 눈물이 나왔습니다"라고 대답하시더랍니다.

그렇습니다. 우리의 인생은 이렇게 고달픕니다. 고달플 때 부르시는 하나님의 음성을 듣게 되시기를 바랍니다.

2. 목마른 자를 부르십니다.

요한복음 7장 37절에서는 "누구든지 목마르거든 내게로 와서 마시라"고 하셨습니다.

요즘 우리 사회는 곳곳에 술집, 유흥가가 불야성을 이룬다 해서 사회적 비판의 대상이 되고 있습니다. 그러나 그 내면의 문제를 파고들면 이해가 갈 수밖에 없습니다. 그만큼 "목마르다"는 것입니다.

과학이 이렇게 발달하고, 경제, 사회가 이렇게 발전하여 편안해졌다고 해도 인간 내면의 갈등은 점점 더 심하게 느낄 수밖에 없는 것이 현실입니다. 그래서 점점 더 광란에 가까운 세상이 되어가고 있는 것입니다.

그러나 우리는 영적인 존재입니다(창 1:27, 요 4:24). 그런 것으로는 본질적 갈등을 해소할 수는 없는 것입니다. 이것을 아시는 주님이 영혼의 갈급함으로 허덕이는 우리를 부르고 계신 것입니다.

3. 죄 지은 자를 부르십니다.

로마서 3장 10절에서는 "의인은 없나니 하나도 없으며"라고 하셨습니다. 이 말에 "아니요, 나는 아니요"라고 항변할 자가 이 세상에 어디에 있겠습니까?

또한 로마서 6장 23절은 "죄의 삯은 사망이요"라고 하셨습니다. 죄의 결과로 저주의 삶을 살다가 결국은 죽게 되고 끝내 심판을 받게 되니 참으로 기가 막힌 일이 아닐 수 없습니다.

죄는 안지을 수 없고 심판은 받기 싫고, 이것이 우리가 안고 있는 아픔이 아니겠습니까?

사랑의 하나님으로서는 아무 대책이 없는 우리를 더 이상 방관하실 수가 없으셨습니다.

본문 18절에서는 "오라 우리가 서로 변론하자 너희 죄가 주홍같을지라도 눈과 같이 희어질 것이요, 진홍 같이 붉을지라도 양털같이 되리라"고 하셨습니다.

주홍 같은 죄와 진홍 같은 붉은 죄로 엉망진창이 되어있는 우리를 하나님께서는 부르시는 것입니다. 눈과 같이 희게 하시고 양털과 같이 하셔서 하나님의 거룩한 백성으로 삼으시겠다는 의지인 것입니다.

여러분!

이 세상에서 성공한 사람들은 하나같이 남이 들을 수 없는 그 어떤 음성을 들었기 때문입니다.

오늘 우리도 이렇게 어려운 때에 "부르시는 주님의 음성"을 들을 수 있어야 합니다. 그래야 성공적인 인생이 될 수 있습니다.

주님은 삶에 지칠대로 지친 자를 부르고 계십니다. 주님은 영혼의 갈급한 자를 부르고 계십니다. 주님은 죄책감으로 고통하는 자를 부르고 계십니다.

이 부르심에 성공적인 응답자들이 다 되시기를 주님의 이름으로 축원합니다.

말씀하시는 하나님

(창 3:8-10;22-24)

하나님은 우리와 인격적인 관계에 계신 분입니다. 따라서 여러 경로로 우리에게 말씀하시는 분이십니다.

본문에서도 하나님은 말씀하시는 하나님이심을 알 수 있습니다.

하나님께서는 우리에게 어떻게 말씀하실까요?

1. 양심을 통해 말씀하십니다.

본문 8절에서 "하나님의 낯을 피하여"라고 하셨습니다.

우리는 하나님께로부터 공평하게 "양심"이라는 선물을 받았습니다. 누가 무엇이라고 하는 것도 아닌데 우리 자신은 알고 있는 것이 있습니다. 우리가 잘못을 범하였을 때 하나님께서는 우리를 양심의 두근거림을 통하여 부르시는 것입니다.

2. 성경을 통해 말씀하십니다.

본문 9절에서는 "여호와 하나님이 아담을 부르시며 그에게 이르시되"라고 하셨습니다.

하나님은 말씀하시는 하나님이십니다. 성경을 보면 우리의 올바른 삶, 반듯한 삶을 위하여 끊임없이 말씀하시는 것을 볼 수 있습니다.

이 부르심의 말씀을 듣고 순종하는 삶을 살 때, 우리의 생애는 명실상부한 하나님의 자녀답게 남보기에도 반듯한 생애를 살아갈 수 있을 것입니다.

3. 환경을 통해 말씀하십니다.

우리에게는 어리석은 면이 있습니다. 그래서 빤히 아는 일들을 알면서도 하지 못할 때가 많이 있습니다.

양심으로 두드리셔도, 직접 성경으로 말씀을 하셨어도 깨닫지 못할 때가 있는 것입니다.

이토록 미련한 우리를 향하여 경우에 따라서는 환경의 변화를 통하여 말씀하실 때도 계신 것입니다.

본문 22-24절에는 소위 "선악과"를 먹지 말라는 말씀을 하셨음에도 불구하고 이를 거역한 아담가(家)를 향하여 하나님께서는 그들을 에덴동산에서 내어 쫓아내심으로 하나님의 의지를 표현하셨습니다.

그래서 시편 119편 67절에서는 "고난당하기 전에는 내가 그릇 행하였더니 이제는 주의 말씀을 지키나이다"라고 했고, 또 시편 119편 71절에서는 "고난당하는 것이 내게 유익이라. 이로 인하여 내가 주의 율례를 배우게 되었노라"고 고백하는 것을 보게 됩니다.

고난이라는 환경을 통하여 하시는 말씀의 뜻을 깨달았다는 고백입니다.

여러분!

이토록 어려운 상황을 통하여 하나님께서는 저와 여러분에게 무슨 말씀을 하고 계신 것일까요? 세미한 음성에 귀를 기울여 보시는 시간이 되시기를 주님의 이름으로 축원합니다.

착각은 금물

(눅 16:19-31)

인생은 어떤 의미에서 보면 착각의 연속이라고 볼 수 있습니다. 그런데 적당히 착각해도 되는 것이 있고 착각해서는 절대 안될 것이 있습니다.

본문의 주인공은 절대 해서는 안되는 착각을 하고 인생을 실패로 마친 사람입니다.

1. 지상생활이 영원한 것으로 착각했습니다.

본문 19절 말씀을 보면 "한 부자가 있어 자색옷과 고운 베옷을 입고 날마다 연락하는데"라고 했습니다.

사람의 생리적 기능은 22-24세가 되면 곧 하향기에 접어든다고 합니다. 이를 의식하며 준비하며 살아야 합니다. 그러나 대부분 알면서도 이를 인정하지 않으려 합니다. 그는 오직 날마다 연락만 하고 있었습니다.

2. 자신을 의롭다고 착각했습니다.

본문 20절에서는 "거지가 그 부자의 대문에 누워 부자의 상에서 떨어지는 것으로 배불리려 하매, 심지어 개들이 와서 그 헌데를 핥더라"
라고 했습니다.

그는 지금 지옥에 있습니다. 우리는 그에게서 지옥에 갈 만한 중죄
를 발견할 수 없습니다. 그런데도 어떻게 해서 지옥에 와 앉아 있는
것이겠습니까?

그는 마땅히 해야 할 일을 하지 않았습니다. 세속적인 죄는 하지
말아야 할 일을 했을 때로 봅니다. 하지만 신앙적인 죄는 마땅히 해
야 할 일을 하지 않았을 때를 죄로 보는 것입니다

나사로가 가난한 것은 부자의 잘못은 아닙니다. 그러나 그것을 그
대로 방치한 것은 명백한 범죄 행위인 것입니다. 그는 마땅히 해야
할 일을 하지 않고도 자신이 의로운 사람으로 착각하고 있었습니다.

3. 구원의 차선책이 있는 줄로 착각했습니다.

본문 28절에서 "내 형제가 다섯이 있으니 저희에게 증거하게 하여
저희를 이 고통 받는 곳에 오지 않게 하소서"라는 간청에 대하여, 본
문의 31절은 "성경을 보고 믿지 못하는 자는 설령 죽은 자가 살아나
서 말을 해도 믿지 못하리라"고 답변해 주고 있습니다.

결국 모든 인생의 구원은 이 땅에 성경대로 잘 믿는 자만이 갈 수
있는 것임을 알 수 있습니다.

그 부자는 애석하게도 이 진리를 모르고 있었습니다. 구원에 관하
여 그 어떤 차선이 있는 줄 알고 있었습니다.

여러분! 사도행전 4장 12절에서는 "다른 이로써는 구원을 얻을 수
없나니 천하인간에 구원을 얻을 만한 다른 이름을 우리에게 주신 적
이 없다"고 못박아 말씀하고 계십니다.

이 땅에 있을 때 구원자되시는 예수를 자신의 구주로 꼭 영접하시
어서 천국을 확보하시는 저와 여러분들이 다 되시기를 주님의 이름으
로 축원합니다.

구원을 얻을 만한 믿음

(요 1:12)

자동차의 종류는 여러 가지입니다. 가옥의 종류도 여러가지입니다. 마찬가지로 우리의 믿음도 따지고 보면 몇 가지로 나눌 수 있습니다.

1. 지식적 믿음입니다.

이사야서 6장 9절에서 "너희가 듣기는 들어도 깨닫지 못할 것이요" 라고 하셨습니다.

많이 들어서 알기는 많이 아는데 깨달음이 없는 믿음, 알기는 많이 아는데 자신과 관련을 지어 생각하지 않는 것, 그것은 지식적 믿음입니다. 일명 귀신의 믿음입니다. 그래서 일체의 변화가 일어나지 않는 믿음입니다.

2. 감정적 믿음입니다.

마태복음 13장 20-27절에서 "돌밭에 뿌리워졌다는 것은 말씀을 듣고 즉시 기쁨으로 받되 그 속에 뿌리가 없어 잠시 견디다가도 환난이나 핍박이 일어나면 곧 넘어지는 자라"고 하셨습니다.

말씀을 들을 때 감동도 있고, 눈물도 있고, 회개도 있습니다. 그러나 항상 지속이 문제입니다. 말씀의 뿌리가 없기 때문입니다. 말씀의 뿌리를 내리지 못하는 것은 감정적 믿음입니다. 일명 돌밭과 같은 믿음입니다.

3. 체험적 믿음입니다.

눈으로 확인하고 손으로 만져본 후에야 믿는 믿음입니다. 어떻게 보면 완벽해서 좋을 것처럼 보이지만 이 세상은 나의 눈에 보이는 것만 있는 것이 아닙니다. 눈에 보이는 것은 작은 일부분에 지나지 않는 것입니다.

4. 그 이름을 믿는 믿음입니다.

요한복음 1장 12절에서 "영접하는 자 곧 그 이름을 믿는 자에게는 하나님의 자녀가 되는 권세를 주셨나니"라고 하셨습니다.

우리가 믿어야 하는 그 이름의 주인은 누구입니까? 요한복은 14장 6절에서 "내가 곧 길이요 진리요 생명이니 나로 말미암지 않고는 아버지께로 올 자가 없느니라"고 하신 바로 그분의 이름입니다.

구원의 유일한 길이신 예수를 절대적으로 신뢰하는 믿음, 그 믿음이 바로 사람을 구원시키는 것입니다.

여러분!

기왕 믿음을 가졌으면 구원에 이를 수 있는 그 이름을 믿는 믿음을 통하여 자신의 구원을 확보해놓는 저와 여러분들이 다 되시기를 주님의 이름으로 축원합니다.

성령의 감동을 거부 말라

(요 14:26)

기독교는 삼위일체 교리가 있습니다. 본체는 하나이나 실제에 있어서는 삼위로 구분되는 것입니다. 성부 하나님과 성자 예수님, 그리고 성령 하나님이 계십니다.

성부 하나님은 창조주이십니다. 무에서 유를 창조하신 창조주이십니다. 또한 우리의 구원을 계획하신 분입니다.

성자 하나님은 우리의 구원의 길을 열어놓으신 분이십니다. 그분의 십자가 대속이 없었던들 우리 모두의 구원은 원천적으로 불가능한 것입니다. 그분은 우리의 구주가 되시는 분입니다.

그렇다면 성령 하나님은 어떤 분일까요? 우리의 구원을 적용시키시는 분입니다. 일명 '예수의 영'이라고도 합니다. 예수님은 세상을 구원하는 대 사명을 마치신 후 부활 승천하여 지금은 하나님 보좌 우편에 계십니다(사도신경 고백).

그러나 우리를 고아와 같이 버려 두지 않으시고 자신의 영이신 성령님을 보내어 주셨습니다.

그렇다면 그분이 하시는 일은 무엇이겠습니까?

1. 가르치시고 기억나게 하십니다.

본문에서 "그가 너희에게 모든 것을 가르치시고 내가 너희에게 말한 모든 것을 생각나게 하시리라"고 하셨습니다.

특히 우리의 가장 큰 문제인 죄가 생각나게 하십니다. 어거스틴이라는 성자는 그가 예수를 믿게 되었을 때, 자신이 어릴 적 심술이 나서 엄마 젖꼭지를 깨물었던 것까지 생각이 나서 회개했다고 합니다.

'죄의 자각'은 확실히 성령님의 역사입니다.

2. 진리 가운데로 인도하십니다.

요한복음 16장 13절에서 "진리의 성령이 오시면 그가 너희를 모든 진리 가운데로 인도하시리니"라고 하셨습니다.

고린도전서 12장 3절에서는 "성령으로 아니하고는 누구든지 예수를 주시라 할 수 없느니라"고 하셨습니다.

우리가 예수를 구주로 시인할 수 있는 것은 우리의 지혜, 지식, 노력이 아닙니다. 깨닫게 하시고 진리로 인도하시는 성경의 감동에 의해서입니다.

여러분!

예배를 통하여, 찬송과 기도를 통하여, 말씀을 들을 때에 우리 마음속에 일어나는 감동은 사람의 기분이 아니라 성령의 감동입니다. 이를 거부하지 마시고 예수님을 자신의 구세주로 꼭 영접하시고 구원받아 하나님의 자녀가 다 되시기를 주님의 이름으로 축원합니다.

평안의 비결

(요 14:26-27)

예수를 믿고 나서 제일 먼저 일어나는 우리 마음의 현상이 있는데, 그것은 평안입니다.

교회를 덤벙 덤벙 따라 다니는 사람이라면 백날 다닌다고 해도 경험을 못할 것이지만, 예수님을 진정 구주로 믿는 사람이라면, 누구나 그 마음의 변화를 경험하였을 것입니다.

그러한 의미에서 세례받는 것을 그냥 형식으로 받으시면 안됩니다.

수퍼마켓에서 장사하는 사람이 남을 위해 장사합니까? 나 위해서 장사하는 것 아닙니까?

다른 곳에 계신 어떤 분에게서 들은 얘기인데, 세례를 자꾸 강조하면 "세례를 받아두자"는 식으로 받는 분이 있다고 합니다. 그러나 이것은 옳지 못합니다.

세례는 자신이 예수를 구주를 확실히 영접했을 때, 그 고백으로 받는 것입니다. 그래서 우리는 몇 번을 연기하더라도, 몇 번의 확인을 통해 그 마음이 불변하고, 그 자신의 신앙고백이 확인되었을 때 세례를 베풀게 되는 것입니다.

저의 경험을 통하여 보면, 저는 예수님을 믿고 나서 굉장히 마음이 평안했습니다. 저만 그런가 했더니 예수를 믿고 세례를 받는 분들이 공통적으로, 이구동성으로 하는 이야기가 마음의 평안이었습니다.

본문 27절 말씀을 보면 "평안을 너희에게 끼치노니 곧 나의 평안을 너희에게 주노라. 내가 너희에게 주는 것은 세상이 주는 것 같지 아니하니라"고 라고 말씀하고 계십니다.

세상이 주는 평안은 어떻습니까? 그것은 조건부 평안입니다. 물질이 좀 있으면 좀 평안한 것 같지만, 그 물질이 없어지면 사라질 것만 같은, 건강있을 때는 모든 것이 좋아 보였지만 건강을 잃으면 그 동안의 평안은 사라지고 불평만 늘어납니다.

엄밀히 말하면 그것은 "평안"이 아니라 "편안"이었습니다.

그래서 주님께서는 "밥을 더 주겠다", "아파트를 더 주겠다" 하지 않으시고, "평안을 주시겠다"고 했습니다.

그렇다면 그 소멸되지 않는 평안을 어떻게 하면 받을 수 있을까요?

1. 죄를 회개해야 합니다.

부부 사이에 잘 지내다가 남편이 딴짓을 하면서 부부관계가 어색해집니다. 남편이 부인 앞에 죄를 짓게 된 것입니다. "여보"라고 불러도, 똑바로 바라볼 수 없습니다. 떳떳할 수가 없습니다.

마찬가지로 우리가 하나님께 죄를 짓게 되면, 우리도 하나님이 주시는 평안을 누릴 수 없습니다.

하지만 우리는 인간인지라 죄를 짓게 됩니다. 어떡하면 좋겠습니까? 회개해야 합니다.

어거스틴이라는 신학자는 회개하면서 그가 어릴 때 젖을 먹다가 어머니의 젖꼭지를 깨문 것까지 떠올라서 회개하였다고 합니다.

우리는 지금까지 살면서 합당치 못한 생활을 회개해야 합니다. 교만하게 살았던 것, 세상을 사랑한 것, 시기하는 마음으로 살인한 것, 뿐만 아니라 음란의 죄, 간음의 죄, 이 모든 것들이 떠오르면 오늘 우리는 회개해야 합니다.

2. 욕심을 버려야 합니다.

우리의 삶이 이렇게 고달픈 것은 마음의 욕심이 있기 때문입니다. 욕심에 눌려서 이렇게 힘겨운 삶을 자초하며 살아가고 있는 것입니다. 이곳에서도 밖에 두고 온 재산 걱정하시는 분들을 보았습니다. 자기 처지에 넘치는 생각은 모두 욕심입니다. 마음을 비우고 현재에 감사하면서 사시기를 바랍니다.

3. 모든 일을 맡겨야 합니다.

회고해 볼 때, 저는 지금까지의 삶이 내 마음대로 된 것이 별로 없는 것 같습니다. 어쩌다보니 여기까지 왔다는 것이 솔직한 저의 심정입니다.

이렇듯 과거의 삶에 나를 주도하신 분이 계시다면, 앞일에 대해서도 아예 우리는 그분에게 맡겨버려야 합니다. 그리하면 지금보다는 훨씬 평안하게 지낼 수가 있을 것입니다.

요한복음 14장 1-2절에서 "너희는 마음에 근심하지 말라. 하나님을 믿으니 또 나를 믿으라. 내 아버지의 집에 거할 곳이 많도다"라고 굳게 약속하셨습니다.

여러분!

예수를 내 구주로 영접하였지만, 아직도 평안이 없다면, 지금까지 내가 회개하지 못한 것이 없는지 생각하시고, 회개하시기를 바랍니다.

아직까지 세상일에 연연하고 있는 것은 없는지 생각하시고, 미련을 버리시기를 바랍니다.

뿐만 아니라 장차 한치 앞의 일을 해결하지 못할 것이 인생인데도, 내가 해결할 것처럼 바둥바둥거리는 모습이 있다면, 지금까지 나를 주도하신 분께 모든 일을 아예 맡겨버리시기를 바랍니다. 미래를 하나님께 맡길 때 마음의 평안이 있는 것입니다.

"수고하고 무거운 짐진 자들아 다 내게로 오라. 내가 너희를 쉬게 하리라"(마 11:28) 하시는 음성을 듣고 주님 앞에 모든 것을 맡겨버릴 때에 지금까지 경험하지 못했던, 이해하지 못했던 그 파도와 같은 하나님이 평안이 밀려올 것입니다.

하나님의 준비하시고 약속하신 그 평안을 꼭 받아 누리시는 저와 여러분이 되시기를 우리 주님의 이름으로 부탁합니다.

진정한 자유인

(요 8:32)

사람은 누구든지 자유를 갈망합니다. 따라서 남의 종이 되는 것을 본능적으로 거부합니다.

그런데 이상하게도 사도 바울은 그리스도의 종이 된 것을 무척이나 자랑스러워 합니다(고린도후서, 갈라디아서 등의 서두).

이유는 그리스도 안에 진정한 자유가 있기 때문입니다.

그리스도 안에 보장된 진정한 자유는 무엇이겠습니까?

1. 욕심으로부터의 자유입니다.

고린도후서 5장 17절에서 "그리스도 안에 있으면 새로운 피조물이라"고 하셨습니다. 옛 사람은 죽고 새로운 사람이 되었다는 것입니다.

옛 사람의 특징은 '욕심'입니다(엡 4:22). 우리가 일생을 살아가면서 당하는 고통 중 가장 큰 원인도 '욕심'입니다. 도대체가 끝을 모르는 욕심, 이것 때문에 얼마나 울고불고 고통하면서 살아왔습니까?

하지만 우리가 그리스도 안에 있으면 "내게 진정으로 필요한 것이 무엇일까?" 깨닫게 되고, 감사의 마음도 갖게 되고, 자기 분수도 알게 되면서 일생을 따라다니며 괴롭히던 욕심의 조절의 능력을 갖추게 됩니다. 따라서 그리스도 안에 있으면 일생을 따라다니면서 고통을 주던 바로 그 욕심으로부터 자유케 되는 것입니다.

2. 죄책감으로부터의 자유입니다.

"의인은 없나니 하나도 없다"고 말씀하신 대로 우리 모두는 죄인입니다.

우리를 짓누르는 고통은 죄책감입니다. 우리는 누가 뭐라는 것도 아닌데 기본적인 죄책감이 있는 것입니다.

그러나 로마서 8장 1절은 "그리스도 안에 있는 자에게는 결코 정죄함이 없나니"라고 하셨습니다.

왜 그럴까요? 우리를 죄를 그리스도께서 십자가를 통해서 청산하셨기 때문입니다.

3. 죽음의 공포로부터의 자유입니다.

히브리서 9장 27절에서는 "사람이 한번 죽는 것은 정한 이치요. 그 다음에 심판이 있나니"라고 말하고 있습니다.

사람들이 죽음을 두려워하는 것은 죽음이 곧 나의 삶에 대한 평가, 곧 심판임을 의식하기 때문입니다.

그러나 요한복음 5장 24절에는 "내 말을 듣고 또 나 보내신 이를 믿는 자는 영생을 얻었고 심판에 이르지 아니하나니"라고 하셨습니다.

심판과 무관한 죽음은 곧 하나님이 예비해 놓으신 천국으로의 입성을 의미합니다. 이 땅에서 비교할 수도 없는 새로운 세상이 바로 '죽음'이라는 출입문을 통과하기만 하면 들어갈 수 있는 것입니다. 오히려 적극적인 의미에서는 죽음 없이는 천국을 들어갈 수 없는 것입니다.

"눈감았다가 뜨면 천국". 이것이 그리스도 안에 있는 자들이 임종을 맞으면서 갖는 기대인 것입니다.

실제로 이곳에서 뵈온 수많은 믿음의 선배들이 너무도 평안하심 속에서 죽음을 맞이하였습니다.

여러분!

물고기는 어항 속에 있을 때가 진정한 의미에서 자유가 보장되는 것입니다.

우리 사람들도 그리스도안에 있을 때만이 비로소 진정한 의미에서 자유인이 될 수 있는 것입니다. 그리스도 안에서 진정한 의미로의 자유인이 다 되시기를 주님의 이름으로 축원합니다.

영생의 길

(요 3:16)

성경은 매우 방대합니다. 따라서 성경을 다 읽고 이해하기란 결코 쉬운 일이 아닙니다. 여기에 한 말씀으로 요약하신 말씀이 있습니다. 그것이 본문입니다. 본문을 잘 이해하면 성경 전체를 이해하고 있다고 볼 수도 있습니다.

1. 하나님은 누구십니까?

하나님은 한마디로 '사랑'입니다. 하나님은 세상을 사랑하십니다.

여기에서 '세상'은 곧 저와 여러분을 의미합니다. 하나님께서는 저와 여러분을 사랑하십니다.

2. 그 사랑을 어떻게 확인할 수 있습니까?

하나님은 우리에게 독생자 아들 예수를 주셨습니다. 유람차 보내신 것이 아닙니다. 감독차 보내신 것도 아닙니다. 죄로 인하여 죽을 수밖에 없는, 아니 영적으로는 이미 죽어있던(엡 2:1) 우리를 살리고자, 대신 죄값을 치러주시기 위해 희생제물로 오셨습니다.

단돈 천원을 남 주기가 어려운 것이 우리가 경험하는 세상살이인데, 이런 의미에서 우리는 성경말씀을 암송은 할는지는 모르지만 솔직히 말해서 제대로 이해할 수는 없습니다. 왜냐하면 우리는 그런 사랑을 경험한 적도 없고, 들어본 적도 없기 때문입니다.

하나님은 그러한 사랑을 주셨습니다.

3. 목적이 무엇입니까?

영생을 주기 위해서였습니다. "죄의 삯은 사망이요"라고 했습니다. 지은 죄로 멸망을 하는 것은 너무도 당연합니다(히 9:27).

그런데 죄는 안 지을 수 없고, 죄와 형벌은 받기 싫고, 이럴 수도 저럴 수도 없는 딜레마, 이것이 우리의 처지였습니다. 아무 대책이 없는 것입니다.

하나님께서는 이러한 저와 여러분이 너무 불쌍해서 더 이상을 볼 수가 없으셨기 때문에, 죄없는 아들을 사람이 되게 하셔서 죄 있는 저와 여러분의 감당해야 할 죄값을 십자가 형벌로 치르게 하신 것입니다. 아들을 보내신 것은 순전히 우리의 구원 때문이었습니다.

4. 어떻게 하면 됩니까?

본문은 "믿는 자마다 멸망치 않고 영생을 얻게 하려 하심이니라"고 하셨습니다. 한강을 도강할 때, 우리는 다리를 믿고 건너기만 하면 되는 것처럼, 구원은 '예수 그리스도의 십자가 공로'를 믿기만 하면 얻을 수 있는 것입니다.

"오직 의인은 믿음으로 살리라"(롬 1:17)하셨고, "다른 이로서는 구원을 얻을 수 없나니 천하 인간에 구원을 얻을 만한 다른 이름을 주신 적이 없느니라"(행 4:12)라고 약속하고 계시기 때문입니다.

여러분! '믿음', 다시 말해서 예수 그리스도의 공로에 대한 믿음만이 우리를 구원에 이르게 합니다. 우리 가운데 구원받는 대열에서 단 한 사람도 낙오 없기를 간절히 소원합니다.

성경적 죽음과 해법

(창 2:17, 3:1-24)

사람들이 가장 두려워 하는 개념이 있다면 그것은 바로 '죽음'이라는 극한 상황일 것입니다.

우리에게 왜 죽음이 왔을까요? 이러한 의구심의 해답은 창세기 2장 17절에서부터 찾을 수 있습니다.

하나님께서는 우리의 조상 아담을 지으시고 축복하셔서 에덴동산에서 없는 것 없이 누리며 살게 하셨습니다. 단, 조건은 소위 선악과를 동산 중앙에 세우시고 이 열매를 손대지 않는 것이었습니다. 창조자로서의 하나님 자신의 권위를 인정받고 싶어 하신 것입니다.

그것을 얼마나 원하셨던지 이것을 먹을 때에는 "정녕 죽으리라"는 강력한 조건도 제시하셨습니다.

그런데 창세기 3장을 보면 어리석고 안타깝게도 아담은 하지 말라시던 바로 그 일을 하고야 말았습니다.

그런데 "정녕 죽으리라"하신 그 죽음이 그에게는 오지 않았습니다. 창세기 3장을 보면 그후로도 살아서 하나님과 대화하는 것을 볼 수 있습니다.

그렇다면 하나님께서 말씀하시던 죽음은 무엇이었을까요?

1. 하나님과의 관계의 단절입니다.

불순종은 하나님과의 관계 단절을 가져왔습니다.

인간의 불행은 여기에서부터 시작되었습니다. 우리의 삶이 이렇게 저주스럽고, 고통스러워지게 된 것입니다.

창조자와 피조물의 단절이 왔습니다. 그러므로 피조물의 고통은 너무나 당연한 귀결입니다.

2. 영혼과 육신의 분리입니다.

하나님과의 단절은 저주 고통을 가져왔고 일생을 고통 가운데 살다가 흔히 말하는 죽음을 맞게 되는 것입니다.

이 죽음은 영혼과 육신의 분리를 말하는 것입니다. 이때 영혼은 소멸되어 버리는 것이 아니라 육신을 떠나서 다른 처소로 옮기우는 것입니다.

3. 심판입니다.

히브리서 9장 27절에서 "한번 죽는 것은 사람에게 정한 이치요 그 후에는 심판이 있으리니"라고 하셨습니다.

육신을 떠난 영혼은 하나님과 1:1로 독대를 하게 되고 일생 동안의 삶을 결산하여 평가를 받게 되는 것입니다.

자연 그대로의 인간의 죄는 법통(法統)이므로 계속 죄인일 수밖에 없으며 당연이 죄값을 받아야만 하는 것입니다. 그것이 심판이고 그것이 종말론적 의미로써의 죽음인 것입니다.

이 세 가지는 깊은 연관성이 있음을 주목해야 할 것입니다.

이런 의미에서 자연인으로서의 죄인인 우리는 결국은 다 심판을 받을 수밖에 없는 것입니다. 참으로 안타까운 일이 아닐 수 없습니다.

여러분!

우리는 살아야 합니다. 아무리 죄인으로 태어났다고 하더라도 살아야 합니다. 어떻게 해서든지 살아야 합니다.

그런데 여기에 사는 길이 열려 있습니다.

"죽는 자들이 하나님의 아들의 음성을 들을 때가 오나니 곧 이때라. 듣는 자는 살아나리라"(요 5:25).

"내 말을 듣고 또 나 보내신 이를 믿는 자는 영생을 얻었고 심판에 이르지 아니하나니 사망에서 생명으로 옮겼느니라"(요 5:24).

말씀을 듣고 믿으면 그동안 하나님과 단절된 관계가 다시 회복이 될 수 있습니다. 말씀을 듣고 믿으면 영혼과 육신이 분리된다 하더라도 다시 신령한 몸으로 부활할 수 있습니다. 말씀을 듣고 믿으면 근본적으로 심판과는 거리가 먼 영생의 길로 들어갈 수 있는 것입니다.

예수님을 믿고 다시 사는 이 축복을 꼭 누리게 되시기를 주님의 이름으로 축원합니다.

미리 정해진 날들

(히 9:27)

우리는 살아가면서 많은 날들을 맞이하며 살아갑니다. 그 어느 하루도 중요하지 않은 날이 없습니다.

그러나 여기에 아주 특별히 중요한 날들이 있습니다. 그리고 주목할 것은 그날들은 미리 정해 있다는 점입니다.

1. 태어나는 날입니다.

이 날이 중요한 것은 나라고 하는 존재가 이 땅에 공식적으로 등장한 날이기 때문입니다.

생일이 있기에 내가 있는 것입니다. 너무 중요한 날이 아닐 수 없습니다.

2. 죽는 날입니다.

본문에서 "사람이 한번 죽는 것은 정한 이치요"라고 하셨습니다.

사람이 날 때가 있으면 죽는 날도 있는 것입니다. 수를 헤아릴 수 없이 많은 선조들이 그랬고, 지금의 우리 또한 그럴 것이고, 우리가 낳은 자녀손손까지도 단 사람도 예외가 없이 다 죽을 것입니다.

하나님이 한번 정하셨기 때문입니다(창 2:17). 다만 그날이 언제인지를 모르고 있을 뿐입니다.

3. 심판의 날입니다.

본문에서 "그후에는 심판이 있으리니"라고 하셨습니다.

사람이 죽음 이후에는 그 동안의 우리의 삶에 대한 평가, 곧 결산의 시간이 있습니다. 이것은 하나님의 말씀에 너무 명백하게 말씀하셨을 뿐 아니라 우리의 양심으로도 이를 거부하지 못하고 있는 것입니다.

그렇습니다. 우리가 죽으면 하나님과 일대일로 독대하며 그간의 우리의 삶을 평가받는 시간이 있습니다. 솔직히 두려운 일이 아닐 수 없습니다. 왜냐하면 이 세상에 있는 사람 중 의인은 없기 때문입니다(롬 3:10). 이 심판의 날이 나를 기다리고 있는 것입니다.

그런데 여기에 세상 최고의 Big News가 있습니다. 심판을 받지 않는 방법이 있다는 것입니다.

요한복음 5장 24절에서 "내 말을 듣고 또 나 보내신 이를 믿는 자는 영생을 얻었고 심판에 이르지 아니하노니 사망에서 생명으로 옮겼느니라"고 하셨기 때문입니다.

여러분!

앞에서 말씀드린 생일과 죽는 날은 정말 우리가 어떻게 할 수 없는 날들입니다. 그러나 심판의 날만큼은 이미 정해졌다고 하더라도 내가 얼마든지 피할 수 있도록 예외규정을 두셨습니다. 그것은 믿음입니다.

요한복은 3장 18절에서 "저를 믿는 자는 심판을 받지 아니하는 것이요"라고 하셨고, 오히려 요한복음 1장 12절에서는 "영접하는 자 곧 그 이름을 믿는 자에게는 하나님의 자녀가 되는 권세를 주신다"고 까지 말씀하셨습니다.

예수님을 구주로 꼭 영접하셔서 운명을 바꾸어가는 창조적인 인생이 되시기를 주님의 이름으로 축원합니다.

사람의 기대, 하나님의 기대

(행 3:1-10)

초대 교회 안에는 많은 기적들이 있었습니다. 한 앉은뱅이 걸인이 사도 베드로를 만나서 그의 진짜 숙원인 건강을 되찾고, 비참하게 얻어먹던 처지에서 완전히 다른 사람이 된 것을 보게 됩니다.

여기에는 몇 가지 교훈이 있습니다.

1. 앉은뱅이의 관심은 돈이었습니다.

본문 3절에서 "그가 베드로와 요한의 성전에 들어가려 함을 보고 구걸하거늘"이라고 하셨습니다.

또 본문 5절에서는 "그가 저희에게 무엇을 얻을까 하며 바라보거늘"이라고 하셨습니다.

돈은 예나 지금이나 귀한 것입니다. 특히 몸이 아픈 앉은뱅이에게는 더 많은 돈이 필요했을 것입니다. 따라서 그의 기대와 요구는 매우 정상적이었습니다.

2. 베드로의 관심은 예수였습니다.

본문 6절에서 "베드로가 가로되 은과 금은 내게 없거니와 내게 있는 것으로 네게 주노니 곧 나사렛 예수 그리스도의 이름으로 걸으라"

고 하셨습니다.

베드로가 보기에도 돈은 필요했습니다. 그러나 베드로의 눈에 비추어진 걸인에게 있어서 더욱 시급히 그리고 근본적으로 필요한 것은 건강회복이었습니다. 돈은 몇 푼 쓰고나면 바닥이 나고 그러면 또 구걸하고 하는 것이 아닙니까? 따라서 베드로의 관심은 돈이 아니라 아예 건강의 회복이었습니다. 걸인이 돈을 요구했을 때 베드로는 예수로 대답했습니다.

오늘도 우리에게도 많은 관심과 요구들이 있습니다. 물론 그러한 문제들도 중요합니다만 기왕의 요구라면 보다 근본적인 문제에 관심을 가져야 할 것입니다. 그것은 예수입니다.

인생 모든 문제의 해결사는 예수입니다.

요한복음 8장 32절에서 "진리를 알지니 진리가 너희를 자유케 하리라"고 하셨습니다.

3. 예수는 누구이십니까?

에베소서 2장 1절에서 "허물과 죄로 인하여 죽어 있었던 자들"이라고 하셨습니다.

오늘의 우리가 안고 있는 갖가지의 많은 문제들도 따지고 보면 영적으로 죽어있음으로 기인된 결과인 것입니다(롬 6:23, 창 2:17, 3:17-19)

죄로 인하여 하나님과 단절이 왔고, 단절의 결과 저주가 왔고 죽음이 오고, 끝내 심판이 따르는 것입니다.

잠깐의 생명 연장이 중요한 것이 아니라 죽어있던 영혼의 되살림, 잃어버렸던 영혼의 되찾음, 즉 본질적인 해결이 더 중요한 것입니다.

일시의 건강회복의 차원에만 매달리지 마시고, 이번 기회에 보다 근본적이고 본질적인 존재에 관하여 더 많은 관심을 기울이시기를 바랍니다.

죄의 삯은 사망입니다(롬 6:23). 따라서 죄를 짓지 않던가, 죄를 지었으면 반드시 심판을 받아야만 합니다. 그러나 죄는 안지을 수 없고(롬 3:10), 죄값은 받기 싫고 하는 것이 우리 솔직한 심정입니다.

따라서 누군가가 대신해서 죄값을 치러주지 않는 한, 실로 대책 없이 심판 받고 지옥으로 곤두박질쳐야 하는 것이 우리의 운명입니다.

하나님께서는 더 이상 좌시하실 수가 없으셨습니다. 그래서 하나밖에 없는 아들을 사람이 되게 하셨습니다. 인간은 인간인데 죄 없는 인간이 된 것입니다. 그래서 모든 인간들의 죄를 대신하여 대리적으로 죽어 주신 것입니다.

그리고 그것을 믿기만 하면 구원을 얻을 수 있는 특별조치를 허락하신 것입니다(요 3:16;5:24).

이제 "예수밖에는 구원을 얻을 만한 이름을 주신 적이 없다"는 말씀을 이해할 수 있겠습니까?

여러분!

예수를 믿기만 하면 예수의 피의 공로를 인정하고 받아들이기만 하면 우리 모두는 생애 최대의 과제(숙원)은 해결하는 것입니다.

구원을 진심으로 원하신다면 반드시 예수를 믿으시기 바랍니다.

왜냐하면 달리 대안이 없기 때문입니다.

기회를 놓치지 마라

(사 55:6-7)

인생은 만남의 연속입니다. 부모와의 만남으로부터 형제, 친구, 선생님, 배우자 등으로 이어지는 것이 우리의 인생입니다.

그런데 누구와의 만남이냐에 따라서 성공과 실패가 결정지어질 수가 있는 것입니다.

그렇다면 피조물인 우리와 하나님과의 만남이 이뤄진다면 이 얼마나 귀한 일이겠습니까?

그리고 대상 못지않게 만남의 기회를 잘 잡는 것이 중요합니다.

그렇다면 하나님과의 만남의 기회는 언제가 찬스가 되겠습니까?

가까이 계실 때입니다. 그러면 언제가 가까이 계실 때이겠습니까?

1. 성공했을 때입니다.

어려운 가운데 늘 하나님과 가까이 하던 이들도 일단 성공하면 하나님의 곁을 떠납니다.

그러나 성공의 기회를 하나님께서 주셔야 합니다. 따라서 나의 성공에는 지근거리에서 나를 인도하시고 기회를 주시던 하나님이 계시기 때문에 가능했던 것입니다.

성공했을 때 성공하도록 도우시며 가까이 계시는 하나님을 겸손과 감사의 마음으로 꼭 만나야 합니다.

2. 실패했을 때입니다.

세상 끝날까지 함께 하시는 하나님은 우리가 건강하게 행복하게 살아갈 때도 물론 함께 하십니다.

그러나 우리가 본의 아니게 고난 가운데 있고 실패하고 낙망하는 자리에 있을 때 더욱 가까이 하시는 분이십니다.

마치 우리의 자녀들이 건강하게 뛰놀 때는 그런가보다 하고 지켜보지만, 일단 몸이 아프다든지 고난 가운데 있을 때는 우리가 그의 옆자리를 떠나지 못하는 것과 마찬가지로 말입니다.

내가 곤고하고 외로울 때 나를 돕고 위로하기 위해서 가까이 서 계신 하나님을 꼭 만나시기를 바랍니다.

3. 죄가 생각날 때입니다.

이 세상에는 의인은 없습니다. 따라서 우리는 모두 죄인입니다. 그러나 우리가 항상 죄를 의식하며 사는 것은 아닙니다. 특별히 "죄에 대한 인식"은 성령님의 감동이 주어질 때입니다.

요한복음 14장 26절에서는 "우리의 죄가 생각나게 하신다"고 하셨습니다.

따라서 나에게 죄를 깨우치기 위해서 가까이에 계신 때가 하나님을 만날 절호의 찬스인 것입니다. 특별히 죄가 생각날 때 가까이 계신 하나님을 꼭 만나게 되시기 바랍니다.

여러분!

흔히 "인생을 성공했다"고 하는 이들이 가지는 공통점은 "다가오는 기회를 잘 잡았다"는 것입니다.

우리 역시 우리 자신의 인생을 성공적으로 장식하기 위해서는 창조주 하나님을 만나야 합니다.

곤고할 때, 삶에 지쳐있을 때 돕기 위하여 가까이 계시는 하나님을 만날 수 있습니다. 그리고 죄가 생각날 때 만날 수 있습니다. 왜냐하면 그때가 바로 우리의 죄를 책망하기 위해서 하나님이 우리 곁에 아주 가까이 계실 때이기 때문입니다.

다 내게로 오라

(마 11:28-30)

우리는 본의 아니게 많은 짐들을 지고 살아갑니다. 그런데 우리 주님은 이 모든 것들 다 가져오라고 하십니다.

어떤 것을 가지고 가야 할까요?

1. 불 필요한 짐입니다.

누가복음 12장 25절에서는 "너희중에 누가 염려함으로 그 키를 한 자나 더 할 수 있느냐?"고 하셨습니다. 키 작은 것은 쓸데없는 염려입니다. 하지 않아도 될 걱정입니다.

과거의 미련, 세상 밖에서 일어나는 일들은 괜히 사서 고생하는 것입니다. 이런 것들은 다 주님께 맡겨버리시기 바랍니다.

2. 불가항력적인 짐입니다.

우리가 지고 있는 짐 중에는 회피할 수 없이 본인이 감당해야 할 짐들이 있는 것입니다.

아니져도 될 짐은 덜어주십니다만 반드시 담당해야 하는데도 역부족인 짐은 대신 져주시는 것입니다.

짐중의 짐은 '죄의 짐'입니다. 로마서 6장 23절에서는 "죄의 삯은 사망이요"라고 하셨습니다. 따라서 인간에게 가장 무거운 짐은 죄의 짐, 죽음의 짐인 것입니다.

인간은 이 짐을 스스로 해결 할 수 없습니다. 주님이 져주셔야만 하는 것입니다. 바로 이것 때문에 오셨고, 주님은 바로 이것 때문에 우리를 부르고 계신 것입니다. 주님은 그 어떤 짐이라도 그 어느 누 구일지라도 다 오라고 부르십니다.

여러분!

부르실 때 나아가서 주님 안에서 참된 쉼을 경험하게 되는 여러분 이 되시기를 주님의 이름으로 축원합니다.

죽음에 대하여

(히 9:27)

우리들의 인생사에는 모두 메시지가 있습니다.
그렇다면 그토록 엄숙한 죽음에는 어떤 메시지가 있겠습니까?

1. 우리는 다 죽습니다.

사람에게 탄생이 있다면 반드시 죽음도 있는 것입니다. 죽음을 막을 자는 아무도 없습니다. 하나님이 정하셨기 때문입니다. 인간이 타락한 후 하나님이 정하신 것입니다. 그래서 아무도 피할 수 없는 것입니다.

그런 의미에서 인간의 탄생시의 고고한 울음은 죽음의 종착역을 향한 출발신호와도 같은 것입니다. 모든 인간은 다 죽습니다.

2. 그때는 아무도 모릅니다.

가끔 우리는 "오는 것은 순서가 있어도 가는 것은 순서가 없다"라는 말을 합니다.

그렇습니다. 형이 동생을 앞세우기도 하고, 심지어는 부모가 자식을 앞세우기도 하는 것입니다.

중앙병원 병원장을 역임하신 주정화 박사님은 출근 시 매일 같이 내의를 새로 갈아입고 집을 나선다고 하십니다. 왜 그러신가 여쭈어 보았더니 "언제 어디서 어떻게 죽을지 모르니 추한 모습 보이기가 싫어서…"라고 말씀하셨습니다. 수긍이 가는 말씀이었습니다.

사람은 한번은 죽기는 죽는데 그때는 아무도 모르는 것, 이것이 인생입니다.

3. 심판이 있습니다.

모든 일에 시작이 있으면 끝이 있습니다. 우리의 갈 길을 다 간 후에는 인생살이 전체에 대한 결산의 시간이 있는 것입니다.

로마서 3장 10절에서 "의인은 없나니 하나도 없으니"라고 하셨습니다. 두려운 일이 아닐 수 없습니다.

죄는 안 지을 수 없고 지은 죄에 대한 벌은 받기 싫은 것이 우리의 솔직한 심정입니다. 가끔 "죄값을 받으면 될 것이 아니냐" 하면서 반항하듯 대응하는 이들도 있습니다만 이것은 양심의 소리는 아닙니다. 본심의 소리도 아닌 것입니다.

죄는 안 지을 수 없고, 지은 죄값은 받기 싫은 것이 우리가 가지고 있는 딜레마입니다.

여러분!

그러나 여기에 복음 (GOOD NEWS)이 있습니다.

"내 말을 듣고 또 나 보내신 이를 믿는 자는 영생을 얻었고 심판에 이르지 아니하나니"(요 5:24)라고 약속하셨습니다.

예수를 믿어도 좀 진지하게 믿어서 심판과는 거리가 먼 영생의 삶을 살게 되시기를 주님의 이름으로 축원합니다.

성경의 요점정리
(요 3:16)

성경의 전체는 1189장으로 되어 있습니다. 엄청난 분량입니다. 이토록 두꺼운 성경이 말하고자 하는 핵심적인 메시지는 무엇일까요? 궁금한 일이 아닐 수 없습니다.

오늘 본문이 곧 핵심이요, 요절입니다. 그렇다면 어떤 내용으로 되어 있습니까?

1. 하나님은 사랑이십니다.

본문에서는 "하나님이 세상을 이처럼 사랑하사"라고 하셨습니다.

그렇습니다. 하나님은 사랑입니다. 요한일서 4장 8절에서는 "하나님은 사랑이심이라"고 했습니다. 그 이상은 어떻게 표현 할 수 없으신 분, 하나님 그분은 곧 사랑이십니다.

2. 그 사랑은 어떻게 확인할 수 있습니까?

본문에서는 "독생자를 주셨으니"라고 하셨습니다.

하나님의 사랑은 그의 하나밖에 없는 아들을 세상에 희생제물로 주신 것으로 입증하셨습니다. 유람이 아닙니다. 관광도 아닙니다. 처음부터 희생제물로 생각하고 이 세상에 보내신 그런 사랑입니다.

솔직히 우리로서는 경험도, 상상도 불가능한 그런 사랑입니다. 단 돈 만원에도 바들바들 떨면서 살아온 우리로서는 감히 상상도 할 수 없는 그런 사랑입니다. 우리는 그런 사랑을 받고 있는 것입니다.

3. 독생자를 보내신 목적은 무엇입니까?

본문에서는 "이는 저를 믿는 자마다 멸망치 않고 영생을 얻게 하려 하심이라"고 하셨습니다.

독생자를 희생하신 목적은 우리의 구원이었습니다. 그냥 두면 하나같이 멸망할 수밖에 없는 대책 없는 우리를 권하기 위해서 죄 없는 아들을 죄 있는 자를 대신해서 희생하신 것입니다.

4. 우리는 어떻게 해야 합니까?

본문에서 "저를 믿는 자마다"라고 하셨습니다.

믿어야 합니다. 아무리 튼튼한 교각을 세워 놓아도 사람들이 믿고 건너지 않으면 도강할 수 없습니다. 아무리 예수님의 희생이 있었다 해도 우리가 믿고 받아들이지 않으면 구원을 받을 수 없습니다.

희생하는 것이 예수님이 하신 일이라면 믿는 것은 우리의 해야 할 일입니다.

여러분!

아무리 많은 신학적 지식이 있다 해도 믿지 않으면 구원을 받을 수 없습니다. 그러나 비록 성경 전체를 다 해석할 만한 능력이 없다 해도 예수를 믿으면 멸망치 않고 구원을 얻을 수가 있는 것입니다.

예수를 구주로 꼭 믿으셔서 하나님 사랑에 반드시 응답하시는 모두가 되시기를 주님의 이름으로 축원합니다.

성경은 어떤 책인가?

(딤후 3:16-17)

모든 종교는 경전을 가지고 있습니다. 우리 기독교에는 성경이 있습니다.

성경의 목적은 무엇인가를 같이 생각하면서 은혜 나누는 시간이 되시기를 바랍니다.

1. 성경은 누구의 말씀입니까?

본문의 16절에서 "모든 성경은 하나님의 감동으로 된 것"이라고 하셨습니다. 성경은 하나님의 성령의 감동을 받은 사람들이 기록한 책입니다.

따라서 비록 사람의 글로 되어 있으나 이 책의 주인은 엄연히 하나님이신 것입니다. 따지자면 사람은 단지 대서소의 필사역할을 하는 것뿐입니다.

2. 성경의 내용은 무엇입니까?

본문의 16절에서 "교훈과 책망과 바르게 함으로 의로 교육하기에 유익하니"라고 하셨습니다.

온전하신 하나님의 사람으로 만드는 데는 여러 가지 과정이 요구됩니다.

인간 자연 그대로는 마치 고삐풀린 망아지와 같습니다. 그래서 바르게 하기 위해 때로는 교훈과 책망도 서슴지 않으시는 것입니다.

3. 성경의 목적은 무엇입니까?

본문 17절에서 "이는 하나님의 사람으로 온전케 하며"라고 하셨습니다.

우리로 온전한 하나님의 사람으로 만드는 것, 이것이 성경을 주신 목적입니다.

온전한 하나님의 사람은 곧 우리의 구원을 위한 것입니다. 우리는 죄로 인하여 하나님의 형상을 상실했습니다. 따라서 그 형상의 회복이 시급합니다. 성경은 이것을 1차적 목적으로 하고 있습니다.

뿐만 아니라 성경은 우리가 구원받는 자답게 사명감을 가지고 좀 반듯하게 살아가도록 하는 일에 2차적 목적을 두고 있는 것입니다.

여러분!

목적상 우리를 구원하시고 반듯하게 살아가도록 성경을 주신 하나님의 사랑에 다시 한번 감사하시면서 하나님의 말씀에 늘 순종하며 살아가시기를 주님의 이름으로 축원합니다.

하나님은 사랑이시다

(요일 4:8-9)

한 인격을 특징짓는 말을 '별명', '호칭'이라고 합니다.
그러면 하나님은 어떻게 약칭할 수 있겠습니까?
아마도 '사랑'이라는 말밖에는 달리 표현될 수 없을 것입니다.
그렇다면 하나님 사랑의 특징은 무엇입니까?

1. 관심입니다.

세상에는 많은 사람이 뒤섞여 살아가지만 과연 나에게 관심을 가지고 있는 사람은 몇 명이나 되겠습니까?

소위 '빌딩속의 고독'이라는 말처럼, 우리는 많은 사람들과 관계를 맺고, 영향을 서로 주고받으며 살고 있지만, 정작 나 자신은 관심의 대상에서 제외됩니다.

그러나 하나님은 우리를 "창세 전부터 예정하셨다"고 하셨습니다(엡 1:4).

얼마나 그 관심의 크기가 크면 '예정'까지 하셨겠습니까? 정말 지극하신 사랑이 아닐 수 없습니다.

2. 이해입니다.

고아의 아픔, 서러움은 자신을 진심으로 이해해주는 사람이 없다는 것입니다.

먹는 것, 입는 것은 고아원이 더 나을 수도 있습니다. 그러나 아플 때, 다쳤을 때 달려와서 같이 가슴 아파하고 울어 줄 수 있는 사람이 주변에 없다는 것입니다. 이것이 고아의 서러움입니다.

외로울 때, 고통 당할 때 바로 옆에서 나를 이해해주고 위로하시는 주님의 음성을 듣게 되시기를 바랍니다.

3. 동참입니다.

주님은 '함께 하시는 분'이십니다. "내가 세상 끝날까지 함께 하겠다"(마 28:20)고 굳게 약속하셨습니다.

하나님의 사랑은 이해 정도가 아니라, 아예 우리의 아픔의 현장에 동참하시는 사랑입니다.

이런 이야기가 있습니다. 어떤 사람이 물에 빠져서 허우적거리고 있었습니다.

공자는 혀를 차면서 "그래서 내가 무어라 했나? 물가에 가지 말라고 하지 않았나. 쯔쯔쯧…" 하더니 계속 가던 길을 갔습니다.

석가모니는 "자! 왼팔 저어라, 오른팔 저어라, 고개를 들고 숨을 쉬어야 한다. 숨막히면 죽는다. 발은 더 힘차게 뻗어야 한다" 라며 큰 소리로 외치기만 했습니다.

누가 그렇게 하는 걸 몰라서 못 하는 것이 아닌데 말입니다.

예수님이 오셨습니다. 주님은 아무 말씀을 않으셨습니다. 그대로 물에 뛰어들어서 그 사람을 건져 살려내셨습니다. 이것이 예수님 사랑의 특징입니다. 성육신의 의미가 바로 이것입니다.

물론 비유를 위하여 만든 말이겠지만 충분히 일리가 있는 말이라고 생각됩니다.

내 아픔에 동참하는 것, 그것이 하나님 사랑의 결정(結晶)입니다.

여러분!

본문 9절에서 "하나님의 사랑은 독생자를 세상에 보내심으로 나타내셨으며, 그 목적은 우리를 살려내기 위함"이라고 하셨습니다.

세상의 것은 다 내 곁을 떠난다고 해도 하나님의 사랑은 떠나지 않고, 내가 생애를 마치기까지 항상 함께 있다는 사실에 위로와 소망과 확신을 갖게 되시길 바랍니다.

죄에 대하여라 함은

(요 16:9)

천국에 대한 소망이 없는 사람은 없습니다. 그러나 원한다고 해서 다 들어갈 수 있는 것은 아닙니다. 막힌 것이 있기 때문입니다.

마치 부산을 가고 싶어도 산사태 등으로 인하여 막힌돌이 고속도로 상에 있으면 갈 수 없는 것처럼 말입니다.

그 막힌 것이 무엇일까요? 성경은 '죄'라고 하셨습니다.

그렇다면 무엇이 죄일까요? 이를 알기 위하여 죄의 종류들을 생각해 보겠습니다.

1. 도덕적인 죄가 있습니다.

우리가 사는 세상은 '질서'를 매우 중요시하고 있습니다.

가령 서로의 안전과 편안을 위하여 교통법규를 만들듯이 말입니다. 이것을 범하면 질서가 깨어지고 우리 사회 전체가 고통을 경험합니다. 그래서 사회적 제재를 가하기도 합니다.

이것을 '도덕적인 죄'라고 할 수 있을 것입니다.

2. 윤리적인 죄가 있습니다.

도덕적인 죄보다도 상위의 죄가 있습니다. 그것이 윤리적인 죄입니다.

윤리는 비록 명문화하지는 않았지만 사람이 사람으로서 마땅히 행해야 할 도리이기 때문에 내용면에서는 훨씬 강한 구속력을 지니는 것입니다.

가령 '파렴치한' 같은 사람이 있다고 하면, 법적인 제재 이전에 사회로부터 비난을 피할 수 없듯이 말입니다.

3. 종교적인 죄가 있습니다.

이것은 창조자에 대한 피조물의 도리에 관한 죄입니다.

본문 9절에서 "죄에 대하여라 함은 저희가 나를 믿지 아니함이요"라고 하였습니다. 하나님에 의하여 지음받은 피조물이면서도 감히 창조자를 인정하지 않으려는 것, 이것을 성경에서는 가장 큰 죄로 말하고 있습니다.

사람이 아무리 도덕적으로 성실하고, 윤리적으로 착하게 살았다고 해도, 그가 창조자 하나님을 상대화시키거나, 아예 믿지 않고 살아왔다면 그는 가장 큰 죄를 짓고 살아온 것입니다.

마치 직장생활 잘하고, 동네사람에게는 법 없이 살 수 있는 사람이라고 칭송을 받는 사람이라도, 그가 집에 돌아와서 아버지 어머니의 존재를 무시하고 사는 사람이라면 가장 큰 죄인 패륜아가 되는 것처럼 말입니다. 그는 법적 문제 이전에 이중적인 모습을 가진 가장 나쁜 사람입니다.

여러분!

하나님이 준비하신 천국 가는 길에 가장 큰 걸림돌은 바로 이 하나님을 믿지 않는 불신앙의 죄인 것입니다.

이것을 회개하여 하나님과 나 사이의 근본적으로 막힌 돌을 제거하시고, 하나님께서 예비하신 천국에 반드시 입성하게 되시기를 소원합니다.

천국과 지옥은 현장이다

(막 9:43-48)

많은 사람들이 천국을 좋은 의미로 이해하며 자주 화제로 삼기도 합니다. 그러나 천국이 실재하느냐에 대해서는 확신을 갖지 못하는 경우가 많이 있습니다. 혹자는 하나의 '희망사항' 혹은 '관념의 세계'로 치부해 버리기도 합니다.

그러나 여기에 예수님이 직접 하신 말씀을 통해서 우리는 천국과 지옥은 관념의 세계가 아닌 실재하는 현장임을 알 수 있습니다.

이와 관련하여 몇 가지 중요한 교훈을 얻을 수 있습니다.

1. 우리는 반드시 죽습니다.

오늘 주님은 우리의 죽음을 전제로 하고 말씀을 하고 계신 것입니다.

히브리서 9장 27절에서도 "사람이 한번 죽는 것은 정한 이치요"라고 하셨습니다.

우리 모두는 다 죽습니다. 하나님이 정하셨기 때문입니다.

2. 내세는 확실히 존재합니다.

주님은 지옥을 설명하시면서 거기엔 "꺼지지 않는 불"이 있다고 하셨습니다.

누가복음 16장 23절에서도 "음부", "불꽃 가운데"라는 말씀으로 지옥의 실상을 현실감있게 소개하고 있습니다. 천국과 지옥은 현장인 것입니다.

3. 내세는 지금보다 좋아야 합니다.

본문 48절에서 "거기는 구더기도 죽지 않고"라고 하셨습니다.

구더기는 발에 밟히기만 하여도 죽을 수밖에 없는 약하디 약한 미물입니다. 그 미물도 죽지 않는 곳, 즉 내세의 천국과 지옥은 영원한 세계인 것입니다.

우리가 비록 이 세상에서 이렇게 살았다 손 치더라도 다가오는 내세에는 정말 잘 살아야 하고, 어떻게 해서든지 지금보다 정말 좋은 조건에서 살아야 합니다. 왜냐하면 그 시간이 영원하기 때문입니다.

4. 그 운명은 이 땅에 있을 때 결정됩니다.

본문 43절에서 "네 손이 범죄케 하거든 찍어 버리라"고 하셨습니다.

그 이유는 손없이 천국가는 것이 두 손 가지고 지옥 가는 것보다 낫기 때문이라고 분명히 말씀하셨습니다.

이 땅에서의 우리의 손놀림, 발놀림, 눈놀림이 내세에 얼마나 큰 영향을 끼치는가를 알 수 있는 것입니다.

여러분!

우리는 누가복음 16장에서 지옥에 떨어진 어떤 부자의 절규를 들으면서 천국 가는 길에는 차선이 없음을 보게 됩니다.

천국과 지옥은 현장입니다.

솔직히 말해 공부하기 좋아서 공부하는 학생은 없습니다. 아무리 힘들고 어려워도 10-20년 고생하면 여생을 그 혜택 속에서 살 수 있음을 믿기 때문에 참고 노력하는 것이 아닐까요?

만약 영원한 내세의 행복을 진심으로 의식한다면, 우리 역시 이 세상에 있을 때 천국 입성에 부끄럼이 없도록 좀더 책임 있는 생애를 살아야 하겠습니다.

긴급조치

(요 5:24)

　박정희 정부 당시에 '긴급조치'라는 것이 있었습니다. 헌법상 보장된 모든 권리도 '긴급조치'에 해당이 되면 국가이익 우선이라는 명분하에 일단 제재를 받아야만 했습니다.

　당시에는 특별한 목적하에 수립된 '무소불위의 최상위의 법'이었습니다.

　우리 하나님께도 이러한 '조치법'이 하나 있습니다. 그것이 오늘 본문의 "내 말을 듣고 또 나 보내신 이를 믿는 자는 영생을 얻었고 심판에 이르지 아니하나니"라는 말씀입니다.

　로마서 6장 23절에는 "죄의 삯은 사망이다"라고 하셨습니다.

　그리고 로마서 3장 10절에서는 "의인은 없나니 하나도 없다"고 하셨습니다.

　따라서 죄인으로 태어나서 죄를 지으며 살아야 하는 저와 여러분 모두는 다 죄의 결과에 대하여 책임을 져야만 했습니다. 그것이 곧 심판입니다(히 9:27). 여기에 그 어느 누구도 예외가 없는 것입니다.

　원래 우리는 하나님의 특별하신 계획 속에 하나님의 형상을 입고 태어난 하나님의 총애의 대상이었습니다.

　그러나 인류의 조상 아담으로부터 시작된 "죄"로 인하여 총애의 대상이 아닌 원수지간이 되고야 말았습니다(롬 5:10).

그런데 흔히 자식 이기는 부모는 없다는 말이 있습니다. 자식을 둔 부모의 입장에서는 이 말을 다 이해하시리라 믿습니다.

사랑의 하나님 입장에서는 모든 사람들이 하나같이 심판을 받아야 한다는 것을 더 이상 지켜보실 수 없으셨습니다. 그래서 급히 긴급조치를 마련하셨습니다. 그것이 곧 본문의 조치인 것입니다.

즉 "예수를 믿으면 심판을 면케 해주겠다"는 것입니다.

요한복은 3장 16절에서도 "하나님이 세상을 이처럼 사랑하사 독생자를 주셨으니 이는 저를 믿는 자마다 멸망치 않고 영생을 얻게 하려 하심이라"고 하셨습니다.

여러분!

예수님은 우리의 유일하신 구세주이십니다(행 4:12).

긴급조치로 오신 예수님을 자신의 구주로 꼭 영접하시어서 하나님이 베푸시는 시혜(施惠) 구원의 축복을 반드시 받아 누리게 되시기를 주님의 이름으로 축원합니다.

천국 입성의 성공비결

(히 11:13-16)

지금 이 세상에 호흡하며 살고 있는 사람들은 결국에는 천국입성이냐, 아니면 지옥으로 떨어지느냐로 크게 갈라지는 운명을 맞게 될 것입니다.

본문 16절에서 하나님께서는 천국을 가리켜 "저희를 위하여 한 성을 예비하셨다"고 하였습니다.

그렇다면 어떤 사람들이 그 천국에 들어갈 수 있겠습니까?

본문은 그 성에 무사히 입성한 사람들에 대한 이야기입니다.

1. 목표의식이 확고했습니다.

본문 15-16절에서 "저희가 나온 바 본향을 생각하였더면 돌아갈 기회가 있었으려니와 저희가 이제 더 나은 본향을 사모하니라"고 하셨습니다.

믿음의 선배들이 보여준 교훈은 "더 나은 본향", 즉 "천국에 대한 목표의식"이 너무도 확고했다는 것입니다.

마음만 먹으면 쾌락과 죄로 오염된 세상 삶을 다시 시작할 수 있었겠지만 그들의 관심은 세상 쾌락에 대한 미련이 아니라 천국 입성으로 집중되어 있었던 것입니다.

오늘 저와 여러분의 관심은 무엇입니까?

2. 나그네처럼 살았습니다.

본문 13절에서 "또 땅에서는 외국인과 나그네로라 증거하였으니라"
고 하셨습니다.

그들은 이 세상에 크게 의미를 부여하지 않았습니다. 이 세상은 잠
시 지나가는 여행길 과정으로 이해했습니다. 나그네는 길에서 일어나
는 일에 크게 비중을 주지 않습니다. 즐거운 일이 있으면 그럴 수도
있는 것으로, 슬픈 일들 앞에서도 당연히 그럴 수 있는 것으로 이해
합니다. 울고불고 끝장내는 것처럼 그렇게 맞지를 않았습니다.

나그네는 길에서 얻은 재물, 명예 등에 집착하지 않습니다. 어떤
때는 오히려 짐스러워 하기까지 합니다. 왜냐하면 갈 길이 바쁘기 때
문입니다.

3. 끝까지 믿음을 지켰습니다.

본문 13절에서 "이 사람들은 다 믿음을 따라 죽었으며"라고 하셨습
니다.

그들은 죽는 순간까지 믿음을 지켰습니다.

로마서 1장 17절에서는 "의인은 믿음으로 말미암아 살리라"고 하셨
습니다.

그 믿음이 나를 살리는 것입니다. 유혹이 있어도, 혹은 핍박이 있
어도 믿음의 생명의 밧줄을 놓치지 않았습니다. 그들은 끝까지 믿음
을 지켰습니다.

여러분!

이상의 세 조건은 천국 입성의 필수 조건입니다. 어느 하나도 빠뜨
릴 수 없는 중요한 요소들인 것입니다.

우리 모두는 그날에 천국 입성이냐, 지옥 추락이냐로 크게 갈라지

게 될 것입니다.

　기왕이면 목표의식을 분명히 하고 나그네처럼 사시되, 끝까지 그렇게 사시다가 하나님이 예비해 놓으신 천국 입성에 꼭 성공하시기를 주님의 이름으로 축원합니다.

다른 대안이 없다

(행 4:12)

사람들의 살아가는 모습들은 다 달라도 궁극적이며 본질적인 관심
은 구원입니다.

모든 종교의 관심사 역시 구원입니다. 미신, 무당은 기복적인 데
비하여 종교는 구원을 노래합니다.

그런데 종교마다 구원을 얻는 방법에는 많은 차이가 있습니다. 그
렇다면 어떤 종교가 참 구원의 종교이겠습니까?

1. 유교를 보겠습니다

공자의 제자가 물었습니다 "우리의 사후는 어떻게 되겠습니까?"

공자는 "이 세상일도 제대로 모르는데 저 세상일을 어떻게 아느냐?"
라고 대답했다고 합니다.

양심적인 말씀이라고 생각됩니다.

2. 불교를 보겠습니다

불교에서는 소위 윤회설에 근거하여 죽으면 개, 소, 돼지 등 미물
로 새롭게 태어난다는 주장이 있습니다. 황당한 이야기가 아닐 수 없
습니다. 하나님이 존귀하게 우리를 지으셨는데 짐승으로 태어난다

니… 자존심이 상한 이야기입니다.

3. 기독교를 보겠습니다.

기독교에서는 인간 존재 자체가 다른 존재들과 다른 것을 전제합니다. 모든 존재의 시작이 기록된 성경 창세기를 보면 하나님께서는 사람을 흙으로 지으신 후 코에 생기를 불어 넣으셔서 생령이 되게 하셨습니다. 그래서 모든 인간은 영적 존재인 것입니다.

따라서 본질적으로 동물과 사람과는 존재 자체가 다른 것입니다.

원숭이가 아무리 똑똑해도 제사 지내는 것을 본 적이 있습니까? 반대로 아무리 미개한 족속이라도 돌단을 쌓습니다. 특히 어려운일을 당할 때는 각종 제사행위를 하는 것을 보게 됩니다. 이 모든 행위는 죄로 인하여 불완전해진 영적 존재의 갈증인 것입니다.

이것이 인간만이 영적 존재인 것을 깨닫게 해주는 가장 중요한 차이점입니다.

그렇다면 인간의 구원은 무엇을 의미합니까? 영이신 하나님과 관계의 회복입니다. 죄로 인하여 서로 등을 돌리게 된 관계가 다시 회복되는 것이 구원입니다. 본문에서는 "다른 이로서는 구원을 얻을 수 없나니 천하 인간에 구원을 얻을 만한 다른 이름을 우리에게 주신 일이 없다"라고 하셨습니다.

따라서 구원은 반드시 예수님을 통해서만 가능합니다.

그 이유는 무엇입니까? 이는 나를 위해서 화목제물이 되어 죽어주신 이가 예수밖에는 없기 때문입니다.

여러분!

구원을 얻을 만한 다른 대안이 없습니다. 오직 우리를 대신하여 죄값을 치러주신 예수 그리스도만이 구원의 열쇠입니다.

예수를 믿음으로 영원히 멸망치 않는 영생을 소유하시는 여러분이 되시기를 주님의 이름으로 축원합니다.

나중에 웃자

(시 126:5-6)

농부가 가을에 풍성한 수확 앞에 웃으려면 봄에 많은 눈물을 흘려 두어야 할 것입니다.

인생의 노년에 편안함 속에서 웃으려면 젊은 시절에 많은 눈물을 흘려 두어야 할 것입니다.

마찬가지 원리로, 영원한 내세에 평안의 웃음을 웃으려면 지금 이 땅에 있을 때에 많은 눈물을 흘려두어야 할 것입니다.

그렇다면 이 땅에서 우리가 흘려야 할 눈물은 어떤 것이 있습니까?

1. 회개의 눈물입니다.

하나님 나라에 들어가는 길의 최대의 걸림은 죄입니다. 이 죄 때문에 우리의 삶에 저주가 왔고, 이 죄 때문에 죽음이 왔고, 이 죄 때문에 심판이 오는 것입니다.

따라서 우리는 어떻게 해서든지 이 죄를 제거해야 합니다.

이 제거 과정이 무엇입니까? 회개입니다. 그리고 진정한 회개에는 자연히 눈물이 따르는 것입니다.

왜냐하면 회개하고, 같은 죄 또 짓고, 다시 회개하고는 또 같은 죄를 짓는 것이 인간이기에 진정한 회개에는 비통의 눈물이 안 나올 수가 없는 것입니다.

2. 용서의 눈물입니다

우리가 겪는 고통 중 고통은 '미움'입니다. 하나님께서는 우리가 남을 용서하지 않으면 우리의 죄도 용서하지 않겠다고 하셨습니다. 내 감정으로는 도저히 용서 못할 사람이 있습니다. 용서 못할 사람을 용서하는 것은 결코 쉬운 일이 아닙니다. 여기에는 십자가를 지는 듯한 고통의 많은 눈물이 따르게 되어 있는 것입니다.

3. 감사의 눈물입니다.

바울은 "나의 된 것은 하나님의 은혜다"라고 고백을 하였습니다. 대단히 정직한 사람이었습니다.

우리도 좀더 정직해지면 이런 고백을 드리지 않을 수 없는 것입니다.

이 시대의 석학이며 과학기술처장관을 지내신 정근모 박사는 그의 가정에 닥친 불행 앞에서 "도대체 과학이 우리에게 한 일이 무엇인가?"라고 물었다고 합니다.

과학이 우리를 붙들고 있는 것이 아닙니다. 돈이 우리를 붙들고 있는 것도 아닙니다.

하나님이 우리를 붙들어 주지 아니하시면 과거도 존재할 수 없었고, 지금도 존재하지도 못할 것입니다. 이를 안다면 비록 이렇게 어려운중에서도 감사할 수 있기를 바랍니다.

여러분!

하늘에는 3가지 액체가 담긴 병이 있다고 합니다.

하나는 땀이 담긴 병입니다. 얼마나 성실하였나를 보시겠다는 것입니다.

두 번째는 피가 담긴 병입니다. 얼마나 충성하였는가 보시겠다는 것입니다.

  그리고 세 번째는 눈물이 담긴 병입니다. 과연 얼마나 많이 회개하였는가, 얼마나 남을 용서하였는가, 얼마나 감사하며 살아왔는가를 보시겠다는 의미일 것입니다.

  될 수 있는 한 많은 눈물을 흘리므로 내세에 결코 소멸되는 않는 웃음을 크게 웃으실 수 있게 되기를 주님의 이름으로 축원합니다.

노고(勞苦)를 주신 이유

(전 3:10-11)

　　모든 사람들이 끊임없이 계속되는 질문이 있다면, "우리의 삶이 왜 이렇게 고달픈가?"하는 것입니다.
　　본문에서 우리는 그 답을 찾아 볼 수가 있습니다.
　　우리에게 노고를 주시는 이유는 무엇일까요?

1. 교만하지 못하게 하심입니다.

　　본문 11절에서 "하나님이 하시는 일의 시종을 사람으로 측량할 수 없게 하셨도다"라고 하셨습니다.
　　인간들이 가지고 있는 최대의 약점은 '교만'입니다. 이것은 인류 조상으로부터 물려받은 아주 나쁜 유산입니다. 아담은 자기를 지으신 하나님과 같아질 수 있다는 사탄의 유혹에 이것저것 따질 것 없이 눈 딱 감고 선악과를 따먹었습니다.
　　교만은 마치 목욕탕에 가서 내의 벗는 것과 같다고 하신 분이 있습니다. 우스갯소리 같지만 일리가 있습니다. 목욕탕에 가면 겉옷부터 벗고, 넥타이 풀고, 내의는 제일 나중에 벗는 것처럼, 교만의 죄도 제일 나중에 회개하게 된다는 것입니다.
　　반대로 목욕을 마치면 제일 먼저 내의부터 입게 되는데, 우리가 하나님께 온갖 죄를 다 회개하였다 해도 제일 먼저 짓게 되는 죄가 역시 '교만'의 죄라고 하는 것입니다.

하나님께서 시도 때도 없이 노고를 주사 애쓰게 하시는 이유는 패망에 이르는 본질적인 죄, 즉 교만하지 못하게 하심에 있는 것입니다.

2. 영원을 사모하게 하심입니다.

본문 11절에서 "또 사람에게 영원을 사모하는 마음을 주셨느니라"고 하셨습니다.

인간들이 경험하는 노고는 하나님께서 '마음먹고 하시는 기획사업'임을 알았습니다. 따라서 우리가 이 세상을 사는 동안은 이 노고를 본질적으로 피할 길은 없습니다. 이것을 아는 사람들은 어떻게 하게 될까요? 영원을 사모하게 되는 것입니다.

사업에 성공하고, 가정에 매일같이 웃음꽃을 피우고, 건강하고 부족함이 없는 사람이 진짜 예수를 잘 믿는다면 이는 기적입니다. 우리가 신앙을 갖게 되는 것은 너나 할 것 없이 어떤 의미에서든지 간에 문제가 있기 때문에 갖게 되는 것입니다.

하나님께서 우리에게 노고를 주신 것은 있다가도 사라져 버리는 부질없는 세상것에 연연하지 말고 "영원을 사모하라"는 뜻이 그 안에 있는 것입니다.

여러분!

어려움 속에서도 메시지는 있습니다. 이것을 모르면 허구한 날을 불평, 불만, 원망으로 지새우기가 쉽습니다. 그래서는 본질적인 해답을 얻을 수 없습니다.

하나님이 노고를 주신 이유는 패망의 원인이 되는 교만의 죄를 범하지 않게 하고, 영원을 사모하게 하려 하심에 그 근본적인 목적이 있는 것입니다. 이것을 이해하시고 좀더 본질적인 해답에 접근하게 되시기를 주님의 이름으로 축원합니다.

합력합시다

(막 2:1-5)

인생 최대의 과제는 구원입니다. 이 구원은 철저히 개인의 믿음에 근거합니다. 그런데 이 개인의 믿음을 갖기까지에는 주변 여러 사람들의 적극적인 도움이 필요합니다.

본문의 한 사례는 가까이 있는 이웃의 도움이 얼마나 절실히 필요한가를 일깨워 줍니다.

평상시 예수님 주변에는 많은 사람들이 운집하곤 하였습니다. 그래서 조금만 늦어도 예수님께 접근하기가 쉽지 않았습니다.

한 중풍병자가 주님께 나아갔지만 이미 먼저 온 사람들로 인하여 가까이 할 수가 없었습니다.

이에 함께 한 친구들은 아예 예수님 계신 집 지붕을 뚫고, 그 안으로 병자 친구를 들여보내었고, 이를 지켜본 주님은 저희의 믿음을 보시고 죄사함을 선포하시는 것에까지 이르는 것을 봅니다.

여기서 우리는 본문을 통하여 몇가지 교훈을 얻을 수 있습니다.

1. 구원에는 믿음이 필수입니다.

본문 5절에서 "예수께서 저희의 믿음을 보시고"라고 하셨습니다.

주님이 보신 것은 믿음이었습니다.

로마서 1장 1절에서 "의인은 믿음으로 말미암아 살리라"고 하셨습니다. 우리가 구원을 얻는 데는 돈이 필요한 것도 아니고 명예나 지위가 필요한 것도 아닙니다. 우리에게 정작 요구되는 것은 오직 믿음입니다. 주님은 바로 이 믿음을 보셨습니다.

2. 믿음에는 돕는 이들이 필요합니다.

본문 5절에서 "저희의 믿음을 보시고"라고 하셨습니다.

여기서 "저희의"는 본인을 포함한 친구들의 믿음입니다.

구원은 하나님과의 일대일의 관계에서 이루어집니다만 이 과정에 이르기까지에는 주변 사람들의 많은 관심과 사랑과 협조가 필요한 것입니다.

마찬가지로 환우 한 사람이 믿음생활하는 데는 이곳에 함께 계신 가족들, 봉사자 여러분들의 적극적인 도움, 협조가 절대적으로 요구되는 것입니다. 왜냐하면 주님이 보시는 것은 본인뿐 아니라 우리 모두의 믿음도 함께 보시기 때문입니다.

여러분!

이토록 어려운 가운데 있는 이들 앞에서 이런저런 관계로 함께 해주심에 깊이 감사를 드립니다.

그러나 기왕이면 지켜보는 방관자로 지내지 말고 보다 적극적인 협력 조력자들이 되시어서 본인이 하나님의 은혜를 꼭 경험할 수 있도록 적극적으로 도와주시기를 주님의 이름으로 부탁드립니다.

위기 대처방법

(애 3:25-26)

지도자의 자질은 위기관리 능력이 있는가를 보고 판가름할 수 있습니다.

위기를 맞이할 때 대처하는 능력은 사람에 따라서 다릅니다.

몇 가지 종류를 알아보고 가장 바람직한 방법이 무엇인가를 생각해보는 시간이 되시기를 바랍니다.

1. 자포자기합니다.

소위 "될 대로 되라"는 식입니다.

자신의 한계를 절감하는 것까지는 좋은데 문제를 해결하려는 의욕마저 상실해서는 안 되는 것입니다.

2. 원망합니다.

이스라엘 사람들이 광야생활에서 보여준 태도입니다. 툭하면 모세를 원망하고, 툭하면 하나님을 원망하는 버릇이 그들에게는 있었습니다.

이 못된 버릇은 인류 조상 아담에서부터 물려받은 바람직하지 못한 악습입니다.

선악과를 자기가 따먹고는 아내를 원망하고, 거슬러 올라가서는 아내를 주신 하나님을 원망하던 바로 그 버릇입니다. 혹 우리 가운데 이렇게 고난을 당하는 일과 관련하여 가족, 친지, 혹은 하나님께 대하여 원망하는 마음을 갖고 계신 분이 계십니까?

그렇다면 그 마음을 버리시기 바랍니다. 왜냐하면 그런 식으로는 절대로 근본적인 해답을 얻을 수가 없기 때문입니다.

3. 구원을 기다립니다.

본문 26절에서 "사람이 여호와의 구원을 바라고 잠잠히 기다림이 좋도다"라고 하셨습니다.

길가의 풀 한 포기, 돌뿌리 하나도 하나님이 허락하지 않으시면 그곳에 있을 수가 없습니다.

그렇다면 하나님의 형상을 닮은 사람의 삶에 그 어떤 중요한 일이 일어났다면 그것을 하나님이 모르실 리가 없는 것입니다. 그 원인이 어떻게 되었든 간에 속단은 금물입니다. 이를 알고 계신 전능하신 하나님께만 구원의 길이 있는 것입니다.

모세에 의해서 애굽에서 구출되었던 이스라엘 앞에 홍해가 가로놓여 있었습니다. 뒤로 보니 이를 갈며 달려오는 애굽 군사가 있었습니다. 그야말로 진퇴양난(進退兩難)이었습니다.

이때 모세는 그 유명한 말을 남깁니다. "너희는 두려워 말고 가만히 서서 여호와께서 오늘날 너희를 위하여 행하시는 구원을 보라"(출 14:13).

하나님께서는 저와 여러분이 살아가면서 겪고 있는 삶의 고통의 원인을 너무나 잘 알고 계십니다. 그렇기 때문에 그 해결방법도 잘 알고 계신 것입니다. 아예 자포자기하거나 경거망동하며 원망하지 말고, 처음부터 모든 것을 알고 계신 하나님의 구원을 기다리시는 저와 여러분이 다 되시기를 주님의 이름으로 축원합니다.

핑계치 말라

(롬 1:18-23)

"아는 것이 힘이다"라는 말이 있습니다. 그렇습니다. 무식하면 정말 살아가기가 힘이 듭니다.

그래서 고등학생은 대학생을, 대학생은 그 위의 수준의 지식을 얻으려고 애를 씁니다. 알면 그만큼 힘이 강해지기 때문입니다.

이런 의미에서 아예 지식과 지혜의 하나님을 알게 된다면 그 얼마나 큰 힘을 얻게 되겠습니까?

어떻게 하면 하나님을 알 수 있을까요?

1. 성경말씀을 통해 알 수 있습니다.

창세기 1장 1절에는 "태초에 하나님이 천지를 창조하시니라"고 하셨습니다.

하나님의 이름은 '여호와'입니다. 그 뜻은 "나는 스스로 있는 자" 입니다. 이 만물은 바로 그 스스로 계신 자에 의해서 지음 받은 것입니다.

하나님 외에는 이렇게 많은 만물들 가운데서도 "내가 주인이요"라고 나서는 자가 과거에도 없었고, 현재에도 없고 앞으로도 없을 것입니다.

이것은 스스로 계신 자만이 감히 하실 수 있는 말씀인 것입니다.

많은 지식인들이 바로 그 두꺼운 성경 맨 첫장에 기록된 "하나님이 창조하셨다"는 말씀에 무릎을 꿇고 신앙을 갖게 되었음을 고백하고 있습니다.

2. 만물을 통해 알 수 있습니다.

본문 20절에서 "창세로부터 그의 보이지 아니하는 것들과 그의 영원하신 능력과 신성이 그 만드신 만물에 분명히 보여 알게 되나니"라고 하셨습니다.

만물이 과거에 하나님에 의해서 지음받았다는 사실뿐 아니라 현재에도 그 전능하신 능력과 지혜로 지으신 만물을 친히 다스리고 계신 것입니다.

정확한 계절의 변화 등을 포함한 자연법칙, 역사 등은 절대자로서의 하나님이 엄존하고 계심을 거부할 수 없게 만들고 있습니다.

3. 양심을 통해 알 수 있습니다.

본문 19절에서 "이는 하나님을 알 만한 것이 저희 속에 보임이라"고 하셨습니다.

우리가 태어날 때부터 하나님께로부터 공평하게 받은 은사가 있습니다. 그것은 양심입니다.

이 양심은 특히 선악을 구분하는 하나님의 뜻을 알게 하는 기능이 있습니다.

누가 뭐라고 해도 내 양심을 속일 수가 없습니다. 노련한 수사관들은 사람의 눈동자만 들여다 보아도 그의 마음을 읽을 수 있다고 합니다.

평상시에 큰 소리를 마주치던 사람도 고난을 당하면 겸손해집니다. 때로는 두려워도 합니다. 양심을 통해서 말씀하시는 하나님의 음성을 듣기 때문입니다.

여러분!

본문 20절 후반부에는 "핑계치 못할찌니라"고 하셨습니다.

우리는 이상의 몇 가지 근거를 통하여 하나님을 얼마든지 알 수 있는 것입니다.

그럼에도 불구하고 많은 사람들이 하나님을 알되 하나님으로 영화롭게 아니하며 감사치도 아니할 뿐 아니라 오히려 우상숭배의 죄를 범하고 있음을 하나님께서는 개탄하고 계신 것입니다.

따라서 죄중의 가장 큰 죄는 피조물이면서도 창조자를 인정하지 않으려는 죄입니다. 그 죄가 가장 큰 죄입니다. 우리가 하나님 앞에서 회개하여야 할 가장 큰 죄는 바로 이 불신(不信)의 죄(罪)인 것입니다.

지금까지 이 불신의 죄를 가지고 있다면 회개를 통하여 하나님과의 관계를 회복하게 되시기를 주님의 이름으로 축원합니다.

성공 인생

(눅 16:19-31)

현대 자본주의가 남긴 도그마(Dogma)는 "무엇이든지 많이 가지고 높이 올라가야만이 성공한 것이다"라는 것입니다.

우리는 가끔 이런 물량주의 사고를 하나님과의 관계(영적)에서도 적용하는 어리석음을 보게 됩니다.

그러나 진정한 성공은 물량주의가 아닙니다. 그것은 바로 '관계의 균형'에 있는 것입니다. 흔히 나중에 웃는자가 진정 승리자라는 말이 있습니다.

본문의 부자는 실패한 인생이었습니다. 그는 지옥행이었기 때문입니다. 한 부자의 불행을 분석해 보면서 지금 "나는 과연 성공자로서의 자리매김을 하고 있는가?" 점검해 보시기를 바랍니다.

1. 영육 간의 균형이 깨졌기 때문입니다.

본문 19절에서 "한 부자가 있어 자색옷과 고운 베옷을 입고 날마다 호화로이 연락하는데"라고 하였습니다.

그는 정말 부자였던 것 같습니다. 자색옷은 귀족의 권위를 상징하는 옷입니다. 그는 귀한 신분에 어울리게 날마다 호화로운 잔치를 벌이며 육신의 쾌락을 과시하였습니다.

지금 우리는 그가 부자가 된 것을 문제 삼는 것이 아닙니다. 단지 육체만 위한다는 것이 문제입니다. 우리는 육체만 있는 것이 아닌 영적 존재입니다. 따라서 육을 위하는 만큼 영혼에도 균형을 잃지 않도록 노력을 해야 하는 것입니다. 우리는 그에게서 예배드리는 모습이나 기도 드리는 모습 같은 영적 활동은 찾아볼래야 찾아볼 수가 없습니다.

2. 현세와 내세의 균형이 깨졌기 때문입니다.

우리와 불신자 사이에는 삶의 과정에 대한 이해면에서 많은 차이를 가지고 있습니다.

가령 '죽음'의 문제만 해도 그렇습니다. 불신자의 경우 죽음은 모든 것의 끝장이다라는 생각을 합니다. 그래서 '영결'이라는 용어를 씁니다. 우리 기독교의 경우는 '석별'이라는 용어를 씁니다.

군대 가는 아들을 보내는 부모의 눈에는 눈물이 서립니다. 그러나 이는 절망때문이 아니라 잠시 헤어짐에 대한 섭섭함입니다. 3년 후가 되면 아주 건강한 대한 남아로서 다시 태어남을 기대하면서 보내는 일시적 아쉬움입니다.

우리에게는 내세가 있습니다. 모르고 있거나 거부하거나 부정한다고 해서 있는 것이 없어지는 것은 아닙니다.

따라서 이 땅에 살면서 우리는 그 내세를 의식하며 살아가야 합니다. 아니 그 내세를 준비하며 살아야 하는 것입니다.

이런 면에서 우리는 그에게서 내세를 의식하는 그 어떤 행동도 발견할 수가 없는 것입니다.

의식하지 않거나 준비하지 않는 자의 미래는 없는 것입니다. 그의 불행의 결정적 원인입니다.

그런데 여기에서 주목할 말씀이 있습니다.

이 부자가 지옥을 가게 된 것은 단지 부자이기 때문이 아니라는 것입니다. 반대로 거지 나사로가 천국에 가게 된 것이 단지 가난했기 때문이 아니라는 점입니다.

부자는 그 부요 때문에 현세에 도취되어 아예 내세를 생각하질 않았기 때문이고, 반면에 거지 나사로는 구조적, 현실적으로 겪는 이 세상의 한계를 뼈저리게 절감하고 그때마다 눈물도 고통도 외로움도 없는 내세를 더욱 열심히 사모하여 왔기 때문이었다는 점입니다.

심각하게 주목할 대목입니다. 다시 말해서 거지 나사로가 그렇게 고통하면서도 현실적 고통만 생각하고 신세한탄만하고 전혀 내세를 사모하지 않았더라면 오늘의 이야기는 달라졌을 것이라는 것입니다.

찬송가 503장 2절에 보면 "큰 물결 일어나 나 쉬지 못하나 이 풍랑 인연하여서 더 빨리 갑니다"라는 가사가 있습니다.

이 인생의 풍랑 때문에 더 빨리 가는 기회가 될 수 있다는 말씀에서 지혜를 얻게 되시기를 바랍니다.

고통 때문에 기도 한 번이라도 더 하고, 외로움 때문에 찬송 한 번 더 하는 것이 내세를 가장 착실히 준비하는 방법이 될 것입니다.

여러분! 예수님의 설교에는 비유의 말씀이 있고 사실에 입각한 예화가 있습니다.

"들에 핀 백합화를 보라"는 말씀은 비유이고, 본문의 경우와 같은 사람이 이름이 직접 거론되는 것은 예화입니다.

거지는 그의 이름이 '나사로'라고 했습니다: 천국 장부에 등록되어 있다는 것입니다. 그러나 부자는 어디까지나 '한 부자'였습니다. 하나님 나라 주민등록부에는 그 이름이 없기 때문입니다.

천국과 지옥은 실재합니다. 그리고 그 자격은 이 땅에 있을 때 그 곳을 얼마나 사모해 왔는가와 아주 밀접한 관계가 있음을 생각하심으로써 이 고통 가운데에서도 그 나라를 열심히 사모하시어 하나님나라에 무사히 입성하는 가장 성공적인 인생을 살게 되시기를 주님의 이름으로 축원합니다.

성경을 주신 목적

(요 20:31)

어떤 대학교수가 자신이 술 한 잔만 먹으면 담배 한 대 피워물고 구약 성경중에서 "욥기"를 자주 읽는다고 하는 소리를 들은 적이 있습니다. 그리고는 "어쩌면 그렇게 흥미가 있는지 모르겠다"는 것입니다.

흥미도 있을 것입니다. 우리의 살아가는 모습을 욥이라는 한 사람을 통하여, 여러 각도로 비추기도 하고, 지적도 하면서 교훈하는 말씀이기 때문입니다.

그러나 성경은 흥미꺼리로 주신 것이 아닙니다. 기분 좋으라고 주신 책은 더더욱 아닙니다.

1. 이 책의 목적은 무엇입니까?

생명입니다

본문의 시작은 "오직 이것을 기록함은"이라고 하셨고, 끝은 " 그 이름을 힘입어 생명을 얻게 하려 함이라"고 하셨습니다.

바로 죄로 인하여 죽어 있던(엡 2:1) 저와 여러분의 영혼이 다시 "생명을 얻게 하심"에 있는 것입니다.

궁극적 목적이 "생명, 구원, 영생"에 있는 책이라는 말씀입니다.

2. 어떻게 해야 생명을 얻을 수 있습니까?

믿어야 합니다. 본문에서 "너희로 믿고"라고 하셨습니다.

로마서 1장 17절에서는 "의인은 믿음으로 말미암아 살리라"고 하셨습니다. 우리는 믿어야 합니다.

땀 흘려서 얻는 것이 아니라 믿어야 생명을 얻을 수 있습니다.

3. 무엇을 믿어야 합니까?

본문에서 "예수께서 하나님의 아들 그리스도이심을 믿게 하려…"라고 하셨습니다.

예수께서 저와 여러분을 죄에서 구원하시기 위해서 희생제물로 오셨고, 그것이 가능한 것은 우리와 똑같은 인간이시되, 반드시 죄는 없어야 하는 하나님의 아들이어야만 했던 사실을 알고 믿을 때 가능하게 되는 것입니다.

여러분!

어떤 일을 할 때 처음부터 목적을 명확히 하고 시작하면 그만큼 일이 수월하고, 그만큼 목표달성이 빠를 수 있습니다. 우리의 예배, 찬송, 기도 등의 모든 신앙행위는 성경에 근거하고 있습니다. 그 성경은 우리의 "구원"을 목적에 두고 있음을 분명히 아시고 다같이 성경의 목적대로 생명을 얻는 축복을 누리게 되시기를 주님의 이름으로 축원합니다.

오직 예수
(요 14:6)

예수님은 어떠한 분이실까 하는 것은 모든 인류의 관심사가 아닐 수 없습니다.

1. 예수님은 길입니다.

지금까지 너무나 많은 사람들이 '길'을 이야기해 왔습니다. 그러나 어디까지나 그것은 "길에 대하여"였습니다.

진리와 생명에 대해서도 역시 마찬가지입니다. 어디까지나 모두 "대하여"였습니다. 그 자체나 그 자신은 아니었습니다.

그러나 여기에 비하여 우리 주되신 예수님은 그 자신이 곧 "길이요, 진리요, 생명이요"라고 선포하셨습니다.

특히 원어상 길, 진리, 생명 앞에는 "그"에 해당되는 ἡ 정관사가 붙어 있습니다. 다시 말하면 성현들이 이야기해온 그 길과 그 진리와 그 생명이, 곧 예수님 자신이라는 말씀인 것입니다.

그런 의미에서 여기에서의 "길"은 아버지께로 갈 수 있는 유일한 길을 의미합니다.

2. 예수님은 진리입니다.

'진리'는 참된 자유를 회복케 할 수 있는 유일한 방편임을 의미합니다(요 8:32).

3. 예수님은 생명입니다.

'생명'은 죄와 허물로 죽어있던(엡 2:1) 우리를 다시 살리는 것을 의미합니다.

이러한 선포는 피조물이며 죄인인 인간의 자격으로써는 전혀 가능하지 않은 영역입니다. 이러한 선포는 "하나님 자신"만이 하실 수 있는 고유의 영역이 되는 것입니다.

그래서 "나로 말미암지 않고는 아버지께로 올 자가 없느니라"고 말씀하셨습니다.

여기서 "올"이라는 의미는 아래에서 위를 보고 말씀하심이 아니라 위에서 아래를 보며 말씀하고 계신 것입니다. 구원의 주도권이 하나님께만 있다는 말씀입니다.

"올라올 자"의 말씀은 사도행전에서도 뒷받침되고 있습니다.

"다른 이로서는 구원을 받을 수 없나니 천하 인간에 구원을 받을 만한 다른 이름을 주신 일이 없으시니라"(행 4:12)고 하셨습니다.

간혹, "모로 가도 서울만 가면 그만이다"는 논리를 펴는 분들이 있습니다. 그러나 우리의 구원은 그렇게 편리주의의 산물이 아닙니다.

"죄의 삯은 사망이요"라고 하셨고, "피 흘림이 없이는 죄 사함이 없나니"라고 하셨습니다.

죄값은 반드시 치러져야 하는 것입니다. 따라서 내 자신이 내 죄로 죄값을 받던가, 아니면 내 죄를 대신해서 그 어떤 이가 희생제물로 죄값을 받아 주던가 해야 할텐데, 그것도 원론적으로 "죄 없는 이"라야 자격이 이루어질 것입니다.

그런데 이 세상에서 죄 없는 사람은 없습니다(롬 3:10).

그래서 다른 이로서는 구원을 얻을 수 없는 것입니다. 과거에 희생제물이 된 사람도 없었을 뿐 아니라 감히 희생제물이 될 자격이 있는 사람도 없다는 말씀입니다.

여러분!

요한복음 5장 24절에서는 "내 말을 듣고 또 나 보내신 이를 믿는 자는 영생을 얻었고 심판에 이르지 아니하나니 사망에서 생명으로 옮겼느니라"고 하셨습니다.

구원에 관한 한 유일한 길과 진리와 생명이 되시는 예수님을 자신의 구주로 꼭 영접하셔서 구원에 이르는 저와 여러분들이 다 되시기를 주님의 이름으로 축원합니다.

하나님의 관심은 바로 나다

(눅 15:3-10;요 3:16)

어느덧 우리 현대 사회는 자본주의의 영향으로 대형, 대량주의에 성공의 기준을 둔 지 오래되었습니다. 현대 사회의 아픔입니다.

그러다 보니 흔히 "숲을 보면서 나무는 보지 못한다"는 비난의 말을 자주 듣습니다.

성경의 요절이라 할 수 있는 요한복음 3장 16절에는 "하나님이 세상을 이처럼 사랑하사 독생자를 주셨으니"라고 하셨습니다.

이 말씀을 가만히 들으면 하나님은 온 지구, 혹은 세상 전체에만 관심을 기울이시는 듯 보입니다.

그래서 자신을 온 인류중 하나, 가령 인류가 60억이라면 60억분의 1 정도의 점과 같이 아주 작은 한부분 정도로 이해하려고 합니다. 이것은 확실히 비극입니다.

1. 하나님 관심의 초점은 바로 나입니다.

오늘 본문 4절에서 "그 중의 하나를…", 본문 7절에서 "죄인 하나가 회개하면…", 본문 8절에서 "하나를 잃으면…"이라고 하심으로써 나 한사람에 대한 하나님의 관심이 얼마나 크셨는가를 엿볼 수 있는 것입니다.

따라서 요한복음 3장 16절에서 "하나님이 세상을 이처럼 사랑하사 독생자를 주셨으니"라고 하신 말씀은 "하나님이 나 하나를 이처럼 사랑하사 독생자를 주셨으니"로 바꾸어서 생각해야만 할 것입니다.

2. 나 한 사람은 예수님 만큼의 가치가 있는 것입니다.

본문을 보면 적어도 나 한 사람의 가치는 하나밖에 없는 아들을 희생하실 만큼 큰 것입니다. 여기에서 주목할 것은 세상사람, 혹은 자기 자신이 생각하는 가치가 아니라, 하나님이 보신 나의 가치입니다.

가령 볼펜 하나를 사려면 500원의 돈을 지불해야 합니다. 그 볼펜은 500원의 가치가 있는 것입니다. 자동차도 아파트도 다 마찬가지입니다.

이러한 원리로 예수님이 나를 위하여 십자가의 희생제물이 되었다면, 나는 적어도 예수님 만큼의 가치를 인정해 주신 것입니다.

여러분!

비록 우리가 아무리 이렇게 힘들고 지쳐 있다고 해도 모든 것들이 "시작과 나중 되시는 우리 하나님, 그래서 이 우주와 개인의 삶을 최종적으로 평가하실 하나님께서 나를 그토록 귀하게 여겨 주신다"는 입증된 사실 앞에 큰 긍지를 갖고 어려움을 잘 극복하게 되시기를 주님의 이름으로 축원합니다.

지금도 기다리신다

(눅 15:11-24)

예수님의 설교는 몇 가지의 특징이 있습니다.

그 중의 하나가 청중들이 알아듣기 용이하게 예화 사용을 많이 하셨다는 것입니다.

본문에서도 하나님의 사랑, 특히 타락한 인간들을 향하신 하나님의 사랑을 설명하기 위하여 예수님은 아주 귀한 예화를 하나 사용하셨습니다.

그 내용을 잠깐 살펴보면, 한 아버지에게 두 아들이 있었습니다. 그런데 무슨 생각인지 둘째 아들은 분가를 재촉하여 말리는 아버지를 뒤로 하고 억지로 부모의 곁을 떠났습니다.

그러나 세상은 그리 호락호락하지 않았습니다. 손대는 것마다 손해요, 투자하는 것마다 낭패였습니다. 돈있을 때 따라다니던 친구들도 돈 떨어지니 하나, 둘 그의 곁을 다 떠났습니다. 이것은 이상할 것이 없습니다. 세상은 원래 그런 것이기 때문입니다. 철없는 아들이 이것을 알 리가 없었습니다.

아버지의 예측대로 얼마 못 가서 그는 완전 거지가 되어 끼니도 걱정하는 심히 초라한 거지 신세가 되었습니다.

생각다 못해서 그는 '종이라도 좋으니 차라리 집으로 돌아가서 밥이나 굶지 말자'라는 생각을 하고 집으로 돌아오게 되었는데, 마침 그 날도 동네 어귀에서 아버지를 만나서 무리 없이 집으로 들어가게 되었을 뿐 아니라 "죽은 아들"이 돌아온 것으로 여긴 아버지는 큰 잔치를 배설하였다는 내용입니다.

몇 가지의 요약을 통해서 곧 우리를 향하신 하나님의 사랑과 이에 대해 처신해야 하는 우리의 태도 등에 대한 아주 귀한 교훈을 얻고자 합니다.

1. 집을 떠나면 고통입니다.

둘째 아들이 이렇게 고생한 것에 비하여 큰 아들은 편안했습니다. 그는 여전히 부모의 보호 속에 있었기 때문입니다.

만일 어항 속의 물고기가 밖을 내다보면서 '아 나도 언제나 밖에 나가서 저렇게 활보하면서 살 수 있을까?' 하고 생각하고 어느 날 힘차게 어항 밖으로 뛰어 나간다면 그 물고기의 운명은 어떠하겠습니까? 물고기는 어항을 떠나면 고통입니다.

우리 인간들이 겪는 이 모든 고통도 거슬러 올라가보면 아담의 타락, 즉 하나님의 사랑을 뿌리치고 거역함으로부터 시작되었음을 알 수가 있습니다.

"선악과를 먹으면 정녕 죽으리라" 하셨는데 바로 그 하지 말라는 명령을 거역하므로, 다시 말해서 하나님의 보장된 사랑 안에서 살기를 거부함으로써 "정녕 죽으리라" 하심대로 화(禍)를 자초하고만 것입니다. 그때부터 삶이 저주 속에 고달프기 시작했고, 육체적 죽음이 있고, 다 심판을 받게 된 것입니다(히 9:27).

집 떠나면 고통입니다. 다시 말해서 하나님 사랑을 떠나면 고통이 다라는 것입니다.

2. 돌아오면 회복됩니다.

돌아온 아들을 위하여 아버지는 "죽었다가 다시 살아왔다"(눅 15:24)고까지 말을 하였습니다.

그리고는 본문 22절에서 "손가락지를 끼우고 신을 신기우고 큰 잔치를 배설하는 것"을 보게 됩니다.

아들은 명예 회복은 애시당초 바라지도 않았고, 다만 배만 좀 굶주리지 않기를 바랐는데, 아버지는 파격적인 대우와 함께 기대 이상의 명예를 회복시켜 준 것입니다.

떠나가서 생긴 고난이라면 돌아오면 회복되는 것입니다. 실제로 많은 이들이 이렇게 어려운 상황 속에서도 그동안 떠나있던 주님의 품으로 돌아오고, 지금까지 경험해보지 못했던 주 안에서의 평안을 경험하며 지내는 것을 보게 됩니다.

3. 지금도 기다리십니다.

본문 20절에서 "아직도 상거가 먼데 아버지가 저를 보고 측은히 여겨 달려가 목을 안고 입을 맞추니"라고 하셨습니다.

둘째 아들이 동네 어귀에서 아버지를 만난 것은 우연한 만남이 아니었습니다.

아직도 상거가 먼데 아버지가 멀리서도 거지꼴을 한 아들을 단번에 알아본 것은 그만큼 매일같이 집나간 아들을 학수고대하고 기다리던 아버지였기에 가능했던 것이었습니다.

아버지는 아들이 집을 뛰쳐나간 후부터 아들이 돌아오기까지 단 하루도 마음 편할 날이 없습니다. 오늘이나 오려나, 아니면 내일이나 오려나… 동네 입구에까지 나가서 기다리고 있었던 것이었습니다.

하나님의 사랑이 바로 그런 것입니다. 집 나간 아들과 같은 우리가 다시 돌아오게 되기를 오늘도 기다리고 계신 것입니다.

지금도 주님은 "수고하고 무거운 짐진 자들아 다 내게로 오라. 내가 너희를 쉬게 하리라"(마 11:28)고 하십니다. "오기만 하면 쉬게 해주겠다"시는 이 부르심의 음성을 꼭 들을 수 있기를 부탁드립니다.

　여러분!

　삶이 고달프지 않습니까? 세상이 지금까지 우리에게 준 것은 솔직히 실망밖에는 없습니다.

　아버지께로 돌아가는 데는 실제 행동으로 옮기는 결단이 있어야 합니다. 귀가의 결단을 통하여 하나님 자녀의 권세를 되찾는 여러분들이 다 되시기를 주님의 이름으로 축원합니다.

지금도 늦지 않았다

(눅 23:39-43)

가끔 "천국이 있다"는 사실도 확신하며, 그 마음에 소망도 있으면서도 지난 날의 자신의 삶이 부끄러워 감히 "믿겠다"는 말씀을 못한다는 분들을 보게 됩니다. 그리고는 구원받기를 미리 포기하는 안타까운 분들도 계심을 봅니다. 매우 겸손하시고 정직하신 분이라는 생각이 듭니다. 하나님께서도 다 아실 것으로 믿습니다.

그러나 이 시간의 말씀은 그러한 분들에게 큰 위로와 용기를 가져다 줄 것으로 생각됩니다.

본문을 보면 예수님이 십자가상에서 수난당하시고 계실 때 바로 같이 좌우에 십자가대에 못박힌 강도 둘이 있었습니다.

오늘의 장면은 그 중의 하나가 그야말로 극적으로 구원을 받는 장면입니다.

그는 일생 동안 살인 등의 포악하고 나쁜 짓을 많이 했던 사람이었습니다. 오죽하면 사형을 집행하겠습니까? 그런데 그가 오늘 구원을 받은 것입니다.

본문 43절에서 주님은 그를 향하여 "오늘 네가 나와 함께 낙원에 있으리라"고 그의 구원을 극적으로 허락하셨습니다.

이 장면에서 우리는 아주 중요한 교훈 몇 가지를 얻게 됩니다.

1. 구원은 믿음으로만 얻습니다.

그 강도가 남긴 것은 나쁜 짓 한 것밖에는 없습니다.
그런데도 그는 구원을 받았습니다. 어떻게 된 일일까요?

① 자기 죄를 인정해야 합니다.

본문 41절에서 "우리는 우리의 행한 일에 상당한 보응을 받는 것이니 당연하거니와"라고 하셨습니다.

십자가 상에서까지 예수님을 조롱하고 거부하는 또 다른 편 강도를 향하여 구원받은 강도가 책망하는 말입니다.

그는 자신의 죄를 깨끗하게 인정하고 있었습니다.

로마서 3장 10절에서 "의인은 없나니 하나도 없으며"라고 하시는 말씀에 "예"라고 수용, 인정 할 수 있어야 합니다.

여러분들의 대부분이 이 단계까지는 도달해 계시리라고 믿습니다.

② 구원을 갈망해야 합니다.

본문 42절에서 "예수여 당신의 나라에 임하실 때에 나를 생각하소서"라고 하였습니다.

그는 자신의 죄를 인정할 뿐 아니라 몹시 구원을 갈망하고 있었습니다. 대단히 적극적인 갈망이었습니다.

얌전한 것도 좋지만 구원은 얌전만 피울 문제가 아닙니다. 장래의 내 운명이 달려 있는 아주 중요한 문제입니다. 누구 의식할 필요도 없습니다. 어디까지나 내 인생의 주인은 나 자신인 것입니다. 구원에 대하여 좀더 적극적 의사를 가지시기를 바랍니다. 천국은 침노하는 자들의 것입니다.

③ 예수님으로만 가능합니다

본문 42절에서 "예수여"라고 했습니다.

요한복음 14장 6절에서 "내가 곧 길이요 진리요 생명이니 나로 말미암지 않고는 아버지께로 올 자가 없느니라"고 하였습니다.

구원의 유일성입니다. 본문의 강도도 "예수여"라고 했습니다.

"석가여!, 공자여!"하지 않고 "예수여"라고 했습니다.

사도행전 4장 12절에서 "천하 인간에 구원을 얻을 만한 다른 이름을 주신 일이 없다"고 하셨습니다.

구원은 예수를 구주로 믿을 때만이 얻을 수 있는 것입니다.

2. 최후에도 기회는 있습니다.

지금 그의 상황은 운명 직전이었습니다. 그런데도 구원을 받은 것입니다. 물론 시간상 여유를 가지고 믿으면 좋겠지만 본문은 아무리 늦었어도 "기회는 아직 있다"는 것을 알려주고 있습니다. 극적 구원의 길은 지금도 열려있는 것입니다.

여러분!

남 위해서 장사하는 사람 보셨습니까? 이렇게 많은 가게들이 있어도 하나같이 자기 자신을 위해서 장사를 하는 것입니다.

지금 이 순간이 여러분에게는 너무도 중요합니다. 아들, 딸, 친구, 선생… 이 세상 그 어느 누구도 여러분의 내세의 운명을 책임져 줄 수 없습니다.

지금 용단을 내리시기 바랍니다. 기회는 지금도 열려 있습니다. 믿기만 하십시오. 예수를 당신의 죄를 대신해서 죽어주신 대속주로 믿기만 하십시오, 그리하면 오늘 우편의 강도처럼 극적인 구원을 보장받을 수 있을 것입니다.

여기에 있는 여러분중에서 이 구원의 반열에서 낙오되는 분이 단한 사람도 없으시기를 주님의 이름으로 축원합니다.

하나님의 아들

(롬 10:10)

〈세례식을 위한 말씀〉

오늘 귀한 날을 통하여 김○열님이 세례를 받게 되신 것을 축하드립니다.

무엇보다 김○열님께서 성령의 감동으로 예배를 꾸준히 참여하시는 중, 확신을 가지고 신앙을 고백할 수 있도록 도와주신 하나님의 은혜에 깊은 감사를 드립니다.

세례를 받기 전에 세례의 의미와 이 세례예식의 의미가 무엇인가? 살펴봄으로써 보다 뜻깊고 의미있는 세례식이 되시기를 바랍니다.

〈세례의 의미〉

사람에게는 중요한 날이 두 날이 있습니다. 하루는 육신의 아버지의 자녀로 태어나는 육신의 생일이며, 또 하루는 하나님의 자녀로 태어나는 영적 생일입니다.

그런데 오늘날 우리가 육신의 아버지와 더불어 이 세상에 살고는 있지만, 솔직히 말해서 그 관계란 한계가 있는 것입니다. 시간적으로 그렇고, 능력면에서도 그렇습니다.

요즈음 제 아들이 자신의 진로문제 때문에 무척 힘들어 하는 것을 봅니다. 아버지 입장에서 보면 무척 안쓰럽기는 하지만, 가끔 밥사주고 격려의 말 한 마디 던지는 것외에는 해줄 것이 없음을 안타깝게 생각합니다.

여기에 비해서 우리 하나님은 전능하신 하나님이십니다. 하나님의 자녀가 된다는 것은 영원하시고 전능하신 하나님의 자녀의 자격을 갖게 된다는 것을 의미합니다(요 1:12).

이 세례의식은 무엇입니까?

공식적으로 하나님의 아들이 되는 너무 소중한 예식인 것입니다. 또한 이 관계는 이 세상뿐만 아니라 저 세상에 가서도 지속적으로 유지되어지는 영원의 관계입니다.

그래서 많은 사람들이 이것을 생각하면서 세례식에 많이 울기도 합니다. 혼자 곤고하고, 혼자 힘들하던 지난 날들을 떠올리며, 이제 전능하신 하나님이 나의 보호자가 되었다는 사실이 너무 감격스럽기 때문입니다.

그렇다면 어떻게 이것이 가능하겠습니까?

자신의 믿음의 공개적 고백이 있어야 합니다.

세상 사람들 중에서 천국에 가기 싫어하는 사람은 없습니다. 하지만 아무나 다 들어가는 것은 아닙니다. 마치 대학에 들어가고 싶어하지만, 자격이 되는 사람만이 갈 수 있듯이, 사람이 천국에 들어가는 데도 조건이 있습니다. 그것은 믿음입니다.

우리는 태어날 때부터 죄인으로 태어났습니다(원죄). 뿐만 아니라 사는 동안만이라도 죄를 짓지 않고 살고 싶지만 죄를 짓지 않고 사는 사람은 없습니다(롬 3:10).

"죄의 삯은 사망"이라고 했습니다(롬 6:23).

그런데 죄는 안 지을 수 없고, 지옥에는 가기 싫고, 이럴 수도 저럴수도 없는 때에 죄 없으신 하나님의 아들이 우리를 대신 죽으심으로 죄의 문제를 해결하여 주셨습니다.

이것을 믿으므로 하나님의 자녀가 되는 것입니다. 그리고 이 믿음은 반드시 공개적으로 시인되어야만 합니다. 마치 결혼식을 공개적으로 하듯이 말입니다. 이렇게 많은 이들 앞에서 세례를 받는 이유가 여기에 있는 것입니다.

〈세례형식의 의미〉

세례형식에는 무슨 의미가 있는가를 생각해 보겠습니다.

세례를 베풀 때 제가 성수에 손을 담궜다가 그 손을 우리 김○열님 머리에 얹습니다.

이 성수에 담겼던 손은 수면을 의미합니다. 우리가 물 속에 들어가면 어떻게 됩니까? 죽습니다. 즉 내 마음대로 살며 죄 많이 지었던 옛사람은 의식을 통하여 죽는 것을 의미합니다.

그리고 그 손을 머리에서 뗄 때는 그리스도 안에서 새로운 피조물로 다시 태어나는 것을 의미합니다.

이제 문답을 하겠습니다. 마치 결혼을 할 때 주례자가 그냥 결혼을 선포하지 않고 상대방 간에 서로 사랑하는지를 확인하는 것처럼 하나님의 아들되는 의식도 믿음을 확인하기 위한 문답을 하게 되는 것입니다.

〈세 례 문 답〉

그러면 제가 김○열님께 세례문답을 하겠습니다.

경건한 마음으로, 한손을 올리고 대답하여 주시기 바랍니다.

문① 날 때부터 죄인임을 인정하십니까?

문② 죄의 결과로 우리가 심판을 받게 된다는 사실을 인정하십니까?

문③ 심판을 받기 싫고, 죄를 안지을 수 없기 때문에, 이러지도 저러지도 못하고 있는 때에 예수님이 이땅에 오셔서 내 죄를 대신하여 죽어 주신 것을 믿습니까?

　문④ 예수님은 우리를 대신하여 죽으시기까지 사랑하셨습니다. 김
○열이 하나님을 만나는 순간까지 이 믿음이 변하지 않을 것을 약속
하실 수 있습니까?

　문⑤ 하나님의 아들로 인정해주신 은혜가 진심으로 감사하다면, 가
족이나 친지들에게 기회가 있는 대로 이 복음을 전할 것을 약속할 수
있습니까?

　김○열님이 하나님과 사랑하는 환우님들과 믿음의 형제들 앞에서
너무도 분명한 신앙고백을 하셨습니다.

〈세　례〉

　내가 주 예수를 구주로 믿는 김○열씨에게 성부와 성자와 성령의
이름으로 세례를 주노라.

〈공　포〉

　"그런즉 누구든지 그리스도 안에 있으면 새로운 피조물이라. 이전
것이 지나갔으니, 보라 새것이 되었도다"(고후 5:17).

　이제 하나님 앞에서 사랑하는 믿음의 형제 앞에서 세례를 받으신
김○열님이 명실상부한 하나님의 아들이 되었음을 성부와 성자와 성
령의 이름으로 공포하노라. 아멘.

예배의 의미

(히 10:25)

우리 안양 호스피스의 특징은 여러 가지가 있습니다.

그 중의 하나가 매일 드리는 정규예배를 매우 중요시하고 있다는 점입니다.

도대체 예배는 무슨 의미가 있기에 그리 중요시하는 것일까요?

그 의미를 깨닫게 되면 더욱 열심을 품고 예배에 참여하게 될 것입니다.

1. 예배시간은 하나님을 만나는 시간입니다.

우리가 시장님을 만나려면 시청을 찾아가야 합니다. 대통령을 만나려면 청와대를 찾아가야 합니다. 하지만 그것도 쉽게 장담할 수는 없습니다.

그렇다면 만약 우리가 하나님을 만날 수 있다면, 그것처럼 감격적인 일도 없을 것입니다.

그런데 하나님은 영(靈)이십니다. 우리 눈에 보이는 분이 아닌 것입니다. 그렇기 때문에 사실은 만나 뵙기가 더 어려울 수밖에 없습니다.

그런데 바로 그 하나님을 만날 수 있는 기회가 있습니다. 그것이 곧 예배입니다. 피조물, 아니 죄인인 내가 감히 하나님을 만날 수 있다는 것은 이만저만 감격스러운 일이 아닐 수 없습니다.

2. 은혜를 받는 시간입니다.

하나님을 만나 뵈면 어떤 일이 일어날까요?

전능하신 하나님의 은혜를 체험하게 됩니다.

만약 아버지와 아들과 만난다면 누가 수지 맞겠습니까? 말할 것도 없이 아들이 수지를 맞는 것입니다. 어떨 때는 아버지 주머니의 돈이 몽땅 아들 주머니로 옮겨가는 수도 있을 것입니다.

우리가 전능하신 하나님을 제대로만 만나면 답답한 일들을 해결 받을 수 있습니다.

진통제로 그렇게도 많이 맞았어도 통증 조절이 안됩니까? 기도하시기 바랍니다.

오늘은 유난히도 서럽고 외로운 생각이 드십니까? 주님을 찾으시기 바랍니다.

오늘은 왠지 불안한 생각이 드십니까? 그렇다면 더더욱 기도하시기 바랍니다.

그리하면 반드시 때를 따라 도우시는 하나님의 은혜를 경험할 수 있을 것입니다. 예배는 은혜 받는 시간입니다.

3. 하나님께 눈 도장 찍는 시간입니다.

"사람이 한번 죽는 것은 정한 이치요"(히 9:27) 라고 하셨습니다. 따라서 저를 포함한 우리 모두는 반드시 죽게 되어 있습니다.

뿐만 아니라 우리의 아들과 그 손자도 다 죽게 되어 있습니다. 왜냐하면 일단 하나님이 정하셨기 때문입니다.

그렇다면 죽음 이후에는 어떻게 되는 것입니까? 하나님과 일대일로 독대(獨對)하게 되는 것입니다. 부부도, 자식도, 친구도, 목회자도,

아무도 개입할 수 없는 하나님과의 단독대좌의 시간이 온다는 것입니다.

솔직히 말하면 무척 어색할 것 같고 또한 두렵기도 합니다.

그러면 어떻게 하면 좋겠습니까?

미리 눈 도장을 찍어 두는 것입니다. 어차피 만날 분께 평소점수를 확보해 두는 것입니다.

정작 하나님과 일대일로 만났을 때 어색하지 않으려면 될 수 있는 한 기회 있을 때마다 열심을 품고 눈 도장을 찍어 두어야 하는 것입니다. 그래야 자연스럽게 하나님을 대면할 수 있을 것입니다.

예배는 그런 아주 귀한 의미가 있는 것입니다.

여러분!

지금까지 여러분은 어떠한 마음으로 예배에 참여하셨습니까?

예배의 의미를 제대로만 이해한다면 지금보다 예배를 훨씬 잘 드릴 것입니다.

예배는 감히 하나님을 만나는 것입니다.

예배는 전능하신 하나님의 능력을 경험하는 것입니다.

예배는 장차 누구든지 다 만나야 하는 바로 그 하나님께 미리 미리 눈 도장을 찍어 두는 것입니다.

그날을 의식하며 예배에 더욱 열심을 품으시기를 주님의 이름으로 축원합니다.

담대히 나아가자

(히 4:14)

우리가 예수를 믿으면 그 즉시 우리는 하나님의 자녀가 되는 것입니다.

그때부터는 하나님을 아버지로 모시고 살아간다는 것입니다.

"하나님의 자녀" 생각만 해도 가슴 벅찬 감격이었습니다.

그런데도 가끔은 하나님을 이웃집 아저씨처럼 믿고 사는 사람들이 있습니다.

그래서 기도를 해도 잔뜩 주눅들어서 확신도 없이 드리는 사람들이 있습니다.

본문은 하나님께 나아갈 때는 "담대히 나아가라"고 권고하고 있습니다.

그 이유는 무엇일까요?

1. 하나님의 은혜는 때를 따라 도우시는 은혜이기 때문입니다.

하나님의 은혜는 나의 가장 필요한 것을 가장 필요한 시간에 베푸시는 은혜입니다.

하나님은 전지 전능하신 분이십니다. 따라서 하나님의 은혜는 전천후적 성격을 띠고 있는 것입니다.

2. 거룩하신 중보자 예수님이 계시기 때문입니다.

우리는 거룩하신 하나님 앞에 직접 나갈 만한 자격이 없습니다.

사실 벗어놓고 보면 죄와 허물과 얼룩진 상처투성이 뿐인 것입니다. 이러한 모습으로는 거룩하신 하나님 앞에 나간다는 것이 근본적으로 불가능합니다.

그러나 너무 기죽어서는 안될 것입니다. 왜냐하면 하나님 보좌 우편에 계신 중재자가 바로 나를 위해 죽어주시기까지 하신 바로 그 예수님이시기 때문입니다.

3. 그분은 나의 사정을 너무도 잘 아시는 분이기 때문입니다.

우리가 기도를 하면서도 자신감을 갖지 못하는 것은 주님이 중재자로 계시는 것까지는 알 것 같은데 과연 예수님이 나의 사정을 속속들이 이해하실까 하는 의심이 들기 때문입니다.

그런데 그분은 이미 이 땅에 계실 때 나와 똑같은 생활을 하신 분입니다. 그분도 지칠 대로 지쳐 배의 고물에서 주무시던 때도 있었고, 피곤하여 물을 찾으실 때도 있으셨고, 연민의 정으로 눈물을 흘리실 때도 있으셨습니다. 또한 가난하셔서 머리둘 곳도 마땅치 않으셨다고도 하셨습니다.

더구나 우리가 그렇게 원통스러워하는 배신감을 바로 제자를 통하여 받으시기도 하셨습니다.

어쩌면 예수님은 인간적으로만 보면 너무 가련한 생애를 사셨던 분입니다. 그런 분이 나의 당하는 외로움, 불안, 억울한 일 등의 고통들을 모르실 리가 없습니다.

나의 형편을 속속들이 알고 계신 그런 분이 지금 나를 위하여 하나님께 중재하고 계시다는 사실을 염두에 두시기를 바랍니다.

예배를 드릴 때마다, 기도드릴 때마다, 확신을 가지고 담대하게 나아가게 되시기를 주님의 이름으로 축원합니다.

낙심치 말자

(고후 4:16-18)

솔직히 말해서 우리의 삶이란 "실망의 연속이다"라고 밖에는 말할 수 없습니다.

그런데 본문 16절에 "낙심하지 아니하노니"라는 말씀 속에는 하나님께서도 우리의 이러한 아픔을 이해하고 계신다는 뜻이 담겨 있는 것입니다.

본문에서 우리는 낙심할 수밖에 없는 이유와 그런 가운데서도 낙심하지 말아야 할 이유에 대하여 찾아볼 수가 있습니다.

낙심할 수밖에 없는 이유는 무엇입니까?

1. 육신이 늙어가기 때문입니다.

본문 16절에서 "겉 사람은 후패하나"라고 하셨습니다.

제 자신이 어릴 때 구슬치기, 딱지치기할 때가 바로 엊그제 같은데, 20-30세 팽팽한 젊음을 자랑하는 것도 잠깐, 벌써 환갑을 바라보며 이렇게 육신이 늙어가고 있습니다. 그러다가 결국은 죽게 된다는 것을 생각하면 서글프다 못해서 정말 낙심이 되지 않을 수 없는 것입니다.

그러나 그런 가운데서도 "낙심치 말라"고 하셨습니다. 이유는 우리의 속은 날로 새로워지기 때문인 것입니다.

본문 16절에서 "그러므로 우리가 낙심하지 아니하노니 겉 사람은 후패하나 우리의 속은 날로 새롭도다"라고 했습니다. 이 말씀은 믿음이 자라는 것을 생각하며 "'낙심치 말라'는 것입니다.

내가 감히 그리스도의 장성한 분량을 목표로 날마다 믿음이 자라고 있다는 사실을 생각하며 낙심만 하고 있지 말라는 것입니다.

2. 삶이 고달프기 때문입니다.

본문 17절에서는 "잠시 받는 환난이…"라고 말하고 있습니다.

누군가 인생을 '고통의 바다'라고 했다고 합니다만 이 말에 "아니요" 라고 말할 사람이 과연 몇이나 되겠습니까?

육체적 고통이 아니면 정신적 고통에 시달리게 되고, 정신적 고통이 아니면 경제적인 고통에 시달리게 되고, 경제적 고통이 아니면 영적인 고통에 시달리게 되고, 내 문제가 아니면 가족들의 문제 등으로 시달리게 되는 것입니다.

이 세상살이 속의 고통은 끊임없이 파도와 같이 다가오는 것입니다. 그러나 '낙심하지 말라'고 하십니다. 이유는 영원한 영광이 기다리고 있기 때문입니다.

영원한 영광의 시간에 비유하면 이 세상의 환난은 잠깐이요, 영원한 영광이 주는 무게에 비유하면 이세상 환난은 매우 경한 것이기 때문입니다.

특히 주목할 것은 본문 17절에서 "환난이 경한 것이 지극히 크고 영광의 중한 것을 우리에게 이르게 함이라"고 말씀하고 있는 점입니다.

여기에는 환난을 선용하는 지혜가 필요한 것입니다.

환난을 보면서 낙심만 하고 앉아 있어서는 안됩니다. 그렇기 때문에 환난 때 더욱 영원한 영광의 시점을 생각하며 그날을 사모하며 준비하는 지혜가 있어야 하는 것입니다.

제가 고통받는 환우님들과 즐겨부르는 찬송 중 하나가 바로 503장입니다. 특히 2절에 "큰 물결 일어나 나 쉬지 못하나 이 풍랑 인연하여서 더 빨리 갑니다"라는 가사가 있습니다.

풍랑은 고통입니다만 그러나 풍랑을 선용하면 배는 훨씬 더 빨리 갈 수 있는 것입니다.

여러분!

여러분들이 겪고 있는 신체적 고통, 소외, 불안감은 확실히 '환난'입니다.

그러나 이것으로 인하여 오히려 영원한 영광을 더욱 사모하게 될 때 우리는 오히려 전화위복의 큰 복을 얻을 수 있을 것입니다.

아버지 하나님

(사 43:1-3)

하나님은 우리의 아버지가 되십니다. 우리는 그분의 자녀입니다.

자녀가 자녀답기 위해서는 먼저 아버지가 어떤 분이신가를 잘 알아야 할 것입니다.

그렇다면 아버지 되시는 하나님은 어떤 분이십니까?

1. 창조자이십니다.

본문 1절에서는 "야곱아 너를 창조하신 여호와께서 이제 말씀하시느니라"고 말하고 있습니다.

이 세상에 자칭 신들이 여럿 있습니다만, 자신을 창조자라고 자칭하는 신은 없습니다.

그것은 양심이 있다는 이야기일까요?

거기에 비하여 우리 하나님은 자신이 우리의 조성자이심을 처음부터 분명하게 밝히고 있습니다(창 1장, 2장).

모든 만물들이 그 앞에서 조용해야 할 이유가 거기에 있는 것입니다.

우리가 하나님을 아버지라고 부를 가장 큰 이유가 바로 여기에 있는 것입니다.

2. 불러내신 자이십니다.

본문 2절에서 "내거 너를 지명하여 불렀나니"라고 말하고 있습니다.

우리는 성도(聖徒)입니다. 세상과 다른 존재라는 뜻입니다.

하나님께서는 죄로 물든 세상 무리 가운데서 특별히 우리를 불러내 주셨습니다. 이렇게 힘들고 어려운 가운데서도 큰 긍지를 가지시기를 바랍니다.

3. 함께하는 자이십니다.

끝까지 책임져 주시겠다는 의지입니다.

남녀간 사랑과 우정의 진위여부는 과연 얼마나 오랫동안 지속하는 가와 직결된다고 볼 수 있습니다.

하나님의 사랑의 진실하심은 우리의 고난 가운데서도 함께 하신다 는 말씀 속에서도 잘 알 수 있는 것입니다.

여기에 주목할 것이 있습니다.

본문 1절 하절에 "너는 내 것이라"는 말씀입니다.

우리가 이렇게 어려운 가운데서도 "끝까지 함께하심"을 신뢰할 수 있는 근거는 우리가 하나님의 소유가 되었기 때문입니다.

독생자 희생이라는 엄청난 대가를 치르고 우리를 불러내 주신 후 삼으신 그분의 소유인 것입니다. 하나님 자신을 위해서도 당연히 책 임을 져주실 것입니다.

여러분!

하나님께서는 "의인은 믿음으로 살리라"(롬 1:17)라고 하셨습니다.

바로 이 믿음을 끝까지 붙잡으셔서 반드시 승리하시는 자녀들이 다 되시기를 바랍니다.

흔들리는 이유

(갈 3:3)

자신의 신앙고백을 통하여 구원을 받고도 때로는 흔들리는 사람들을 봅니다. 때로는 천국 입성을 눈 앞에 둔 분들도 두려움에 떠는 모습들을 봅니다. 이처럼 구원관이 흔들리는 이유는 무엇일까요?

1. 사랑을 제대로 이해하지 못하기 때문입니다.

이 세상에서 가장 고귀한 가치는 사랑입니다. 그래서 많은 사람들의 입에서 많이 오르내리기도 합니다. 그러나 엄밀한 의미에서 우리들의 경험하는 사랑은 상대적입니다. 조건이 있다는 것입니다.

대개는 이것을 인정하면서 주고받는 것입니다. 그런 의미에서 조건없는 사랑, 상대를 따지지 않는 사랑, 일방적인 하나님의 사랑을 액면 그대로 이해하기란 말처럼 쉬운 일이 아닙니다. 그래서 감격하였다가도, 정말일까 하는 의문을 가져보는 것이고 흔들리기도 하는 것입니다.

2. 받은 은혜가 너무 크기 때문입니다.

규모가 너무 커도 보이지 않으며 소리가 너무 커도 들리지 않는다고 합니다. 하나님께로부터 우리가 받은 구원의 선물은 천하보다 더 큰 것입니다. 그래서 받아는 놓고도 좀처럼 실감을 못하는 것입니다.

3. 구원의 방법이 너무 쉽기 때문입니다.

우리가 경험한 바로는, 무엇을 얻고자 할 때 그 가치가 크면 클수록 그만큼 큰 대가를 치러야만 한다는 것입니다.

가령 볼펜을 사려면 거기에 상응하는 볼펜값을 치러야 합니다. 자동차를 사려면 거기에 상응하는 값을 치릅니다. 아파트를 구입할 때도 그 값을 치러야 합니다.

그렇다면 천하보다 큰 우리의 잃었던 생명을 찾는 일이라면 적어도 천하만큼의 값은 치러야만 할 것입니다.

그러나 성경은 오히려 그렇기 때문에 안된다, 믿기만 하라고 강조하시는 것입니다. 그 은혜에 감격하여 신앙고백을 드리고 나서도, 어떤때는 꺼름직스러워 하는 것은 경험상 그 방법이 너무 쉽기 때문입니다.

여러분! 우리가 구원을 받고도 흔들리는 것은 이 엄청난 은혜가 하나님의 일방적인 사랑에 의해서 너무 쉽게 이루어지기 때문입니다.

우리의 경험으로는 도저히 이해할 수 없는 것들입니다.

그러나 사실은 그렇기 때문에 믿을 수 있는 것이 아닐까요?

우리는 이 시간에 좀 냉정할 필요가 있습니다.

우리는 행위, 공덕, 물질을 생각합니다만 천하보다도 더 큰 생명을 되찾는 일에 도대체 우리가 하면 얼마를 할 수 있다는 말입니까?

이것을 알고 계신 하나님께서는 인간의 수단, 방법을 다 포기하고 "천부여 의지 없어서 손들고 옵니다" 하며 하나님께 나아오기를 기대하고 계신 것입니다.

하나님은 사람이 아니시니 식언치 않으십니다. 한번 "믿기만 하면 구원을 얻는다"고 하셨으니, 그 말씀만을 붙잡고 끝까지 승리하시기를 주님의 이름으로 축원합니다.

과거의 죄로 두려워 말라

(롬 8:1)

오늘은 8.15 해방 기념일입니다. 민족적인 감격의 날입니다.

이날을 좀더 뜻깊게 하기 위하여 정부에서는 해마다 범죄자들에 대한 특별 사면, 복권조치를 단행하고 있습니다. 오늘도 30,000여명이 그 혜택을 보게 되었다고 합니다.

같은 길거리를 다닌다고 해도 탈옥수와 사면자는 본인이 가지는 그 느낌 자체가 다를 것입니다.

탈옥수는 숨어 다닐 것입니다. 웬만한 필요물은 다른 사람들의 도움을 받아서 구입할 것입니다. 단지 장소만 감옥 바깥일 뿐이지 언제 어떻게 될는지 모를 불안감으로 마음은 오히려 더 지옥같은 생활을 하고 있을 것입니다.

그러나 여기에 비해서 사면자는 어떻습니까? 비록 주머니가 비었어도 어깨를 활짝 펴고, 거리를 활보하듯이 행보할 것입니다.

이제 그 누구도 뭐라고 할 수 없습니다. 준엄한 언도를 내린 판사도, 검사도, 그를 잡아갔던 경찰관 그 어느 누구도 그에게 시비할 수 없습니다. 그 위의 선(線) 장관의 사면 내지 집행정지령(執行停止令)을 받았기 때문입니다.

아직도 지난 날의 일들로 두려워하고 파출소를 피해다닌다거나 하는 것은 정말 우스운 일이 아닐 수 없습니다. 그렇다면 그 근거는 무엇입니까?

1. 하나님이 약속하셨습니다.

본문에서 "그리스도 안에 있으면 결코 정죄함이 없나니"라고 하셨습니다.

예수님 앞에 나와서 자신의 죄를 진심으로 회개하면 절대로 "심판을 받지 않는다"고 하신 하나님의 약속 때문입니다.

2. 예수님이 이미 내 죄값을 대신 치르셨습니다.

베드로 전서 2장 24절에서 "친히 나무에 달려 그 몸으로 우리 죄를 담당하셨으니 이는 우리로 죄에 대하여 죽고 의에 대하여 살게 하려 하심이라"고 하셨습니다.

주님은 나의 죄를 대신해서 이미 죄값을 치르셨습니다. 따라서 나와 지난 날의 죄는 무관한 것입니다.

물론 "죄를 아니 지었다"가 아니라 "죄의 용서를 받았다"입니다.

어느 정도나 무관한가 하면, 이미 동(東)에서 서(西)가 멀듯이 "우리의 죄를 멀리 던져 버리셨다"고 하셨고(시 103:12), "우리가 우리의 죄를 자백하면 저는 미쁘시고 의로우사 우리 죄를 사하시며 모든 불의에서 우리를 깨끗게 하실 것이요"(요일 1:9)라고 하셨습니다.

또한 "내 백성이 그 악한 길에서 떠나 스스로 겸비하고 기도하여 내 얼굴을 구하면 내가 하늘에서 듣고 그 죄를 사하고 그 땅을 고치리라"(대하 7:14)고 하셨으며, "내 허물을 여호와께 자복하리라 하고 주께 내 죄를 아뢰고 내 죄악을 숨기지 아니하였더니 곧 주께서 내 죄의 악을 사하였나이다"(시 32:5)라고 하셨습니다.

3. 담대해야 합니다.

이사야 43장 18절에서 "너희는 이전 일을 기억하지 말며 옛적 일을 생각하지 말라"고 하셨습니다.

또 잠언 28장 1절에서 "악인은 쫓아오는 자가 없어도 도망하나 의인은 사자같이 담대하리라"고 하셨습니다. 따라서 담대하여야 합니다. 그 누가 뭐라 해도 그 어떤 상황에 들어선다 하여도 우리는 담대하여야 합니다. 우리는 이미 의롭다고 칭함을 받은 사람입니다.

로마서 8장 31절에서 "만일 하나님이 우리를 위하시면 누가 우리를 대적하리요"라고 하셨습니다.

이제 우리는 죄인이 아닙니다. 감히 정죄할 자가 없습니다. 우리에게는 과거가 문제가 되지 않습니다. 하나님의 예비하신 한 성(城)을 향하여 부지런히 달려가는 것, 이것만이 우리의 관심사가 되어야 할 것입니다.

여러분!

요한복음 14장 1절에서 "너희는 마음에 근심하지 말라. 하나님을 믿으니 또 나를 믿으라. 내 아버지의 집에 거할 곳이 많도다"라고 하셨습니다.

이 약속만 바라보시면서 담대하게 천국 행보를 계속 하시기를 주님의 이름으로 축원합니다.

죽음의 의미

(벧후 1:10-11)

 흔히 그리스도인들은 위기에 강하다고 합니다. 때로는 죽음 앞에서도 의연하게 맞이 할 수가 있는 것입니다.
 그 이유는 무엇일까요? 같은 죽음도 의미를 달리 생각하기 때문입니다.
 그렇다면 죽음은 어떤 의미가 있습니까?

1. 자는 것입니다.

 데살로니가 전서 4장 14절에서 "우리가 예수의 죽었다가 다시 사심을 믿을진대 이와 같이 예수 안에서 자는 자들도 하나님이 저와 함께 데리고 오시리라"고 하셨습니다.
 죽음은 잠시 잠깐 예수 안에서 자는 것입니다. 자는 시간이 있으면 깨는 시간도 있습니다.

2. 완전해지는 것입니다.

 고린도전서 13장 12절에서 "우리가 이제는 거울을 보는 것같이 희미하나 그때는 얼굴과 얼굴을 대하여 볼 것이요 이제는 내가 부분적으로 아나 그때에는 주께서 나를 아신 것같이 내가 온전히 알리라"고 하셨습니다.

우리는 예수님을 본 적이 없습니다. 천국도 마음으로 그려보고 있는 것뿐입니다.

그러나 우리가 하나님께 가게 되면 지금까지 성경을 통하여 어렴풋이 상상의 세계에 머물던 많은 일들이 마치 얼굴과 얼굴을 마주보듯이 확실시 된다는 말씀입니다. 참으로 기대가 됩니다.

3. 영원한 안식에 들어가는 것입니다.

베드로후서 1장 11절에서 "이같이 하면 우리 주 곧 구주 예수 그리스도의 영원한 나라에 들어감을 너희에게 주시리라"고 하셨습니다.

이러한 죽음에 대한 성경적 정의는 "눈감았다가 뜨면 곧 천국"입니다. 따라서 죽음은 천국으로 들어가는 출입문입니다.

죽음을 두려워만 할 것이 아니라 오히려 적극적으로 맞아들여야 하는 대상임을 깨닫게 해주십니다.

그래서 바울도 빌립보서 1장 21절에서 "이는 내게 사는 것이 그리스도니 죽는 것도 유익하다"라고까지 했던 것입니다.

또 요한계시록 14장 13절에서 "주 안에서 죽은 자들이 복되도다"고 말씀하신 것입니다.

베드로 사도는 본문의 10절에서 "형제들아 더욱 힘써 너희 부르심과 택하심을 굳게 하라"고 권고하고 있습니다. 천국은 믿음으로만 가능한 것입니다.

"더욱 힘써"라는 말씀은 천국은 더욱 힘쓰는 자들의 것이라는 의미입니다.

기왕의 죽음이라면 마지못해서 맞이함이 아닌 좀더 적극적인 마음의 자세로 준비하는 지혜를 얻게 되시기를 주님의 이름으로 축원합니다.

힘의 원천

(딤후 4:6-8)

디모데후서는 바울 사도의 말년의 서신입니다. 백발이 성성한 노년의 편지입니다. 더구나 그는 지금 죄수의 몸으로서 언제 어떻게 될지를 모르는, 생애의 가장 어려운 때를 맞고 있다고 하겠습니다.

그러나 본 서신의 흐름을 보면서 우리는 전혀 그런 노인의 분위기를 느낄 수가 없습니다. 젊은 시절의 힘참이 그대로 배어있는 필치입니다.

그 비결이 무엇일까요?

1. 소망을 가지고 있었습니다.

본문 8절에서 "이제 후로는 나를 위하여 의의 면류관이 예비되었으므로"라고 하셨습니다.

우리의 인생은 반드시 결산의 때가 있습니다. 최선을 다해서 열심히 살아온 바울은 시간적으로는 거의 끝에 와 있지만 이제 후로는 그를 위하여 예비된 상이 있음을 확신하고 있었습니다.

우리는 어떤 의미에서 보면 살아온 날보다 앞으로 살아야 할 시간이 더 짧을 수도 있습니다. 이런 의미에서 우리의 관심이 지난 날이 되어서는 안됩니다. 우리의 관심은 앞으로 되어질 일, 특히 나의 삶을 긍정적으로 평가해 주실 그때를 생각하는 것으로 집중되어야만 할 것입니다.

2. 믿음을 끝까지 지켰습니다.

본문 7절에서 "내가 선한 싸움을 싸우고 나의 달려갈 길을 마치고 믿음을 지켰으니라"고 하셨습니다.

시작도 중요합니다만 마침은 더욱 중요합니다. 예비된 상을 받아누리는 데는 믿음을 끝까지 지켜야 하는 조건이 있는 것입니다. 평상시에는 믿음이 좋아 보이다가도 일단 어려움을 당하면 믿음을 헌신짝처럼 버리는 사람들이 있습니다. 이래가지고는 상을 받기가 어렵습니다. 어리석은 사람들입니다. 용두사미꼴이 되는 것입니다.

여러분!

어려울수록 고통스러울수록 믿음을 잘 지켜야 합니다. 그래야 상을 받을 수 있고, 그 상을 바라볼 수 있어야 힘있고 지치지 않는 여생을 살아갈 수가 있는 것입니다.

믿음은 곧 힘입니다.

찬송가 503장 2절을 보면 "큰 물결이 일어나 나 쉬지 못하나 이 풍랑 인연하여서 더 빨리 갑니다"라는 가사가 있습니다. 지금의 고난이 고통스럽고 어려우시리라 생각됩니다.

그러나 고난 중에서도 "장차 받을 영광과 족히 비교할 수 없도다"하시던 바울의 권고를 생각하시면서 끝까지 믿음으로 승리하시는 저와 여러분의 생애가 꼭 되시기를 주님의 이름으로 축원합니다.

그래도 감사하세요

(살전 5:18)

우리가 신앙생활을 한다는 것은 그분의 뜻대로 살겠다는 의지의 표현입니다.

그러나 하나님의 뜻이 무엇이라고 정확하게 꼭 집어서 대답치 못할 때가 많이 있음을 봅니다.

여기에 대하여 본문은 "범사에 감사하라"고 말씀하고 계십니다.

"범사에… "다시 말하면 모든 일에 감사하라는 뜻입니다. 더 깊은 뜻은 어려운 가운데서도 감사하라는 의미일 것입니다.

어떻게 하면 이토록 어려운 때 주님의 뜻대로 감사하며 살 수 있겠습니까?

1. 지난 날의 좋았던 때를 생각하며 감사할 수 있습니다.

지금 이렇게 힘이 들지만 이전의 좋았던 때, 건강했을 때를 생각하며 감사하시기 바랍니다.

어떤 설암(혀)환자에게 절단 수술을 하루 앞두고 마지막 하고 싶은 말을 권유받았습니다.

심사숙고하던 환자는 눈에 눈물을 글썽이며 "하나님 감사합니다"라고 감사표시를 하더랍니다.

이유를 묻자 '병이 들고 보니 이전의 건강한 생활은 전적인 하나님의 은혜임을 깨닫게 되어 마지막으로 진심으로 감사를 드렸습니다"라고 대답하더랍니다.

2. 지금도 함께 계신 것을 생각하며 감사할 수 있습니다.

주님은 "세상 끝날까지 함께 하겠다"고 약속하셨습니다.

따라서 과거에 함께 하시던 우리 주님은 형제들의 아픔에 지금 동참하고 계신 것입니다.

피상적으로 환경을 보면 감사할 수 없습니다. 그러나 감사의 안경을 끼고 환경을 보시면 이런 환경 속에서도 하나님의 도우시는 손길을 얼마든지 발견할 수가 있는 것입니다.

우리에게 사랑하는 가족들이 있습니다. 믿음의 형제들이 있습니다. 같이 고통의 짐을 나누어 지는 이들이 있음으로 큰 위로가 되는 것입니다.

3. 미래를 바라볼 때 감사할 수 있습니다.

우리 삶의 근본적인 의미는 천국을 향하여 하루하루 전진하고 있는 것입니다.

그렇다면 어제보다는 오늘이, 오늘보다는 내일이 그만큼 천국이 가까워오고 있는 것입니다.

우스갯소리 같습니다만 "강아지가 짖어도 기차는 간다"는 말이 있습니다. 우리가 아무리 어렵고 고통스러워도 천국을 향하여 행진하고 있는 우리의 걸음을 멈추게 할 수는 없는 것입니다.

하늘에는 나를 위하여 예비하신 한 성(城)이 있다고 하셨습니다(히 11:16). 우리 주님은 지금도 내가 거할 그 처소를 준비하고 계신다고 하셨습니다(요 14:1-3).

소망의 눈을 들어 그것을 볼 수 있어야 합니다.

여러분!

우리가 이렇게 어렵고 고통스럽습니다만 과거를 생각해볼 때 감사할 조건들이 있을 것입니다.

현재를 돌아볼 때 함께 하시는 주님의 손길을 찾을 수 있을 것입니다.

그리고 미래를 바라볼 때 천국이 하루하루 가까워 옴을 볼 수 있을 것입니다.

범사에 감사하시면서 오늘도 주의 뜻을 이뤄드리는 하루가 되시기를 주님의 이름으로 축원합니다.

가리워진 눈

(눅 24:15-16)

주님은 사랑이십니다. 그리고 우리 주님의 사랑이 진실한 사랑인 것은 그분이 "세상 끝날까지 항상 함께 있겠다"고 하신 약속에서도 재확인이 되는 것입니다.

우리말에 호랑이에게 잡혀가도 정신만 바짝 차리면 된다는 말이 있습니다. 아무리 외롭고 고통스럽고 어려운 상황에 놓여 있다고 해도 그 가운데서도 살길은 마련되어 있다는 것입니다.

우리도 반드시 확인해야 할 것이 있습니다. 그것은 바로 주님의 함께 하심입니다.

세상에는 어리석은 사람들이 많이 있습니다.

1. 착각하는 사람입니다.

누가복음 2장에 보면 예수님이 12살 때 그의 부모는 유월절 제사를 마치고 집으로 돌아가는 길에 아들 예수님을 잃어버렸습니다. 당황한 그들은 사흘길이나 오던 길을 되돌아가서야 아직 성전에 계신 예수님을 찾을 수 있었습니다. 그야말로 주님이 함께 계시겠지...하는 헛된 믿음이었습니다.

오늘날도 주님은 자기와 함께 안 계신데도 계신 것으로 착각하는 신앙인, 즉 믿음은 믿음인데 짝사랑과 같은 믿음을 가진 이들이 있습니다.

어리석기도 하고 불행한 일이 아닐 수 없습니다.

2. 보지 못하는 사람입니다.

예수님이 부활하신 후 예루살렘은 크게 술렁이었습니다.

죽은 자가 다시 살아났다는 사실 때문입니다. 이 사실을 제자들도 알고 있었습니다. 그런데도 제자들은 예루살렘을 등지고 고향으로 내려가고 있었습니다.

그때 부활하신 주님이 그들과 함께 동행하며 이야기까지 나누시지만 제자들은 전혀 눈치를 채지 못하고 있었습니다. 이 또한 불행한 일이 아닐 수 없는 것입니다.

3. 눈이 가리워졌기 때문입니다.

본문의 15-16절에서 "저희가 서로 이야기하며 문의할 때에 예수께서 가까이 이르러 저희와 동행하시나 저희의 눈이 가리워져 그인 줄 알아보지 못 하거늘"이라고 하셨습니다.

"눈이 가리워져"라고 그 이유를 말씀하고 계신 것입니다.

우리 주변에도 소위 눈이 가리워진 신앙인들이 많이 있습니다.

참으로 안타까운 일이 아닐 수 없습니다.

여러분!

주님은 "세상 끝날까지 항상 함께 하겠다"고 굳게 약속하셨습니다. 그리고 성령강림으로 이 약속이 이행되었습니다. 그때부터 주님은 내 마음 속에 깊이 좌정하고 계십니다. 그리고는 감동, 감화, 인도, 교통하심으로 우리를 지지해 주고 계신 것입니다.

이 시간 내 마음 속에 계신 성령님을 꼭 확인하시고 결코 외롭지 않은 투병생활이 되시기를 주님의 이름으로 축원합니다.

나를 위하여 남을 용서하라

(롬 12:19)

우리의 최고의 소원이 있다면 "하나님께로부터 용서함"을 받는 것입니다. 왜냐하면 천국 가는 길에 죄가 항상 장애가 되기 때문입니다.

따라서 우리는 늘 나의 죄를 고하고 용서를 받아야 하는 것입니다.

그런데 여기에는 선행조건이 있습니다. 그것은 내가 먼저 남을 용서해야 하는 것입니다. 내가 먼저 남을 용서하지 않으면서 자신의 문제를 하나님께 아뢸 기본적인 자격 자체가 생기지 않는다는 것입니다. 상식적 이야기입니다.

따라서 나 자신을 위하여라도 남을 용서해야 하는 것입니다.

그런데도 사실 남을 용서한다는 것이 말처럼 쉬운 것은 아닙니다. 마음으로 용서하고는 싶어도 우리의 감정은 이를 거부하기가 쉽기 때문입니다. 그렇다면 어떻게 하면 용서할 수 있겠습니까?

1. 기도해야 합니다.

심정 그대로 미우면 미운 대로, 감정 그대로를 아뢰어야 합니다. 그러면 일단은 마음의 위로가 옵니다. 속이 시원해지고 조금은 상대를 이해하게 됩니다.

"어쩔 수 없는 상황이었겠지"하는 이 마음의 틈이 생기기 시작하면 가능성이 있습니다.

아무리 큰 바위도 밑에 지렛대가 들어갈 만한 틈이 생기면 얼마든지 움직일 수가 있듯이 말입니다.

때로는 나의 잘못도 생각나게 됩니다. 손바닥의 소리도 마주칠 때 나는 것입니다.

오늘의 이 아픔에 나도 어느 정도는 일조하지 않았을까 하는 생각이 양심으로부터 솟아오르는 때가 있습니다.

2. 주님께 맡겨야 합니다.

로마서 12장 19절에서 "원수 갚는 것이 내게 있으니 내가 갚으리라"고 하셨습니다. 기도하고 상대를 이해하고, 또 자신의 잘못도 어느 정도는 시인하며 화해를 구했어도 혹 상대가 이를 받지 않으면 주님께 맡겨야 합니다.

이 원통한 마음은 주께서 갚아 주시는 것입니다. '용서'는 내가 할 일이고, '갚는 일'은 주님이 하시는 일입니다.

여러분! 스위스의 기독교 정신과 의사 폴 투르니에는 "모든 질병의 70%는 마음의 병에서 기인한다"고 하였습니다. 물론 성경에도 있는 말씀입니다.

잠언 17장 22절에서도 "마음의 즐거움은 양약이라도 심령의 근심은 뼈를 마르게 하느니라"고 하셨습니다.

혹시 지금의 아픔이 있기까지 나에게 마음의 상처를 준 사람이 있습니까? 그들을 용서하시기 바랍니다.

남을 미워하면 살의를 품고 사는 것과 마찬가지입니다. 육신의 질병이 악화할 가능성이 매우 높습니다.

또한 남을 용서 못하면 나도 용서 받지 못한다는 사실을 직시하시기 바랍니다. "나를 위해서라도 다른 사람을 필히 용서"하시기를 바랍니다. 다른 사람의 잘못으로 내가 손해볼 이유는 없는 것입니다.

최고의 예배

(전 5:1)

하나님은 창조자이시고 우리는 그의 피조물입니다.
건강한 관계를 위해서 몇 가지 교훈을 얻고져 합니다.

1. 창조자 하나님께 대한 피조물의 최고의 예우는 무엇입니까?

그것은 바로 예배입니다. 예배는 그분을 알현하는 것입니다.

2. 예배는 어떤 태도로 드리는 것입니까?

본문에서는 "네 발을 삼갈찌어다"라고 하셨습니다.

창조자에 대한 최고의 예우를 드려야 합니다. 예배는 인간들의 생
사화복을 주장하시는 전능자 하나님을 만나 뵈옵는 시간입니다.

요한복음 4장 24절에서는 "하나님은 영이시니 예배하는 자마다 신
령과 진정으로 예배할찌니라"고 하셨습니다. 따라서 예배는 당연히 최
고의 예우로 정성으로 드려져야 합니다.

3. 예배의 최고의 예우는 무엇입니까?

본문에서는 "말씀을 듣는 것이 우매자의 제사 드리는 것보다 나으
니"라고 하셨습니다.

이는 예배 드리는 데에 제물이 필요없다는 뜻이 아닙니다. 하나님께 인격적인 예우보다는 제물만으로 할 일 다했다고 생각하는, 단지 자리만 참석함으로 드리는 형식적 예배 행위를 싫어하신다는 말씀입니다.

따라서 예배의 최고 예우는 말씀의 경청입니다. 말씀은 곧 인격입니다. 하나님과 우리 사이의 관계는 인격적 관계입니다. 그 관계가 원만하게 이루어지려면 하나님의 하시는 말씀을 잘 들어야 하는 것입니다.

여러분!

예배는 하나님과 만나는 시간입니다. 당연히 최고의 예우가 필요합니다. 이는 '말씀에 대한 경청"입니다.

하나님께서 하시는 말씀을 잘 들을 때, 하나님께서도 우리의 기도 소원도 잘 들어주실 것입니다.

예배마다 성공하시는 저와 여러분들이 되시기를 주님의 이름으로 축원합니다.

맡기고 삽시다

(시 37:1-6)

인생의 성공여부는 지혜 있는 분별력에 있다고 볼 수 있습니다.

그 분별의 대상은 선과 악에 대한 것과 완급에 대한 것, 그리고 가능성 여부에 대한 것이 있습니다.

그 중에서 특히 가능성이 없을시에 우리는 어떻게 해야 할까요?

아예 맡기는 지혜가 필요합니다.

그렇다면 무엇을 맡겨야 하겠습니까?

1. 원수 갚은 것을 맡겨야 합니다.

본문 1절에서 "행악자를 인하여 불평하여 하지 말며"라고 하셨습니다.

로마서 12장 19절에서는 "원수 갚는 것이 내게 있다"고 하셨습니다. 그럼에도 불구하고 굳이 내가 원수를 갚는다면 일단 월권 행위를 범하는 것입니다.

하나님의 일은 일단 하나님께 맡기는 지혜가 있어야 하겠습니다.

2. 기도한 것을 맡겨야 합니다.

본문 4절에서 "또 여호와를 기뻐하라. 저가 네 마음의 소원을 이루어 주시리라"고 하셨습니다.

기도를 드린다는 것은 일단 나의 한계를 하나님께 고백하는 것입니다.

"믿고 구한 것을 받은 줄로 믿으라"고 하셨습니다. 기도를 안 드렸다면 모를까 일단 기도를 드렸다면 이를 맡기시기 바랍니다.

그때부터 "공"은 하나님께로 넘어간 것입니다. 어찌되었든 간에 하나님께서 해결하실 것입니다.

3. 장래 일을 맡겨야 합니다.

본문 5절에서 "너의 길을 여호와께 맡기라. 그리하면 저가 이루시고…" 라고 하셨습니다.

우리는 불확실한 인생을 살아갑니다. 한치 앞을 장담할 수 없는 것이 인생입니다.

그렇다면 어떻게 하면 좋겠습니까? 아예 맡기시기를 바랍니다. 어차피 해결 못할 일이라면 아예 맡기는 것입니다.

인간들의 생사화복의 결정권은 생명의 주인이신 오직 하나님께만 있는 것입니다. 아무도 모르고 아무도 어쩔 수가 없는 것입니다.

그분께 모든 것을 맡기면 지금보다 훨씬 평안할 수 있습니다.

지금보다 훨씬 자유로운 생활을 영위할 수가 있을 것입니다.

여러분!

"맡기라"의 언어적 의미는 생각보다 매우 강합니다. 아예 "맡겨버리라"(벧전 5:7)는 것입니다. "언덕에서 아래로 집어 던져 버리라"는 뜻입니다.

원수갚는 것, 기도한 것, 장래 일은 그분께 아예 맡겨버리시고 그분의 인도하심에 따라 평안한 여생을 살아가시는 저와 여러분들이 다 되시기를 주님의 이름으로 축원합니다.

우리에게도 할일이 있다

(살전 5:17)

"사람이 생존하고 있다"는 것은 곧 뭔가를 해야 할 일이 있다는 것을 의미합니다.

이렇게 아프고 고통스러운 시간에 무슨 할 일이 있느냐고 반문하실 수 있습니다. 그러나 주님은 이러한 가운데에서도 할일이 있다고 우리에게 말씀하십니다.

바로 "기도하는 것"입니다. 그것도 "쉬지 말고 기도하는 것"입니다.

그렇다면 어떻게 해야 쉬지 않고 기도할 수 있겠습니까?

1. 감사의 기도를 해야 합니다.

바울은 "나의 나된 것은 하나님의 은혜라"고 하였습니다. 이렇게 어려운 가운데서도 내가 건재하고 있다는 사실만큼 소중한 것은 없습니다. 우리는 어제와는 다른 하루를 받았습니다. 이 하루는 행복한 자뿐 아니라 고독한 자에게도, 건강한 자 뿐 아니라 병약한 자에게도 동일하게 베푸시는 하나님의 은혜인 것입니다. 이 자체에 우선 깊은 감사기도를 드려야 할 것입니다.

2. 자신의 필요를 위하여 기도해야 합니다.

몸의 통증이 조절이 안되었으면 통증완화를 위하여 기도해야 합니다.

왠지 불안하고 초조하면 담대함을 위하여 기도해야 합니다.

외로운 마음이 들면 주님이 함께 하심을 느낄 수 있게 해달라고 기도해야 합니다.

그리고 생각나는 죄가 떠오르면 뒤로 미루지 말고 정직하게 그 즉시 회개해야 하는 것입니다.

뿐만 아니라 천국에 대한 소망과 확신이 약해지지 않도록 전폭적으로 미래를 맡기는 기도를 .해야 합니다.

3. 다른 사람을 위하여 기도해야 합니다.

나를 돕는 가족들, 정성을 다하는 자원봉사자들, 후원자들을 위하여 기도해야 합니다.

병원과 의료진들을 위하여 기도해야 합니다.

적어도 같은 방에 있는 더 어렵고, 더 외로운 환우들을 위하여 기도해야 합니다.

4. 지금까지 나에게 상처준 이들을 용서하기 위하여 기도해야 합니다.

영적 존재인 인간에게는, 용서에 대한 욕구가 있습니다.

지금까지 나에게 상처준 이들을 용서하기 위하여 우리는 기도해야 합니다. 기도하지 않고는 다른 사람을 용서할 수 없습니다. 그리고 다른 사람을 용서하지 않으면 나도 용서 받을 수 없습니다. 이러는 동안에 우리는 정말 쉬지 않고 기도하는 사람이 되는 것입니다.

여러분!

기도는 하나님과의 대화입니다. 더욱 깊은 기도를 통하여 주님과 더욱 깊이 있는 교제가 이루어지시기를 주님의 이름으로 축원합니다.

눈물의 병

(시 56:8)

누군가에게서 하늘에는 세 가지 액체를 담는 병이 있다는 이야기를 들은 적이 있는데 일리가 있다고 생각했습니다.

그 종류를 나누어 보면 첫째는 땀을 담는 병입니다. 이세상에 살 때에 얼마나 성실하게 살아왔느냐에 대한 흔적이라고 볼 수 있을 것입니다.

둘째, 피를 담는 병입니다. 우리가 주님의 사명을 맡은자로서 얼마나 순교적 각오로 사명을 감당했는가에 대한 평가라고 볼 수 있습니다.

셋째로, 눈물을 담는 병입니다. 눈물에도 여러 가지 있을 것입니다. 억울해서 흘리는 눈물, 기뻐서 흘리는 눈물, 슬퍼서 흘리는 눈물 등 그렇다면 우리가 흘려야 할 가장 바람직한 눈물은 무엇일까요?

1. 감사의 눈물입니다

우리가 좀더 정직한 사람이라면 망극하신 하나님의 사랑 앞에 감사의 눈물을 흘려야만 할 것입니다.

죄의 삯은 사망입니다. 그런데도 죄는 안 지을 수 없고 죄값은 받기 싫어서 몸부림치는 우리에게 하나님께서는 값없이 구원을 얻을 수 있도록 은혜를 베푸셨습니다.

그런데 분명히 할 것이 있습니다. 값 없이는 내 입장에서이지 주님 입장에서는 아니라는 것입니다.

자신의 몸을 십자가에 못 박으신 엄청난 희생이 있으셨음을 생각할 때 감사와 더불어 죄송스러움의 눈물을 흘려야만 할 것입니다.

2. 통회자복의 눈물입니다.

흔히 불효자일수록 자신을 효자로 여기고, 효자일수록 자신을 불효 자로 여긴다고 합니다. 의인도 마찬가지입니다. 죄인일수록 자신을 의인으로 여기고, 의인일수록 자신을 죄인으로 여긴다고 합니다.

바울은 자신의 사도권을 누누이 강조하던 사람이었습니다. 그러나 믿음이 더욱 성장해가면서 자신을 만삭이 되지 못하여 난 자로(고전 15:8), 성도중에서도 작은 자로(엡 3:8), 나중에 말년에는 죄인의 괴수(딤전 1:15)로까지 고백하는 것을 보게 됩니다.

뿐만 아니라 로마서 7장 24절에서는 아예 "오호라 나는 곤고한 자라. 이 사망의 몸에서 누가 나를 건져내랴"고 울부짖고 절규하는 모습을 보게 됩니다.

십자가의 큰 용서로 죄사함을 받았으면 더 이상은 죄를 짓지 말아야 할텐데, 살다 보면 회개하고도 또 짓고 회개하고도 또 짓고 하는 자신의 나약함 때문에 우리는 많은 눈물을 흘려야 합니다.

여러분! 우리가 땅에서 흘리는 이 눈물은 하늘에 있는 병에 일일이 쌓여지는 것입니다.

회개하고도 또 짓고, 회개하고도 또 짓는 대책없이 반복되는 죄 때문에 우리는 많은 눈물을 흘려야만 할 것입니다. 왜냐하면 가까운 장래에 저와 여러분의 생애를 평가하는 아주 중요한 기준이 될 것이기 때문입니다.

될 수 있는 한 많은 눈물을 흘리시기 바랍니다.

우리 안에 생명이 있습니까?

(요 5:24-25)

이산가족의 최대 관심은 헤어진 가족과의 만남입니다.

그리고 동서고금 남녀노소 전세계에 있는 인류의 최대 관심은 영생입니다.

그런데 일반적 이해는 죽지 않고 영원히 사는 것, 즉 진시황제의 요구처럼 시간의 연장으로 이해합니다. 물론 이 이해가 틀린 것은 아닙니다. 그러나 성경에 말씀하시는 영생의 보다 본질적 의미는 양이 아니라 질입니다.

그렇다면 영생은 무엇이며, 어떻게 주어지며, 언제 얻을 수 있겠습니까?

본문을 통하여 영생의 깨달음과 확신을 가지며 결단의 시간이 되시기를 바랍니다.

1. 영생이란 무엇입니까?

한 마디로 "존재의 변화"입니다.

본문 24절에서 "영생을 얻었고"라고 했고, 또 25절에서는 "죽은 자들이 … 살아나리라"고 했습니다.

따라서 영생은 서서히 일어나는 시간의 변화가 아닌 존재의 변화인 것입니다. 죽은 자들이 살아나는 것, 그것이 곧 영생입니다.

영생은 장차 앞으로 죽은 다음에 어떻게 되는 것이 아닌 즉시 일어나는 현재적 사건입니다.

마치 화학적 변화와 같이 전혀 새로운 피조물이 되는 것, 존재의 변화가 바로 영생입니다.

2. 어떻게 하면 얻을 수 있습니까?

믿음으로 가능합니다.

본문 24절에서 "내 말을 듣고 또 나를 보내신 이를 믿는 자는 영생을 얻었고"라고 하셨습니다.

영생을 얻는 조건은 믿음입니다. 아니 믿음뿐인 것입니다.

이 세상에는 참 종교가 많습니다. 종교마다 인간의 구원을 이야기합니다. 그런데 그 방법의 대부분은 "인간 만세"를 말합니다. 이 방법은 누구나 노력하면 구원에 이를 수 있다는 것입니다.

공을 얼마 드리면, 헌금을 얼마 드리면, 심지어는 자학에 가까운 극기를 요구하기도 합니다. 그러나 이러한 노력은 허무만 더할 뿐이고 고통만 더할 뿐입니다.

주님께서는 "천하보다도 귀한 것이 우리의 생명이다"라고 하셨습니다.

따라서 천하보다 귀한 구원을 얻기 위해서는 적어도 천하만큼의 가치 있는 값을 치러야 할 것입니다.

그렇다면 도대체 이 세상 그 어떤 것으로 생명의 값을 치를 수 있겠습니까?

원천적으로 구원은 인간의 노력으로는 불가능합니다. 여기에 비하여 우리 주님은 인간만세를 그만 부르고 "믿기만 하라"고 하십니다.

그러면 무엇을 믿으라는 말씀입니까?

요한복은 14장 6절에서 "내가 곧 길이요 진리요 생명이니 나로 말미암지 않고는 아버지께로 올 자가 없느니라"고 하셨습니다.

즉 예수님이 죄없는 인간으로 오시되 죄있는 나를 대신하여 죽어주신 사실을 믿으라는 것입니다. 그것이 영생의 유일한 길이라고 하시는 것입니다. 곧 구원의 유일성입니다.

3. 언제 얻을 수 있습니까?

지금입니다.

본문 25절에서 "죽은 자들이 하나님의 아들의 음성을 들을 때가 오나니 곧 이때라. 듣는 자는 살아나리라"고 하셨습니다.

믿기만 하면 생명을 얻게 되는데, 그때가 바로 지금이라는 것입니다. 뒤로 미루면 안됩니다. 방학숙제를 뒤로 미루면 개학할 때 고통받습니다. 구원도, 영생도 뒤로 미루면 절대로 안됩니다. 일단 죽으면 차선이 없기 때문입니다.

세례가 구원은 아닙니다. 교회출석, 봉사가 구원이 아닙니다. 믿어야 구원을 얻을 수 있는 것입니다.

지금 병실 508호에는 최○석님이 계십니다. 처음에 오셨을 때 자신의 상태를 잘 모르셨고, 교회에서 얼마 전에 세례를 받으셨다고 했습니다. 우리들의 봉사에 "고맙다"고 인사하면서 병이 나으면 "아들집이 냉면집이니 같이 가서 먹자"고까지 하셨습니다.

그러던 분이 자신의 상태가 자꾸만 나빠짐을 절감하고, 한 방에서 지내던 환우들의 죽음을 목격하고, 또 설교도 죽음을 준비시키는 말씀으로 이어가게 됨으로 인해 자신의 상태를 짐작하게 되었습니다. 지난 금요일에는 예배를 마치고 나오는데 부인이 말하길 남편이 밤새 부들부들 떨고 잠 한숨 못잤다고 전해주었습니다.

그래서 제가 본인에게 "왜 잠을 못주무셨어요?"라고 물으니 "무서워서…"라고 대답하는 것이었습니다. 다시 제가 "무엇이 그렇게 무서워요?"라고 물으니 "죄 때문에… 지은 죄가 자꾸 생각이 나서…"라고 말을 잇지 못하는 것이었습니다. 그래서 제가 이렇게 말씀을 드렸습니다.

"우리가 예수를 믿는 이유는 죄 때문입니다. 죄를 해결해 달라고 믿는 것입니다. 저도 사실 아주 나쁜 사람이었습니다. 술도 많이 먹고, 거기에 따르는 실수도 많았고, 더구나 되는 대로 살았습니다. 그런데 그곳이 또 안양이었습니다. 그렇다면 저도 인간인데 어떻게 이곳에서 뻔뻔스럽게 목사 노릇을 하겠습니까? 주님이 죄 문제를 해결해 주신 것을 믿기 때문에, 주님이 내 죄를 용서하신 것을 믿기 때문에 할 수 있는 것입니다. 바로 이 믿음이 있어야 죽음 앞에서 담대할 수 있습니다."

저는 그분의 두 손을 꼭 잡고 기도해 드리면서 조 간사에게 성경을 많이 읽어 주도록 부탁하였습니다. 제가 보기엔 그분은 엉겁결에 세례는 받았지만, 믿음은 없어 보였습니다.

예수님이 자신의 죄를 용서하신 것, 예수님의 피의 공로와 그 엄청난 희생과 사랑을 믿지 못한 것입니다. 자꾸만 뒤로 미루다가 심판자되시는 주님을 곧 만날 것을 생각하니 도무지 두려워서 잠을 이룰 수 없었던 것이었습니다. 아니 잠못 이루지 못할 정도가 아니라 와들와들 떨고 있는 것이었습니다.

믿음의 가치를 안다면 그 믿음의 결단은 지금, 이 자리에서 이루어져야 합니다.

미루면 절대로 안되는 것이 믿음입니다.

여러분!

여러분들의 속에는 진짜 예수의 생명이 있습니까?

이를 확신한다면 살아가면서 당하는 고통 가운데서도 아니 죽음 앞에서도 좀더 담대하시기 바랍니다. 왜냐하면 존재가 이제 세상사람과 다르기 때문입니다.

그러나 왠지 찜찜하다고 생각이 된다면 지금 이 자리에서 주 예수를 진짜 믿으시기 바랍니다. 결단하시기 바랍니다.

예수님이 나를 위하여 죽어 주신 것과 그의 흘리신 피의 가치와, 그의 일방적인 사랑을 인정하고 믿고 받아들이시기 바랍니다.

그러면 존재적 변화를 경험할 수 있을 것입니다.

우리는 비록 이 땅에 발을 딛고 살고는 있지만 이세상 사람과는 전혀 다른 영생의 삶을 살아가고 있는 것입니다. 바로 그 믿음의 고백이 시작된 때부터 말입니다.

이 소중한 고백을 통하여 존재적 변화의 경험을 꼭 하게 되시기를 주님의 이름으로 축원합니다.

찬송에 익숙하자

(마 26:30;대상 25:7)

천국생활은 곧 찬송생활이라 할 것입니다. 그런데 찬송은 그 만큼 연습하지 않으면 말처럼 쉬운 일이 아닙니다. 따라서 연습해 두어야 합니다. 그렇다면 언제 연습해야 하겠습니까?

1. 성공했을 때입니다.

사람들은 성공하게 되면 하나님께 찬송보다는 "인간만세"를 많이 부릅니다. 그러나 이것은 정직하지 못한 처사요 비열한 처사입니다. 하나님의 도우심이 없이는 그 어찌 성공할 수 있겠습니까?

누구인들 성공하기 싫어서 실패하는 것이 아니기 때문입니다.

성공했을 때 정직한 사람은 인간만세가 아닌 하나님 만세, 즉 찬송을 부르게 될 것입니다.

2. 실패했을 때입니다.

시편 1장 3절에서 "시절을 좇아 과실을 맺으며"라고 하셨습니다.

봄이 지나면 여름이 오고 가을 오고 겨울도 오는 것입니다.

이러한 원리로 춥고 힘든 겨울 뒤에는 곧 온갖 화초가 만개하는 봄이 올 것입니다.

따라서 우리는 인생의 겨울에도 찬송을 불러야 합니다. 왜냐하면 곧 봄이 오게 하는 하나님의 주권과 섭리를 믿기 때문입니다.

3. 임종할 때입니다.

일반적으로 죽음을 비통하게 생각합니다. 따라서 장송곡과 같은 낮고 느리고 어두운 음악을 사용합니다만 우리 크리스천들은 오히려 빠른 속도의 찬송을 많이 사용합니다(221장, 222장, 231장, 291장, 293장 등).

그 이유는 무엇이겠습니까?

죽음은 천국으로 들어가는 과정(출입문)이기 때문입니다.

죽음은 답답하고 고달프기 이를데 없는 광야같은 세상을 청산하고 영원하신 안식의 나라로 이사를 가는 길이기 때문입니다(고후5:1-2).

여러분!

천국은 찬송이 그치질 않는 곳입니다. 우리 모두의 소망입니다.

그러나 이곳에서 만일 찬송을 연습하지 않으면 그곳에서의 찬송이 유창하게 불려질 수 있겠습니까? 찬송은 연습해야 합니다.

따라서 우리는 성공과 실패시에도 찬송을 불러야겠지만 임종시에도 찬송을 부를 수 있어야 합니다.

주님도 십자가 죽음을 눈 앞에 두고 찬송을 부르고 계셨습니다(마26:30). 이를 위해서는 우리도 평상시에 부지런히 찬송 부르기를 연습해야 할 것입니다.

예비하신 처소
(요 14:1-3)

기독교 교리에는 '삼위일체론'이 있습니다. 즉 하나님은 성부 하나님과 성자 예수님, 성령님이 계십니다.

성부 하나님은 하늘의 영광스러운 보좌에 계십니다.

성령 하나님은 우리가 예수님의 십자가 공로를 인정하고 구원주로 영접하는 순간부터 우리의 마음 속에 들어오셔서 좌정하고 계십니다.

1. 성자 예수님은 어디에 계실까요?

우리의 죄를 대신하여 십자가에 죽으심으로 구원의 길을 열어 놓으신후 승천하셔서(행 1:9-11) 지금은 성부 하나님 보좌 우편에 계십니다(행 7:55;벧전 3:22).

2. 그곳에서 무엇을 하고 계실까요?

그 해답이 본문에 나와 있습니다.

본문 2절에서 "내가 너희를 위하여 처소를 예배하러 가노니"라고 하셨습니다.

즉 예수님은 지금 장차 우리의 거할 처소를 마련하고 계신 것입니다.

3. 처소의 형편은 어떠할까요?

밤이 없는 곳입니다. 곧 마귀, 어둠의 세력이 없는 곳입니다(계 22:5). 눈물이 없는 곳입니다. 곧 고통, 억울함, 슬픔, 섭섭함이 없는 곳입니다(계 21:4). 사망이 없는 곳입니다. 곧 절망, 공포, 불안감이 없는 곳입니다.(계 21:4). 아픔이 없는 곳입니다(계 21:4). 그리고 가증, 거짓이 없는 곳입니다(계 21:27) 거짓과 권모술수가 판을 치는 세상에 진절머리가 나지 않습니까?

대신에 모든 길은 유리같은 정금으로 되어 있습니다(계 21:21).

또 성곽의 기초석은 각색 보석으로 꾸며졌고(계 29:18-19),열두 문은 진주로 되어있고(계 21:21), 부리는 영 천사들이 있고(계 5:11), 생명나무가 있고(계 22:2), 생명수가 있는 곳(계 22:1)입니다. 그리고 무엇보다 하나님과 예수님이 계시고 앞서간 우리의 믿음의 친구들(찬송가 222장 2절)이 있는 곳입니다.

우리가 갈 처소는 대단히 광명한 집이며, 영원히 즐거운 곳입니다.

언제가 박○숙 환우분은 "아마 사람들이 천국을 제대로 안다면 절대로 세상에 연연하지 않을 것"이라고 고백하는 모습을 보았습니다.

그렇습니다. 정전 속에서는 촛불의 불빛도 매우 귀중해 보입니다. 그러나 일단 전기가 들어오면 형광등 빛에 파묻히듯 아무런 의미가 없듯이 말입니다.

여러분! 우리가 주목할 말씀은 본문 3절에서 "너희를 위하여 처소를 예비하면 내가 다시 와서 너희를 내게로 영접하여 나 있는 곳에 너희도 있게 하리라"고 하신 말씀입니다. 주님이 재림하시면 우리를 천국으로 인도하시겠다는 것입니다.

그런데 주님이 오셔서 만나는 것이나, 기한이 되어 우리가 주님을 먼저 찾아가서 만나는 것이나 결과는 마찬가지입니다.

언제 불쑥 다가올지도 모를 그 날을 오히려 사모하게 되는 저와 여러분이 다 되시기를 주님의 이름으로 축원합니다.

지극한 사랑

(요 13:1)

이 세상에서의 가장 아름다운 가치는 '사랑'입니다. 그래서 많은 사람들의 입에서 끊임없이 오르내리는 것인지도 모릅니다.

그런데 사랑도 사랑 나름입니다. 사람들의 사랑 노래와 하나님의 사랑은 우선 그 차원에서부터 다릅니다.

하나님 사랑의 특징은 무엇일까?

1. 대상을 가리지 않습니다.

우리가 흔히 사랑한다는 대상은 다분히 조건부적 대상입니다. 세상에서 노래되는 사랑은 사랑할 만한 가치가 있을 때 사랑하게 되는 것입니다. 예쁘니까 사랑하게 되고, 귀여우니까 사랑스럽고, 그만한 자리에 있으니까 관심을 갖게 되는 것입니다.

거기에 비해서 오늘 주님이 사랑하는 제자들은 엄밀한 의미에서 사랑받을 가치가 없는 대상들입니다.

3년 동안 속 많이 썩여드렸을 뿐 아니라 머지 않아서 주님을 배반할 사람들임을 주님은 이미 알고 계셨습니다. 그러나 주님은 그러한 제자들을 사랑하셨습니다.

오늘 우리 역시 감사해야 할 것은 우리의 처한 입장이 이렇게 열악

한데도 주님은 우리의 조건을 보지 않고 사랑하고 계시다는 것입니다.

2. 자신의 형편을 가리지 않습니다.

"쌀독에서 인심 난다"는 말이 있습니다.

우리가 남에게 무엇인가를 준다는 것은 그래도 그만하기 때문입니다. 정작 내 코가 석자 빠지면 솔직히 남 생각할 겨를이 없는 것입니다. 그것이 우리가 노래하는 사랑의 한계입니다.

그러나 오늘 주님은 잠시후면 그 치욕스러운 십자가 죽으심을 당하셔야만 하는 생애 최대의 위기의 상황입니다. 그러나 자신의 위기시에도 주님은 변함없이 제자들을 사랑하고 계신 것입니다.

마치 삼풍사건때 쏟아지는 건물더미 속에서도 어린 자식을 품에 품고 끝까지 생명를 지켰다는 어떤 어머니의 사랑을 연상하게 하는 말씀입니다.

주님의 사랑은 자신의 상황과 형편을 고려하지 않고 베푸는 사랑입니다.

3. 끝까지 베푸시는 사랑입니다.

잠깐의 사랑은 누구든지 흉내낼 수 있습니다. 그러나 지속하기란 그리 쉬운 일이 아닙니다.

우리가 세상 사랑에 곧잘 실망하는 것은 대부분이 '잠깐 사랑'이기 때문입니다.

그러나 우리 주님은 사랑하시되 '끝까지 사랑'하시는 사랑이었습니다.

나라가 어려울 때 충신을 알아본다고 합니다. 가정이 어려울 때 현모양처를 알아본다고 합니다. 우리가 이렇게 어려울 때 우리를 향한 하나님의 사랑이 진실하신 사랑인가를 '끝까지의 사랑'을 통해서 꼭 확인하시기를 바랍니다.

여러분!

이제까지 세상이 우리에게 준 것은 실망뿐이었습니다. 변덕을 부리기 때문입니다.

그러나 여기 우리가 감히 상상해 보지도 못했던 사랑이 있습니다. 우리가 어떠한 입장에 있든지 아무 조건을 따지지 않고 그것도 세상 끝까지 함께 하시는 '하나님의 사랑'이 있습니다. 그 사랑을 꼭 경험하시고 위로 속에 생활하시기를 주님의 이름으로 축원합니다.

하나님 자녀의 권세

(요 1:12)

　　우리가 이 사회에서 사회의 일원으로서 이 정도로 건강한 삶을 살 수 있는 것은 적당한 신분과 자격과 거기에 따르는 영예를 포함한 권리가 있기 때문입니다.

　　우리는 하나님의 자녀입니다.

　　그렇다면 하나님의 자녀에게는 어떠한 권세가 있을까요?

1. 하나님께 대한 두려움이 없습니다.

　　로마서 8장 15절에서 "너희는 다시 무서워하는 종의 영을 받지 아니하였고 양자의 영을 받았으므로 아바 아버지라 부르짖느니라"고 하였습니다.

　　예수님을 영접하면 우리는 그 즉시 하나님의 자녀가 되는 것입니다. 하나님은 우리의 아버지이시기 때문입니다. 자식은 아버지를 두려워하지 않습니다. 사랑할 뿐입니다.

2. 의뢰권이 있습니다.

　　고린도전서 10장 13절에서 "시험당할 즈음에 또한 피할 길을 내사 너희로 능히 감당하게 하시느니라"고 하였습니다.

마귀의 공격은 우리가 하나님의 자녀가 되었다고 해서 약화되지 않습니다. 오히려 더욱 강력하게 도전해오곤 합니다. 이때 우리의 힘으로 대적하려 한다면 어리석은 일입니다.

마귀는 예수님께도 도전할 만큼 당돌하고 막강합니다. 따라서 그때마다 하나님께 의뢰하는 것이 지혜있는 처신입니다.

3. 청구권이 있습니다.

마가복음 11장 24절에서 "무엇이든지 기도하고 구하는 것은 받은 줄로 믿으라. 그리하면 너희에게 그대로 되리라"고 하셨습니다.

이 얼마나 확신에 찬 권고이십니까?

아버지와 아들 사이에서만이 통용될 수 있는 대화의 내용입니다. 여러분들이 당하고 있는 고통의 문제는 이제 아버지께 다 아뢰어야 합니다. 그때부터는 내 문제는 아버지의 문제가 될 것입니다.

여러분!

이상의 권리(권세)는 자녀에게 마땅히 주어진 특권입니다.

하나님께 나가실 때마다 담대하게 나아가시고, 마귀의 힘이 느껴질 때마다 의뢰하시고, 필요한 것이 있을 때마다 청구 기도를 하시기 바랍니다. 그래서 문제마다 반드시 해결하는 축복을 늘 누리면서 살게 되시기를 주님의 이름으로 축원합니다.

영생의 의미

(요 10:28)

하나님께서는 "믿기만 하면 구원을 얻는다"고 하셨습니다.

구원은 하나님의 자녀가 되는 것입니다. 또한 구원은 영생입니다.

그런데 영생에 대하여는 여러 가지 다른 의미로의 해석의 차이가 느껴지기도 합니다.

그렇다면 성경이 말씀하시는 영생의 의미는 무엇입니까?

1. 영원히 사는 것입니다.

요한복음 11장 25절에서 "나는 부활이요 생명이니 나를 믿는 자는 죽어도 살겠고 무릇 살아서 나를 믿는 자는 영원히 죽지 아니하리니"라고 하셨습니다.

또 요한복음 6장 40절에서 "내 아버지의 뜻은 아들을 보고 믿는 자마다 영생을 얻는 이것이니 마지막날에 내가 이를 다시 살리리라"고 하셨습니다.

일단은 시간적인 영원성의 의미가 있는 것입니다.

2. 존재의 변화입니다.

요한복음 5장 24절에서 "내 말을 듣고 또 나 보내신 이를 믿는 자는 영생을 얻었고 심판에 이르지 아니하나니"라고 하셨습니다.

영생의 좀더 본질적 의미는 존재의 변화입니다. 심판 받아야 할 존재에서 심판 받지 않는 존재로, 이미 죽어 있던 존재에서 생명있는 존재로, 존재 자체가 바뀐 것입니다. 시간의 영원성도 존재 자체가 변했으므로 가능한 것입니다.

3. 그리스도와 하나가 되는 것입니다.

요한복음 10장 28절에서 "내가 저희에게 생명을 주노니 영원히 멸망치 아니할 터이요 또 저희를 내 손에서 빼앗을 자가 없느니라"고 하셨습니다.

영생은 그리스도와 하나가 되는 것입니다. 존재의 변화도 그리스도와 하나됨으로 가능해지는 것입니다. 따라서 그 어느 누구도 이미 그리스도 안에 있는 우리의 생명을 빼앗을 수는 없습니다.

여러분!

일련의 말씀을 놓고 볼 때, 영생은 미래에 되어질 희망사항이 아니라 예수를 믿으면 그 즉시 일어나는 현재적 사건입니다.

죽음 이후의 문제는 영생의 일부분에 지나지 않는 것입니다.

이미 영생을 얻은자답게, 우리 안에 생명을 간직한 자답게, 그 어떤 환경과 조건의 변화에도 개의치 않고 담대하게 살아가시기를 주님의 이름으로 축원합니다.

말씀의 능력

(시 119:33-37)

기독교는 말씀의 종교입니다. 타 종교의 대부분은 의식을 중요시합니다. 그러나 기독교는 처음 말씀으로 만물을 창조하기 시작하신 후부터 계속해서 말씀하시는 "말씀의 종교"입니다.

그렇다면 말씀에는 어떤 힘(위력)이 있습니까?

1. 깨달음을 주십니다.

본문 34절에서 "나로 깨닫게 하소서. 내가 주의 법을 준행하며 전심으로 지키리이다"라고 하셨습니다.

이 말씀은 무지한 우리들에게 깨달음을 주십니다.

자신이 얼마나 더러운 죄인인지, 자신이 얼마나 무능한 존재인지, 이렇게 살아가다가는 종국은 어떻게 되는 것인지 등 자신의 존재를 깨닫는 것으로부터 시작하여 이러한 우리를 향하신 하나님의 생각은 어떠하신지 등을 깨닫게 해줍니다.

2. 욕심으로부터 자유케 하십니다.

본문 36절에서 "내 마음을 주의 증거로 향하게 하시고 탐욕으로 향치 말게 하소서"라고 하셨습니다.

일생을 살아가면서 우리가 고통당하는 것은 욕심 때문입니다. 이 욕심은 본질적으로 죽어야만 사라질 고질병입니다.

그런데 그 원인을 잘 분석해 보면 영적 갈급함에 대한 또 다른 반응인 것입니다.

따라서 보다 근본적인 갈증 해소의 대안이 있다면 우리는 욕심으로부터 자유할 수 있습니다. 그것이 곧 말씀입니다.

말씀을 통하여 우리가 은혜를 받으면 그것으로 만족을 얻습니다. 사람들은 더 이상 욕심을 부리지 않습니다. 비로소 욕심으로부터 자유하는 삶을 살 수 있습니다.

믿음 좋은 분들이 비교적 검소, 소탈하게 사는 것도 여기에 비결이 있는 것입니다.

3. 소성케 하십니다.

본문 37절에서 "주의 도에 나를 소성케 하소서"라고 하셨습니다.

타는 듯한 폭염에 노출된 화초는 기력이 쇠하여 기진맥진합니다.

그러나 아침에 보는 풀잎은 언제 내가 그랬느냐 싶을 정도로 싱싱함을 자랑합니다.

그 비결은 무엇입니까? 이슬입니다. 밤새 내린 이슬이 지칠 대로 지쳐있던 화초를 소성케 하는 것입니다.

말씀의 능력도 마찬가지입니다. 우리가 이렇게 지쳐있고 힘들어하는 가운데 있습니다만 말씀의 은혜를 받으면 우리도 소성케 되는 것입니다. 힘을 얻는 것입니다.

이렇게 어려운 상황을 능히 이기고 남는 힘을 얻을 수가 있는 것입니다.

그래서 이것을 아는 시인은 "나의 힘이 되신 여호와여 내가 주를 사랑하나이다"(시 18:1)라고 고백하고 있는 것입니다.

여러분!

우리가 하나님께로부터 받은 복중의 복은 바로 '말씀'입니다.

말씀을 들으면 깨달음을 얻습니다. 지긋지긋한 욕심으로부터 자유함을 얻습니다. 그리고 지칠 대로 지친 영혼이 새 힘을 얻을 수 있습니다.

말씀을 더욱 뜨겁게 사모하게 되시기를 주님의 이름으로 축원합니다.

하나님 사랑을 깨달으면

(요 3:16)

하나님은 사랑이십니다. 하나님이 사랑이심은 독생자를 주심에서 그 절정을 이룹니다.

그 사랑을 받은 자로서 마땅한 도리는 무엇일까요?

1. 감사해야 합니다.

우리가 받은 사랑은 우리가 평소 상상이나 경험을 해 보지 않은 사랑입니다.

하나밖에 없는 아들 주시다니… 그것도 희생 제물로 죽이시다니… 단돈 만원을 남을 위하여 순수하게 베풀기가 어려운 세상에서 살아온 우리로서는 그 망극하신 은혜 앞에 그저 "주님… 감사합니다"라고 밖에는 뭐라고 할 말이 없는 것입니다.

2. 긍지를 가져야 합니다.

하나님께서 나를 위해서 독생자를 희생하신 것은 적어도 그 순간만은 나를 예수님만큼 가치있게 평가해 주셨다는 뜻이 됩니다. 어떤 사람이 물건을 하나 사면서 값을 치른다면 적어도 그 물건이 그 만큼의 가치가 있다고 판단했기 때문에 사는 것이 아니겠습니까?

우리가 아무리 이렇게 어렵고 힘들어도 "적어도 나는 예수 그리스도만큼은 평가받고 있는 존재이다"라는 긍지를 가지시기 바랍니다.

3. 책임감을 느껴야 합니다.

망극하신 사랑을 입은 자로서, 또한 그토록 귀한 평가를 받은 입장으로서 거기에 따른 책임감도 느낄 수 있어야 합니다.

우리의 환경과 조건은 수시로 변해갑니다. 어려운 상황이 닥쳐오더라도 쉽게 좌절하거나 불평하거나 원망해서는 안될 것입니다.

쉽게 변하지 않는 마음, 그 엄청난 사랑을 받은 후 이것이 우리에게 요구되는 책임입니다.

여러분!

환경만을 보면 어느 누구도 좌절하지 않을 수 없습니다. 이런 속에서도 '하나님 사랑'의 의미를 생각하시면서 힘을 얻고 어려움을 잘 통과하시기를 바랍니다.

평소점수

(고전 1:6-9)

우리가 행동하는 모든 일에는 반드시 그 어떤 목적이 있습니다. 어린이가 학교 가는 것도, 어른들이 사업을 운영하는 것도 다 목적이 있습니다.

그렇다면 우리의 신앙생활에는 어떤 목적이 있겠습니까?

1. 그 날에 책망받지 않으려 하는 것입니다.

본문 8절에서 "주께서 너희를 우리 주 예수 그리스도의 날에 책망할 것이 없는 자로 끝까지 견고케 하시리라"고 하셨습니다.

히브리서 9장 27절에서 "한번 죽는 것은 사람에게 정한 이치요 그 후에는 심판이 있으리니"라고 하셨습니다.

우리 모두는 다 죽게 될 것입니다. 그리고는 하나님 앞에 일대일로 단독대좌하는 시간이 있을 것입니다.

그때에 하나님께서는 우리의 지난 생애를 하나님 기준(성경말씀)으로 단번에 평가하실 것입니다.

그때는 "수고하고 고생 많이 했다"시며 위로하시고 품에 품으시는 사람이 있는가 하면, 아주 엄한 표정으로 꾸짖으시며 책망할 사람도 있을 것입니다.

이 땅에서 우리가 예배를 자주 드리는 이유는 그날에 책망을 피하기 위해서 입니다.

그렇다면 비결은 무엇입니까?

2. 주 예수와 깊이 있는 교제를 나누어야 합니다.

다시 말해서 어차피 하늘에서 만날 분이라면 이땅에 있을 동안에 "미리 친해두자"하는 것입니다. '평소점수의 확보' 이것이 지혜입니다.

교제중 교제는 예배입니다. 따라서 평소점수 확보 수단의 제 1순위는 바로 예배인 것입니다. 될 수 있는 한 성의있게, 그리고 좀 진지하게 예배를 드려야만 할 것입니다.

여러분!

지혜 있는 사람은 현실에 대한 바른 이해로부터 시작합니다.

저와 여러분의 현재는 어떤 의미가 있습니까?

본문 7절에서 "우리 주 예수 그리스도의 나타나심을 기다림이라"고 하셨습니다.

지금은 예수 그리스도를 만나기 위해서 대기하고 있는 것입니다.

언제인지도 모르지만 그날에 부끄럼이나 책망 받지 않기 위해서는 이 땅에서의 "하나님과의 만남", 즉 예배에 좀더 성의를 보이시고 열심을 품으시므로 평소점수를 많이 확보해 두시기를 바랍니다.

우리가 구원을 확신할 수 있는 이유

(롬 8:29-30)

우리 생애 최대의 소망은 구원입니다. 우리의 신앙생활도 바로 그 구원을 전제로 한 활동인 것입니다.

그리고 "믿기만 하면 구원에 이른다"는 것이 구원의 근거가 됩니다.

그런데 어떤 때는 다소 막연한 느낌이 들기도 하는 것입니다.

본문은 우리의 구원이 얼마나 확고부동한 하나님의 의지인가를 잘 보여주는 것입니다.

1. 하나님은 나를 아시고 구원하기로 이미 정하셨습니다.

회사에서 한 사람을 채용해도 얼마나 검토하고 따지고 분석하고 채용하는지 모릅니다.

결혼을 하는 데 있어서도 얼마나 이모저모를 살펴보고 확인하고 나서야 하게 되는지 모릅니다.

그런데 하나님께서는 저와 여러분을 미리 아시고 구원하시기로 미리 정하셨습니다.

에베소서 1장 4절에서 "창세 전에 이미 정하셨다"고 하셨습니다. 이유는 모르겠습니다. 다만 우리가 확인할 수 있는 것은 그 분이 저와 여러분을 미리 정하셨다는 것입니다. 오직 감사 드릴 것 뿐입니다.

2. 미리 정하신 후 부르셨습니다.

내가 지금 예수를 믿게 된 것은 내가 주도권을 가진 것이 아니라 사실은 "부르시는 하나님께 응답한 것"입니다.

요한복음 15장 16절에서 "너희가 나를 택한 것이 아니요 내가 너희를 택하여 세웠나니"라고 하셨습니다.

내가 구원의 주도권을 쥐고 있다면 이건 보통 큰 일이 아닙니다. 늘 불안합니다. 자주 변덕을 부리기 때문입니다. 한계가 뻔하기 때문입니다.

그러나 바로 주도권을 가지고 계신 이가 하나님이시기 때문에 우리는 믿을 수 있는 것입니다.

그 분이 "나를 택하여 세우신 것", 이것이 우리의 구원을 확신할 수 있는 근거입니다.

3. 영화롭게 하셨습니다.

'영화'는 우리의 몸이 썩어질 몸에서 신령한 몸으로 변화한 상태를 말하는 것입니다. 시간상으로는 죽음 이후를 의미하는 것이며, 과정상으로는 구원의 완성 단계를 의미하는 것입니다.

그런데 하나님께서는 이미 그 단계를 완료형으로 말씀하고 계신 것입니다. 그 만큼 우리의 구원을 향한 하나님의 의지는 확고 부동하다는 것을 말씀하고 계신 것입니다.

여러분!

의심은 마귀의 기본 전략입니다. 에덴에서의 아담도 이 마귀의 전략에 그만 넘어가고야 말았던 것입니다.

우리의 구원(천국)은 이제 의심할 바 없는 너무도 확고부동한 하나님의 의지임이 확인되었습니다.

"의인은 믿음으로 살리라"고 하셨습니다. 끝까지 이 믿음으로 승리하게 되시기를 주님의 이름으로 축원합니다.

고난의 유익

(시 119:71)

피아노학원에 가면 피아노를 배웁니다. 태권도 학원을 가면 태권도를 배웁니다.

인생에는 원하든 원치 않든 간에 고난의 학교라는 곳이 있습니다. 그곳에서는 무엇을 가르칠까요?

1. 잃어버린 자신을 찾습니다.

이 세상은 그리 호락호락하지를 않습니다. 방대할 뿐 아니라 그 속도가 엄청나게 빠르게 흘러가고 있습니다. 매일매일 다가오는 삶의 과제를 감당하기에도 벅찬 것이 사실입니다.

그러다가 보니 정작 자기 자신은 잃어버린 지 오래이고, 그냥 바쁘게만 생활을 계속하고 있는 것입니다. 이것은 확실히 비극입니다.

그러나 고난은 이러한 우리의 걸음을 잠시 멈추게 합니다.

그리고는 나는 어디에서 왔는지, 나는 어디로 가고 있는 것인지, 내가 지금 무엇 때문에 살고 있는지를 진지하게 생각하게 해 주는 것입니다.

고난은 잃어버린 자신을 찾게 해줍니다.

2. 겸손하게 합니다.

인간의 최대 약점은 교만입니다. 이것은 인간이 하나님의 형상을 닮은 존재이기에 어쩌면 필연적이라고도 볼 수가 있을 것입니다.

아담이 여기에서 넘어갔고 사울왕이 여기에서 넘어갔습니다.

가만히 있으면 범하기 쉬운 죄가 바로 교만의 죄입니다.

교만은 하나님의 은혜를 떠나게 하는 것입니다.

이에 하나님께서는 고난이라는 학교를 통해서 우리 자신의 한계를 깨닫게 하시고 하나님 앞에서 우리의 위치를 스스로 확인하고 겸손하게 처신하도록 가르치시는 것입니다.

3. 하나님의 은혜를 사모하게 합니다.

우리중 어느 누구도 다가오는 고난에 방관하는 사람은 없습니다. 나름대로는 열심히 노력도 하고 대책을 강구하곤 했을 것입니다. 그럼에도 더 이상은 어쩔 수 없는 한계에 부딪치게 됩니다.

여기에서 우리는 이제 전능하신 하나님, 나를 위하여 한 분 계신 아들을 희생까지 하신 사랑의 하나님을 바라보아야만 할 것입니다.

고난에는 뚜렷한 하나님의 뜻이 있는 것입니다. 그것은 더 이상 고아처럼 살지 말고, 아버지되시는 "하나님께로 돌아오라"는 메시지가 있는 것입니다.

여러분!

피아노를 배우려면 우리는 피아노 학원에 가야 합니다. 태권도를 배우려 해도 태권도 학원에 가야 합니다.

고난학교에는, 인생의 필수과목인 잃어버린 자신을 되찾기, 겸손해지기, 절실한, 마음의 은혜 사모하기 등 다른 곳에서는 배울 수 없는 과목들이 있습니다. 반드시 고난 학교에서만 배울 수 있는 것입니다.

고난 가운데서도 하나님의 은혜를 꼭 체험하시기를 주님의 이름으로 축원합니다.

나는 존귀한 자이다

(사 49:5)

인생의 성패(成敗)는 자기 자신을 어떻게 생각하느냐에 따라 크게 달라질 수 있습니다.

이래뵈어도 우리는 하나님 보시기에 매우 존귀한 자입니다.

그렇다면 어떠한 의미에서 그렇게 이야기를 할 수 있을까요?

우리가 어떤 사물의 가치를 판단하는 데는 몇 가지 조건이 있습니다. 그 조건들을 같이 생각하면서 자존감있는 생애를 살게 되시기를 바랍니다.

존귀케 되는 것은 무엇일까요?

1. 자체입니다

"나는 어디까지나 나"입니다. 이 세상의 그 어느 누구도 대신해 줄 수 없는 나는 "어디까지나 나 자신"입니다.

주님도 "천하보다 귀한 것이 사람의 생명이다"라고 하였습니다.

그러므로 나는 이 세상에서 가장 존귀한 존재입니다.

2. 용도입니다.

하나님께서는 하나님의 나라를 건설해 나가시는데, 신비로운 방법이 아닌 반드시 사람의 삶을 통하여 이루어 가십니다. 내가 구원을 받은 것도 다른 어떤 사람의 전도에 따라서 받은 것입니다.

사람에게 생명이 있음은 곧 사명이 있음을 의미합니다.

지금도 하나님께서는 '기도하는 것'으로 우리의 사명을 계속해 나가기를 바라고 계신 것입니다.

"이렇게 건강이 안 좋은데 할 일이 무엇이요?"라고 반문하실 수 있을 것입니다

그러나 사실 내가 할 수 있는 일 가운데 최고의 일은 '기도'입니다. 자신을 위해서, 같은 환자들을 위해서, 봉사자, 간호사, 병원을 위해서, 불신의 가족, 친지들을 위해서 기도하는 것입니다.

내가 그 일을 감당하고 있는 한 나는 그분의 명실상부한 종이 될 것이고 나는 가장 존귀한 자인 것입니다.

3. 소유자입니다.

본문 5절에서 "나를 태에서 나옴으로부터 자기 종으로 삼으신 여호와께서"라고 하셨습니다.

어떤 물건의 존귀함은 그 물건 자체는 보잘것없어도 그 소유주가 누구인가에 따라서 가치가 크게 달라질 수 있습니다.

세종대왕이 사용하던 벼루를 가치로 따지면 도대체 몇 푼이나 되겠습니까? 그러나 그것을 소유하시던 분이 바로 온 민족이 존경하는 세종대왕이기 때문에 가치로 평가하기조차 어려운 물건이 된 것입니다.

마찬가지로 우리는 매우 연약한 존재입니다. 그러나 이래뵈어도 나는 하나님께서 종으로 삼으신 자입니다.

나의 소유주는 하나님이신 것입니다. 따라서 나는 아주 존귀한 자인 것입니다.

여러분!

주목할 말씀이 하나 있습니다.

"나는 여호와 보시기에"라는 말씀입니다.

"세상이 나를 어떻게 보는가"도 중요합니다만 처음과 나중되셔서 역사를 주관하시고 인간들의 생사화복을 홀로 주장하시는 하나님이 "나를 어떻게 보시는가?"는 더더욱이나 중요한 것입니다.

그분이 나를 "존귀한 자"라고 하셨습니다. 환경을 보지 마시고, 조건을 따지지 마시고, 남의 평가에 귀를 기울이시지 마시고, 이 세상에서 "가장 존귀한 자"답게, 당당하게 살아가시는 저와 여러분이 다 되시기를 주님의 이름으로 축원합니다.

산 소망

(벧전 1:3-7)

늘 한계를 지니고 살아가는 인간에게는 항상 바램이 있습니다. 이 것은 "소망"이라고도 할 수 있는데 본문을 보면 소망은 산 소망과 죽은 소망으로 크게 나눌 수 있는 것을 볼 수 있습니다.

1. 죽은 소망은 무엇입니까?

우리의 소망은 어린 시절 학교 다닐 때 공부 잘해서 성공하고, 좋은 배우자를 만나고, 행복한 가정을 꾸리다가 아들, 딸 잘 낳아 기르고, 그들이 장성하면 그들로부터 효도를 받으며 건강하게 여생을 보내는 것입니다. 이것이 대부분 사람들이 가지는 소망입니다.

그러나 이러한 것은 죽은 소망입니다. 왜냐하면 이런 것이 나의 구원을 보장하는 것이 아니기 때문입니다. 그래서 솔로몬도 노년의 그의 고백서인 전도서를 통해서 "모든 것이 헛되도다"라고 탄식하는 글을 남긴 것입니다.

2. 산 소망은 무엇입니까?

본문 4절에서 "썩지 않고 더럽지 않고 쇠하지 아니하는 기업을 잇게 하시나니 곧 하늘에 간직하신 것이라"고 하였습니다.

즉 하늘에 간직되어 있는 기업인 구원, 여기에 인생의 궁극적인 목표를 두고 있는 것이 곧 산 소망이라고 할 수 있습니다.

3. 그것을 이루는 비결은 무엇입니까?

본문 7절에서 "너희 믿음의 시련이 불로 연단하여도 없어질 금보다 더 귀하며 예수 그리스도의 나타나실 때에 칭찬과 영광과 존귀를 얻게 하려 함이라"고 하셨습니다.

비결은 온갖 시험과 고난 속에서도 믿음을 잘 지키는 것입니다.

저희 장모님께서도 노년에 암으로 고생하시다가 하나님의 부르심을 받으셨습니다. 마지막에는 특히 욕창으로 많이 괴로워 하셨는데, 이웃집 미신숭배자가 찾아와 주문을 외우면 고침을 받을 수 있다는 유혹을 하곤 했습니다.

이때 장모님은 "내가 이래뵈어도 일생을 하나님 의지하고 살아왔는데 이제 와서 배신이란 있을 수 없다"시며 단호하게 유혹을 뿌리치시던 모습을 보았습니다.

하늘에 간직되어 있는 기업을 내 것으로 만드는 데는 그 어떠한 유혹이나 고난 가운데에서도 믿음을 굳게 지켜야만 하는 것입니다.

여러분! 찬송가 487장 2절에서 "시험 걱정 모든 괴롬 없는 사람 누군가"라는 가사가 있습니다. 우리의 시험, 고초, 환난은 어쩔 수 없는 일입니다. 없는 사람이 없습니다.

그러나 이런 가운에서도 위로가 되는 것은 우리가 당하는 이 고난이 우리가 장차 받아 누릴 칭찬과 영광과 존귀의 시간과는 감히 비교할 수 없으리만치 짧은 것만은 확실하다는 점입니다.

본문 6절에서 "여러 가지 시험을 인하여 잠깐 근심하게 되지 않을 수 없었으나"라고 하셨습니다.

끝까지 잘 참고, 인내하시어 하늘에 간직된 영원하신 기업을 반드시 거머쥐시기를 주님의 이름으로 축원합니다.

그리스도와 함께 참예할 자

(히 3:12-14)

성경에는 주님과 우리와의 관계를 설명하기 위해서 여러 가지 비유를 들고 있습니다. 그 중의 한 가지가 신랑과 신부의 관계입니다. 그래서 주님 오시는 그날을 혼인잔치에 비유하고 있습니다.

그 큰 잔치에 참예하는 것은 생애 최대의 소망입니다.

그런데 이 소망를 이루기 위해서는 몇 가지 준수조건이 있습니다.

1. 처음부터 확실한 것을 잡아야 합니다.

본문 14절에서 "우리가 시작할 때에 확실한 것을"이라고 하셨습니다.

세상에는 여러 종교가 있습니다. 각 종교마다 구원을 이야기합니다만 마치 아버지가 한 분이듯이 진리는 하나입니다.

주님도 사도행전 4장 12절에서 "다른 이로서는 구원을 얻을 수 없나니 천하 인간에 구원을 얻을 만한 다른 이름을 우리에게 주신 일이 없다"고 못박아 말씀하셨습니다.

그러나 각기 종교들의 시작은 어떨지 모르나 결과는 늘 고통만을 주는 경우가 대부분입니다. 왜냐하면 점점 더 많은 인간의 공적과 극기의 노력을 구원의 수단으로 요구하기 때문입니다.

여기에 비해서 예수님은 요한복음 8장 32절에서 "진리를 알지니 진리가 너희를 자유케 하리라"고 분명히 말씀하심으로써 기독교야말로 자유를 주는 종교, 즉 참 종교인 것을 증명하셨습니다.

진리 안에서의 자유는 세상욕심, 죄책감, 죽음(심판)에 대한 공포로부터의 자유입니다.

잘 분석하셔서 처음부터 확실한 것을 잡아야 합니다.

2. 중간에 견고히 잡아야 합니다.

본문 14절에서 "견고히 잡으면"이라고 하셨습니다.

예수는 곧 생명 줄입니다. 따라서 아주 견고히 잡아야 합니다. 천국 잔치에 참예하기까지는 오랜 시간과 삶의 과정들이 있습니다. 이 과정에서 일어날 수 있는 많은 유혹과 핍박도 이겨내야 합니다. 그때마다 생명 줄 되시는 예수님을 더욱 견고하게 붙잡아야 합니다.

3. 끝까지 잡아야 합니다.

본문 14절에서 "끝까지 견고히 잡으면"이라고 하셨습니다. 가다가 멈추면 아니 간 것만 못한 것입니다.

기왕의 걸음이라면 끝까지 주님 오시는 그 날까지 끝까지 잡아야 합니다.

고린도전서 15장 2절에서도 "너희가 만일 나의 전한 그 말을 굳게 지키고 헛되이 믿지 아니하였으면 이로 말미암아 구원을 얻으리라"고 하셨습니다.

여러분!

기왕에 그리스도 안에서 새롭게 시작한 삶입니다. 주님 오시는 그 날 그 귀한 혼인 잔치에 구경꾼으로서가 아닌 당당한 신부로 참예케 되시는 저와 여러분이 되시기를 주님의 이름으로 축원합니다.

큰 믿음을 가지라

(막 4:35-41)

예수를 믿은 후 사람들은 곧잘 이런 호소를 합니다.

"예수를 믿었는데도 좀처럼 환경이 변하지를 않는다" 는 것입니다.

때로는 환경과 조건이 더 나빠지는 경우도 있다는 것입니다. 이럴 때 사람들은 불안해하거나 회의와 원망을 갖기도 하는 것입니다.

본문의 제자들도 우리와 비슷한 경험들을 하고 있습니다.

종일토록 사람들을 가르치시던 주님이 저녁이 되어 제자들과 함께 바다를 건너가고 있었습니다.

피곤하셨던 주님은 잠시 주무시고 계셨습니다. 그때 예기치 않은 큰 광풍이 몰아쳤습니다. 배안으로 물이 가득차기 시작하였습니다.

놀란 제자들이 "우리가 죽게 되었는데 잠만 주무실수 있습니까?" 하며 원망조로 주님을 깨웠습니다.

잠을 깨신 주님은 이러한 위급한 상황에 빠져있는 이들을 위로하거나 격려하심이 아니라 오히려 "어찌하여 무서워하느냐? 믿음이 적은 자들아!" 하고 크게 책망하셨습니다.

과연 그 이유는 무엇이겠습니까?

1. 예수님의 뜻이 있는 곳에도 풍랑은 일어날 수 있음을 몰랐기 때

문입니다.

바다를 건너는 것은 제자들의 뜻이 아닌 예수님의 뜻입니다.

더구나 제자들은 예수님의 뜻에 순순히 순종하고 있었습니다. 그럼에도 풍랑은 일어났습니다.

제자들은 다분히 원망의 목소리를 높인 것입니다.

예수님이 시키는 대로 했는데도 이게 무엇이냐는 것입니다.

그러나 예수님의 뜻이 있는 곳에도 풍랑은 얼마든지 일어날 수 있습니다. 제자들은 그것을 모르고 있습니다.

2. 예수님이 함께 계셔도 풍랑은 일어날 수 있음을 몰랐기 때문입니다.

분명 예수님이 함께 계셨는데도 풍랑은 일어났습니다.

우리가 예수님을 영접하여 함께 모시고 살아도 세상풍파, 고난은 올 수가 있는 것입니다.

제자들은 그것을 모르고 있었습니다. 그래서 책망을 받은 것입니다.

3. 예수님이 함께 계시는 한 배는 절대로 뒤집히지 않는다는 것을 몰랐기 때문입니다.

풍랑이 일어났을 때 주님은 곤하게 주무셨습니다. 절대로 배는 뒤집히지 않는다는 사실을 굳게 믿고 계셨습니다.

아무리 풍랑이 몰아쳐도 예수님 계획대로 바다를 건너게 될 것을 확신하셨기 때문입니다.

우리의 인생의 여정은 하나같이 하나님 계획 안에 있는 것입니다. 그리고 그 계획대로 살아가게 될 것입니다.

따라서 아무리 어렵고 힘이 들고 고통의 연속선상에 있다고 해도 바다 건너편 목적지에는 반드시 도착할 것입니다.

그 어떤 풍랑 속에서도 하나님 나라 목적지에는 반드시 도착할 것입니다. 그때까지 우리에게 필요한 것은 잠시 받는 고난에 대한 "인내"입니다.

여러분!

풍랑이 일어나는 바다 위만 바라보면서 불평, 짜증, 원망할 것이 아니라 그 속에서 담대하게 주무시는 주님을 바라보아야 할 것입니다.

왜냐하면 예수님이 계시는 한 배는 절대로 뒤집히지 않을 것이기 때문입니다. 그리고 바다 건너 목적지에는 반드시 안착하게 될 것입니다.

잘 인내하셔서 천국입성에 반드시 성공하는 저와 여러분이 되시기를 기도합니다.

믿음을 보이라

(시 23:1-6)

충신은 나라가 어려울 때 알아본다고 합니다. 현모양처는 가정에 어려움이 올 때 알아본다고 합니다. 우리의 믿음도 예기치 않은 고난이 다가올 때 그 진위(眞僞) 여부를 알아볼 수 있는 것입니다.

다윗은 하나님께로부터 "내 마음에 합한 자"라는 평가를 받은 사람입니다.

오늘 "사망의 음침한 골짜기를 헤맬지라도 해를 두려워 않는다"는 고백은 그의 믿음의 진면목을 볼 수 있는 고백입니다.

어떻게 그런 고백을 가질 수 있었을까요?

1. 미래를 바라볼 때 가능합니다.

본문 6절에서는 "내가 여호와의 집에 영원히 거하리로다"라고 하셨습니다.

아무리 어려운 상황에 있다 해도 소망이 있으면 살아갈 수가 있습니다.

우리는 이미 주님이 싸워서 이긴 싸움을 싸우는 것이고, 우리는 이미 주님이 정해 놓은 인생을 걸어가는 것입니다.

히브리서 11장 16절에서도 "저희를 위하여 한 성을 예비하셨느니라"고 말씀하고 계십니다. 이미 천국을 마련해 놓으셨다는 것입니다.

그것을 믿음의 눈으로 바라볼 때 우리도 역시 이런 고백은 얼마든지 가능한 것입니다.

2. 현재 주변을 돌아볼 때 가능합니다.

본문 4절에서는 "내가 사망의 음침한 골짜기로 다닐지라도 해를 두려워하지 않은 것은 주께서 나와 함께 하심이라"고 하셨습니다.

그의 담대함은 지금 함께 하시는 주님을 확신했기 때문입니다.

특히 한 성(成)의 입성을 확신할 수 있는 것도 지금 함께 하신 주님이 그때까지 함께 하실 것을 확신하기 때문이었습니다.

3. 과거를 회상해 볼 때 가능합니다.

본문 2절에서는 "그가 나를 푸른 초장에 누이시며 쉴 만한 물가으로 인도하시는도다" 라고 하셨습니다. 비록 죽음의 늪과 같은 극한 위기 속에서도 함께 하시는 주님을 믿을 수 있는 것은 그분이 과거에도 푸른 초장, 쉴 만한 물가으로 인도하셨던 것을 경험했기 때문입니다.

시간은 영속성을 가지고 있습니다. 과거의 하나님은 현재의 하나님이시고 현재의 하나님은 장차 미래의 하나님이신 것입니다.

우리가 이렇게 어려울 때가 곧 내 속에 있는 믿음을 보여 드릴 수 있는 절호의 찬스로 여기시고 끝까지 승리하시기를 주님의 이름으로 부탁합니다.

차라리 몸을 떠나
(고후 5:8)

기독교인의 특징은 여러 가지가 있습니다. 그 중 주목할 만한 특징은 위기에 강하다는 것입니다.

평상시에는 양보를 잘하고 순종을 잘하고 하는 모습에서 허약해 보이기도 합니다만 사실은 기독교인처럼 강한 사람도 없는 것입니다. 죽음 앞에서 초연하기 때문입니다.

본문에서도 "차라리 몸을 떠나"라는 말씀을 보면, 죽음을 두려워하지 않을 뿐 아니라, 오히려 사모하는 듯한 느낌을 받게 됩니다.

그렇다면 어떻게 해서 이것이 가능할까요?

기독교인들은 환경만 보지 않고 그 의미를 생각하기 때문입니다.

그러면 기독교인이 본 죽음에는 어떤 의미가 있습니까?

1. 고향으로 돌아가는 것입니다.

본문에서 "우리가 담대하여 원하는 바는 차라리 몸을 떠나 주와 함께 거하는 그것이라"고 하셨습니다.

인생은 나그네입니다. 그래서 고달프고 외롭습니다. 이런 말씀에 부정할 사람은 아마 우리 가운데 없을 것입니다.

죽음은 고달픈 나그네길을 청산하고 안식의 자리인 하나님 아버지가 계신 곳으로 돌아가는 것입니다.

하나님이 계신 곳, 그곳은 각종 보석으로 가득차고 생명수가 있는 곳입니다.

그런데 하늘에 준비된 집이 제 아무리 아름답다고 해도 출입문을 통과하지 않고는 들어갈 수 없습니다. 이것이 죽음입니다.

2. 주님을 만나는 것입니다.

우리는 주님의 은혜로 구원을 받았습니다.

물론 말씀에 근거하여 믿음을 가지고 하나님의 자녀가 되기는 했습니다만, 솔직히 예수님이 어떻게 생기신 분인지 궁금하지 않으십니까?

그리고 솔직히 예수님께 "하구 많은 사람 가운데서 어떻게 나를 구원해주셨는지…" 한번 질문해 보고 싶지 않으십니까?

죽음은 바로 꿈에 그리던 그 주님을 직접 만나는 은혜의 시간입니다.

3. 상 받는 것입니다.

요한계시록 14장 13절에서 "수고를 그치고 쉬리니 이는 저희의 행한 일이 따름이라"고 하셨습니다 요한복음 6:29에는 "…하나님의 보내신 자를 믿는 것이 하나님의 일이다"라고 하셨습니다.

하나님의 일, 즉 믿음에 대한 보상이 있을 것입니다.

또한 우리는 그 동안 살아오면서 사람들이 몰라주는, 하지만 하나님 보시기에 선하게 행한 일이 있었을 것입니다. 그리고 이 일에 다 보상을 받으면서 살아온 것도 아닐 것입니다.

죽음은 우리에게 그 동안의 밀린 보상을 한꺼번에 받게 하는 축복의 기회가 될 것입니다.

사랑하는 가족 여러분!

우리의 죽음은 천국의 문입니다. 아무리 대궐같은 집이라도 문을 통하지 않고는 들어갈 수 없습니다.

이제 눈감았다가 뜨면 천국인 것입니다. 두려워 마시고 담대히 맞으시기를 바랍니다.

세상 끝까지 함께 하시는 주님의 손을 꼭옥 잡으시고, 화려한 천국 입성에 성공하시기를 바랍니다.

영혼의 위탁

(눅 23:46)

히브리서 9장 27절에는 "한번 죽는 것은 사람에게 정한 이치요"라고 말씀하셨습니다.

이 말씀에 "아니요"라고 반기를 들어본 사람이 없고 앞으로도 그런 일은 있을 수 없을 것입니다. 하나님이 한번 정하신 일이기 때문입니다.

어차피 피할 수 없이 맞이해야 할 것이라면, 적극적으로 맞이해야 할 것입니다.

그리고 그 평안하고도 담대한 죽음을 맞이하기 위해서 죽음에 대한 정의를 다시 한번 분명하게 확인해야만 할 것입니다.

특히 지금은 고인의 이땅에서 드리는 마지막 예배입니다.

그렇다면 죽음은 무엇입니까?

1. 안식하러 가는 것입니다.

마태복음 11장 28절에서 "수고하고 무거운 짐진 자들아 다 내게로 오라. 내가 너희를 쉬게 하리라"고 하셨습니다. 지금까지 ○○님은 너무 힘들고 고통스러운 시간들을 보냈습니다. 이제는 눈물도 고통도 외로움도 없는 지극히 평온한 곳으로 안식하러 가는 것입니다.

2. 천국 문을 통과하는 것입니다.

빌립보서 3장 20절에서 "오직 우리의 시민권은 하늘에 있는지라"고 하셨습니다.

우리는 이미 천국 시민입니다. 그런데 아무리 좋은 집이 있다고 치더라도 문을 통과해야만이 들어갈 수 있습니다.

마찬가지로 아무리 천국이 좋은 곳이라고 해도 문을 통과해야만이 들어갈 수 있습니다. 그것이 곧 죽음입니다. 지금이 곧 그 문을 통과하는 시간입니다.

3. 아버지께로 돌아가는 것입니다.

요한복음 14장 1-2절에서 "너희는 마음을 근심하지 말라. 하나님을 믿으니 또 나를 믿으라. 내 아버지 집에 거할 곳이 많도다"라고 하셨습니다.

죽음은 나의 생명을 주신 하나님 아버지께로 돌아가는 것입니다. 곧 나를 위하여 예비해 놓으신 바로 그 집으로 돌아가는 것입니다. 아브라함도 그곳으로 돌아가 있고, 모세, 다윗, 바울, 또한 우리 예수님도 지금 그곳에 계신 것입니다.

본문은 예수님이 운명하실 때 드린 기도입니다.

"아버지여 내 영혼을 아버지 손에 부탁하나이다."

예수님의 이러한 부탁이 바로 ○○님이 부탁의 기도가 되시기를 바랍니다.

이제 눈감았다가 뜨면 천국입니다. 두려워 말고 담대하시기 바랍니다. 끝까지 함께 하시는 주님의 손을 힘있게 붙잡으시고 천국 입성에 꼭 성공하시기를 주님의 이름으로 축원합니다.

안개 같은 인생

(약 4:13-16)

하나님은 말씀하시는 하나님이십니다.

그 말씀은 "가라사대"하시던 직접적인 말씀과, 환경을 통해서 주시는 상황적 말씀이 있습니다.

그렇다면 오늘 이 상황에서 하나님께서는 어떠한 말씀을 하고 계실까요?

1. "인생은 짧다"는 것입니다.

본문 14절에는 마치 "잠깐 보이다가 없어지는 안개와 같은 것이 인생이다"라고 하셨습니다.

그렇습니다. 불과 1시간이 못되는 시간만 해도 우리와 같은 대기 속에서 호흡하고 계셨습니다만 이제는 그것이 불가능해진 것입니다. 인생은 안개와 같은 것입니다.

2. "영원한 세계가 있다"는 것입니다.

인생이 짧다고 강조하시는 이면에는 영원한 세계가 존재한다는 것을 암시하는 의미가 있습니다. 마치 '키가 작다'고 하면 큰 키를 가진 이가 있는 것처럼 말입니다.

그리고 그것은 영생에 대한 본능적 소망을 통해서도 우리는 잘 알고 있습니다.

3. "영원세계에 들어가려면 조건이 있다"는 것입니다.

우리가 이 시간에 생각해야 할 것은 영원한 세계에 대한 소원을 가지고 있다고 해서 "누구든지 다 들어가는 것은 아니다"라는 것입니다.

마치 어떤 회사에 입사 의사를 가진다고 해서 다 들어갈 수 있는 것은 아니듯 말입니다. 입사하려면 회사 사장의 요구에 충족해야 하듯이 영원한 세계에 들어가려면 영원한 세계의 주인의 뜻에 따라 살아야 합니다.

그래서 본문 15절은 "주의 뜻이면 우리가 살기도 하고 이것 저것을 하리라 할 것이거늘"이라고 하셨습니다. 이런 의미에서 주의 뜻에 따라 사는 것은 모든 인생의 숙제입니다.

주의 뜻은 무엇입니까?

요한복음 5장 24절에서 "내 말을 듣고 또 나 보내신 이를 믿는 자는 영생을 얻었고"라는 말씀을 통하여 주의 뜻을 분명히 알게 해주셨습니다. 고인은 이미 인생 숙제를 해결하셨던 분이셨습니다.

그토록 힘들고 어려운 상황 속에서도 자신이 죄인임을 인정하고 예수께서 자신의 죄를 대신하여 희생제물이 되셨음을 믿고 영접하며 공개적으로 이를 시인함을 통해서(롬 10:10), 하나님의 자녀가 되셨던 것입니다.

사랑하는 가족 여러분!

다시는 인격적 교감이 불가능한 현실 앞에서 절망감과 비통함이 크시겠지만, 이 시간 믿음의 눈으로 위를 향하셔서 지금 그곳에서 이뤄지고 있는 일을 바라보면서 위로를 받으시기 바랍니다.

뿐만 아니라 사람은 다 죽는다는 사실을 인정하시기 바랍니다. 하나님이 정하신 일이기 때문입니다.

따라서 고인은 우리보다 한 발자국 앞선 것뿐입니다(히 9:29).

우리도 하나님께서 부르실 때가 있습니다.

그때를 대비하여 우리 역시 인생의 최대 숙제를 미리 해결하여서 하나님 앞에서 단 한사람도 낙오 없이 다 만나는 가족들이 꼭 되시기를 주님의 이름으로 축원합니다.

사모하시던 곳

(고후 5: 1-2)

그리스도인들은 두 눈을 가지고 살아갑니다. 하나는 현실 자체를 있는 그대로 보는 눈이고, 다른 하나는 현실이 주는 의미를 보는 눈입니다.

그렇다면 지금 더 이상은 우리와 인격적인 교감이 불가능해진 지금, 이 죽음 앞에서 우리는 어떻게 이 상황을 보아야 합니까?

고인의 죽음은 거처를 옮기신 것입니다.

본문 1절에서는 "우리의 장막이 무너지면 곧 하나님이 지으신 집"이라고 하셨습니다.

크리스천의 죽음은 거처를 옮기는 것입니다.

그 집은 어떤 집입니까?

1. 하늘에 있는 집입니다.

지금까지는 땅에 있는 육신에 거했지만 이제는 하늘에 있는 집으로 옮기셨습니다.

2. 하나님이 지으신 집입니다.

고인은 이제 지금까지의 사람이 떡을 먹으므로 유지되어가던 집을 떠나 하나님이 지으신 집으로 거처를 옮기운 것입니다.

3. 영원한 집입니다.

본문 1절에서 "장막집이 무너지면"이라고 하셨습니다.

장막은 '임시'라는 말입니다. 거기에 비해서 하나님이 지으신 하늘에 있는 집은 영원한 집입니다.

4. 그렇게도 사모하시던 곳입니다.

본문 2절에서 "사모하노니"라고 하셨습니다. 가기 싫은 곳을 억지로 가신 것이 아닙니다.

솔직히 말해서 그토록 고통하고 힘들어 하실 때, 그대로 영원히 그렇게 살고 싶으셨을까요? 아닙니다. 그것은 우리 생각입니다

고인은 하나님이 지으신 집이 얼마나 좋다는 것을 말씀을 통하여 누누히 들어오셨습니다. 그곳은 간절히 사모하시던 곳입니다. 고인은 이제 그 소망을 이루신 것입니다.

여러분!

이 땅에서는 다시는 인격적으로 교감할 기회가 사라졌다는 현실 때문에 절망감이 크시겠지만 이 시간 하늘에서 이루어지고 있는 일을 믿음의 눈으로 바라보시면서 큰 위로 받으시기를 주님의 이름으로 축원합니다.

처음의 에덴으로

(계 21:3-4)

많은 사람들이 살아가면서 부리는 각종의 욕심도 그 근원을 따지고 보면 좀더 평안해지고 싶다는 영적 욕구의 한 표현이라고 볼 수 있습니다. 그래서 "좀더 많이, 좀더 높이, 좀더 넓게"를 부르짖고 있는 것입니다.

그러나 이것은 원칙적으로 불가능한 요구인 것입니다. 왜냐하면 고통은 타락 이후 에덴에서 쫓겨난 모든 인간들에게 주어진 운명의 필연적 결과이기 때문입니다.

타락한 인간에게 주어진 대가는 한 마디로 "저주"였습니다.

그렇다면 이 땅에서 진정한 의미의 평안은 불가능하다는 것일까요?

그렇습니다. 진정한 의미에서의 평안은 내어쫓긴 세상에서 처음의 에덴으로 다시 돌아가야만 가능해질 수 있습니다.

1. 고인의 죽으심은 그 처음의 에덴으로 돌아가신 것입니다.

요한계시록 21장 4절을 보면 "그곳은 눈물도, 고통도, 고독도, 불안도, 갈등도 없는 곳"입니다. 에덴이 그러했습니다.

고인이 돌아가신 곳은 처음의 에덴, 바로 그곳입니다.

2. 고인의 죽으심은 그 에덴의 출입문을 통과하신 것입니다.

아무리 좋은 집도 문을 통과해야만 들어갈 수 있습니다.

에덴 동산도 문이 있습니다. 그것이 죽음입니다. 고인은 그 문을 이제 막 통과하셨습니다.

3. 우리는 다시 만날 수 있습니다.

데살로니가전서 4장 17절에서 "그 후에 우리 살아남은 자도 저희와 함께 구름 속으로 끌어 올려 공중에서 주를 영접하게 하시리니 그리하여 우리가 항상 주와 함께 있으리라"고 하셨습니다.

우리의 만남은 이것으로 끝나는 것이 아닙니다. 주님 오시는 날 반드시 만날 수 있습니다.

여러분!

오늘 우리는 고인이 거하시던 육신의 입관예식을 마쳤습니다. 이제부터는 시신마저도 뵈올 수 없습니다.

말할 수 없는 고통과 슬픔입니다만 땅에 있는 일을 보고 슬퍼만 하지 마시고, 이 시간 하늘에서 이루어지고 있는 일을 생각하시기 바랍니다. 오늘만 생각하여 고통만 하지 마시고, 앞으로 되어질 일들을 바라보시면서 위로와 확신에 거하시기를 주님의 이름으로 축원합니다.

복있는 죽음

(계 14:13)

불교는 인생은 돌고 돈다는 윤회 교리를 믿습니다. 그래서 사람이 개로, 원숭이로… 계속 돌아가며 태어나게 된다고 말합니다.

반면에 기독교는 "처음이 있으면 나중이 있다"고 말합니다. 따라서 역사도, 개인의 삶도 마칠 때가 있는 것입니다.

히브리스 9장 27절에서는 "사람이 한번 죽는 것은 정한 이치요"라고 합니다. 곧 우리 모두는 다 죽을 수밖에는 없다는 것입니다.

그런데 본문을 보면 '복있는 죽음'과 '그렇지 못한 죽음'이 있음을 알 수 있습니다.

복 있는 죽음은 무엇이며 그 복을 받을 비결은 무엇일까요?

1. 안식이 보장된 죽음입니다.

본문에서 "저희 수고를 그치고 쉬리니"라고 하셨습니다.

이 세상은 삶 자체가 고달프고 고통스럽습니다. 물론 이것은 조상들로부터 내려온 죄의 결과입니다(창 3:17).

무한 경쟁 시대에 사는 우리는 기본적인 생활을 위하여서도 너무나 많은 땀과, 때로는 눈물을 흘려야만 했습니다. 이러는 사이에 미움, 시기, 질투 속에 끊임없이 고통하며 살아가는 것입니다.

그러나 이제 우리의 내세는 그 수고를 하지 않아도 되는 것입니다. 안식의 쉬는 세계가 기다리고 있기 때문입니다.

2. 보상이 보장된 죽음입니다.

본문에서 "저희의 행한 일이 따름이라"라고 하셨습니다.

우리의 삶은 언제인가는 결산할 때가 있습니다. 그때 믿지 않는 자들은 행한 대로 심판을 받게 되지만(히 9:27), 우리 믿음의 형제들은 행한 대로 상급을 받게 되는 것입니다(계22:12).

같은 상황 속에서도 어떤 사람은 심판으로, 어떤 사람은 상급으로 갈려지게 되는 것입니다.

3. 복있는 죽음은 어떻게 해야 가능할까요?

본문에서 "지금 이후로 주 안에서 죽는 자들은 복이 있도다"라고 하셨습니다.

"주 안에서"란 무엇입니까? "예수님을 믿는 믿음 안에서"라는 뜻입니다.

그렇다면 믿음 안에서의 복은 무엇입니까? 로마서 8장 1절에서 "그리스도 안에 있으면 결코 정죄함이 없다"라고 하셨습니다.

곧 우리가 안식의 자리에 들어가지 못함은 바로 죄 때문인데 걸림돌인 그 죄를 용서하여 주신다니, 자연히 우리가 천국으로 들어가게 되는 것입니다.

또 요한복음 5장 24절에서도 "내 말을 듣고 또 나 보내신 이를 믿는 자는 영생을 얻었고 심판에 이르지 않는다"고 굳게굳게 약속하셨습니다. 고인은 바로 이 '복있는 죽음'을 맞이하신 것입니다.

여러분! 우리는 다 죽습니다. 죽을 수밖에 없습니다. 하나님이 정하셨기 때문입니다. 기왕의 죽음이라면 우리 모두 '복있는 죽음'을 맞이합시다.

무언의 교훈

(눅 23:27-28;히 9:27)

사람은 살아가면서 많은 발자취를 남깁니다.

그것을 크게 나누면 유언의 교훈과 무언의 교훈이 있습니다.

유언(有言)의 교훈은 살아계실 때 직접 하신 말씀과 삶입니다.

그런가 하면 무언(無言)의 교훈은 말이 없으시나 메시지는 주실 때입니다.

그렇다면 지금 고인은 우리에게 어떠한 무언의 교훈을 주시고 계실까요?

다시 말해서 지금 고인이 말씀을 하신다면 어떠한 말씀을 하실까 하는 것입니다.

1. 사람은 다 죽습니다.

히브리서 9장 27절에서 "사람이 한번 죽는 것은 정한 이치요"라고 하셨습니다.

사람은 다 죽습니다. 단 한 사람의 예외도 없습니다.

왜냐하면 하나님이 정하셨기 때문입니다. 고인은 지금 그것을 말씀하고 계신 것입니다.

2. 그때는 아무도 모릅니다.

누가 감히 자기의 때를 예측이나 하겠습니까?

어떤 때는 형이 동생을 앞세우기도 하고, 심지어는 부모가 자식을 앞세우기도 하는 것입니다.

사람이 한번 죽는 것은 사실인데, 그때를 아무도 모른다는 것입니다. 생명의 주인 주께서 부르시면 가야 하는 것입니다.

3. 그 다음에는 심판이 있습니다.

히브리서 9장 27절에서 "심판이 있으리니"라고 하셨습니다.

사후의 심판은 우리 양심으로 부인할 수 없습니다.

많은 사람들이 죽음을 두려워하는 것은 미완성 삶에 대한 아쉬움, 그동안 정든 사람들과의 이별, 단절, 그리고 죽어가는 과정에서의 고통, 죽음 이후에 부딪칠 심판에 대한 두려움 때문입니다.

그 중에서도 심판에 대한 두려움이 가장 큰 고통이라고 할 수 있을 것입니다.

그런데 그야말로 복음이 있습니다. 심판을 받지 않는 비결이 있기 때문입니다.

요한복음 5장 24절에서 "내 말을 듣고 또 나 보내신 이를 믿는 자는 영생을 얻었고 심판에 이르지 아니하나니"라고 하셨습니다.

예수님에 대한 믿음이 있으면 심판을 받지 않는 것입니다.

고인은 그렇게 어렵고 힘든 상태지만 예배를 될 수 있는 한 정좌하며 드리려고 했으며, 지극히 평온한 가운데에서 지내셨습니다.

특히 임종예배시에는 "아멘"으로 화답하며, 같이 적극적인 예배자로의 참여의지를 보이시기도 하였습니다.

이러한 아름답고 안정된 모습은 심판의 두려움을 안고 있는 사람으로서는 보여줄 수 없는 것입니다.

인생최대의 숙제인 '심판을 받지 않는다'는 확신을 가진 자만이 보여줄 수 있는 지극히 아름다운 모습인 것입니다.

그렇다면 지금 고인이 마지막으로 하실 말씀이 있다면 무슨 말씀을 하시겠습니까?

4. 나를 위하여 울지 말고 너와 네 자녀들을 위하여 울라고 하실 것입니다.

오늘 누가복음 23장 27절에서도 예수님은 자신의 십자가 죽음을 애도하며 뒤를 따르는 여인들을 향하여 "고맙다 너희밖에 없구나"하는 인간적 감사의 표시를 하지 않으시고 "나를 위하여 울지 말고 너와 네 자녀들을 위하여 울라"고 영적 깨우침을 말씀하고 계신 것을 볼 수 있습니다. 고인이 이 엄숙한 시간에 꼭 하실 말씀이 있으시다면 "돈 많이 벌어라", "될 수 있는 한 출세하라"하지 않으시고 "나를 위하여 울지 말고 너와 네 자녀들을 위하여 울라"고 하실 것입니다.

여러분!

유언의 교훈은 시간과 공간의 제약을 많이 받습니다만 무언의 교훈은 영속성을 가지는 것입니다.

고인의 추모의 정이 깊으면 깊을수록 오늘의 무언의 교훈에 충실한 가족, 친지들이 되시기를 바랍니다.

우리 사람은 다 죽습니다. 그때는 아무도 모릅니다. 그리고 그 다음에는 심판이 있습니다. 그러나 예수를 믿으면 심판을 받지 않습니다. 고인처럼 죽음도 평안 속에 맞이할 수가 있는 것입니다.

이 교훈에 가장 충실한 가족들이 되시기를 주님의 이름으로 축원합니다.

남기신 교훈

(시 90:10-12)

모든 날에는 그날만의 메시지가 있습니다.

오늘 우리의 사랑하던 고(故) ○○님의 이 장례식날이 주는 메시지는 무엇이겠습니까?

1. 고인은 몇 살을 사시다가 가셨습니까?

야고보서 4장 14절에서 "인생은 안개다"라고 하셨습니다.

고인은 오랜 세월을 살아오신 것 같지만, 지금 막상 하나님의 부르심을 받은 후에 생각하면서 마치 안개와 같은 시간을 살다 가신 것입니다.

그렇습니다. 우리 인생은 잠깐 보이다가 없어지는 안개와 같은 것입니다.

풀잎의 이슬과 같은 것입니다.

이것을 알고 사는 사람은 이 한계를 극복하기 위한 준비를 하면서 살 것입니다.

주님은 "나는 부활이요 생명이니 나를 믿는 자는 죽어도 살겠고 무릇 살아서 나를 믿는 자는 영원히 죽지 아니하리라"(요 11:25)고 하셨습니다.

2. 고인은 어떻게 사시다가 가셨습니까?

사람은 살아가면서 본의든, 본의가 아니든 간에 교훈을 남기면서 살아갑니다.

고인은 이제 하나님께서 허락하신 생애를 다 사시고 하나님의 부르심을 받으셨습니다.

"관의 뚜껑을 닫기까지는 사람을 함부로 평가하지 말라"는 말이 있습니다.

이제 고인은 이제 시신마저도 우리의 곁을 떠나려는 시간입니다.

잠시 고인은 어떻게 사셨는가를 회고해 보아야 할 것입니다.

요한계시록 20장 12절에서 "또 내가 보니 죽은 자들이 무론대소하고 그 보좌 앞에 섰는데 책들이 펴있고 또 다른 책이 펴졌으니 곧 생명책이라. 죽은 자들이 자기 행위를 따라 책들에 기록된 대로 심판을 받으니"라고 하셨습니다.

저나 여러분 모두는 단 한 사람의 예외도 없이 하나님 앞에 단독자로 서게 되어, 그 동안의 삶을 평가받게 될 것입니다.

고인은 이 세상에 계실 때에 그동안 주어진 사회적 여건, 물질, 기타의 조건들을 가지고 어떻게 살다가 가셨습니까?

3. 고인은 지금 어디에 계십니까?

사람에게는 내세가 있습니다. 내세에는 천국과 지옥이 있는데, 이는 이 세상에 있을 때에 그가 어느 길을 선택했느냐에 따라서 결정되는 것입니다.

여기에 대하여 주님은 요한복음 14장 6절에서 "내가 곧 길이요 진리요 생명이 나로 말미암지 않고는 아버지께로 올 자가 없느니라"고 구원의 유일성을 강조해서 말씀해 주셨습니다.

또한 사도행전 4장 12절에서 "다른 이로서는 구원을 얻을 수 없나니 천하 인간에 구원을 얻을 만한 다른 이름을 우리에게 주신 일이 없다"고 하셨습니다.

고인은 지금 어디에 계시는 것이겠습니까?

여러분!

고인은 훌륭한 신앙인격을 가지시고 짧은 인생이나마 귀한 생애를 사셨습니다.

그리고 하나님이 예배하신 한 성(城)으로 거처를 옮기셨습니다.

고인을 지켜보면서 유언, 무언의 교훈에 가장 충실한 가족과 친지들이 되시기를 주님의 이름으로 축원합니다.

주님 오시는 날 일어날 일

(고전 15:51-58)

아담 이후로도 인류의 역사는 인간 편에서는 "하나님의 곁을 떠남의 기록이다"라고 볼 수 있을 것입니다.

여기에 비해서 하나님 편에서는 "떠나가는 인간을 계속해서 부르심의 기록이다"라고 볼 수 있을 것입니다.

하나님께서는 지칠 대로 지친 우리를 향하여 "수고하고 무거운 짐 진 자들아 다 내게로 오라. 내가 너희를 쉬게 하리라"(마 11:28)고 하시며 부르셨습니다.

하나님께서는 죄책감에 시달리고 있는 우리를 향하여 "그리스도 안에 있는 자에게는 결코 정죄함이 없나니"(롬 8:1)라고 하시며 부르셨습니다.

그리고 하나님께서는 죽음의 공포에 떨고 있는 우리를 향하여 "사망아 너의 이기는 것이 어디 있느냐?"(고전 15:55) 하시며 부르셨습니다.

이제 고인은 이 하나님의 부르심을 받으신 것입니다. 죽음의 공포가 없는 곳으로 부르심을 받으신 것입니다.

그렇다면 이 자리는 어떠한 자리입니까?

그간에 거하시던 "장막을 정리하는 자리"입니다. 그러나 이 정리는 이것으로 끝나는 것이 아닙니다.

우리 주님이 재림하여 오시는 날, 지금은 썩을 몸으로 묻지만(사라지지만) 그때는 아주 썩지 않을 몸으로 다시 사실 것입니다.

지금은 욕된 몸으로 묻지만(사라지지만) 그때는 아주 영광스러운 몸으로 다시 사실 것입니다.

지금은 육의 몸으로 묻지만(사라지지만) 그때는 아주 신령한 몸으로 다시 사실 것입니다.

그리고 우리와의 감격적인 재회가 이루어질 것입니다.

그때를 소망 가운데 바라보시면서 슬픔을 잘 극복하게 되시기를 주님의 이름으로 축원합니다.

예수 부활 내 부활

(고전 15:19-23)

민요중에 "노세 노세 젊어서 노세, 늙어지면 못 노나니"라는 노래가 있습니다. 이는 얼핏 홍겨운 노래 같습니다만 사실은 서글픈 한탄 섞인 노래입니다. 왜냐하면 인간의 유한성 때문입니다.

옛날부터 인간들은 오래 살고 싶은 욕망을 가지고 살아갑니다. 그러나 그 꿈은 이루어지지 않았고 또 이루어지지 않을 것입니다. 그래서 많은 사람들이 이 땅에 있을 때, 한번이라도 더 즐기고 조금이라도 더 가지고 살아가자고 하는지도 모르겠습니다.

그러나 여기에 대하여 성경은, 요한복음 6장 40절을 통하여 "내 아버지의 뜻은 아들을 보고 믿는 자마다 영생을 얻는 이것이니 마지막 날에 내가 이를 다시 살리리라"고 말하고 있습니다.

우리의 생은 이것으로 끝나는 것이 아니라 영생의 삶이 있는 것입니다. 그 사실을 현실적으로 입증시켜 주신 사건이 곧 예수님의 부활입니다.

그렇다면 예수님의 부활사건은 어떤 의미가 있습니까?

1. 우리는 영생하는 존재입니다.

본문 19절에서 "만일 그리스도 안에서 우리가 바라는 것이 다만 이

생뿐이면"이라고 하셨습니다.

인간을 흔히 만물의 영장이라고도 합니다. 그러나 인생이 이생뿐이면 사실 모든 만물 중에서 인간처럼 불쌍한 존재도 없을 것입니다. 나무나 바다의 생물 같은 것은 수백 년씩 살아갑니다만 인간은 기껏 장수해야 100년 미만이기 때문입니다. 예수님의 부활은 우리의 존재가 100년 미만으로 끝나는 것이 아니라 영생하는 존재임을 보여 주는 것입니다.

2. 우리도 부활합니다.

본문 20절에서 "이제 그리스도께서 죽은 자 가운데서 다시 살아 잠자는 자들의 첫 열매가 되셨도다"라고 하셨습니다.

과수 묘목을 심어서 3-4년이 되면 제법 착실한 열매를 얻습니다. 그 첫 열매를 보아서 농부는 그때부터 다음 해에도 과일이 열릴 것을 기대하는 것입니다. 그리고 많은 일들을 거기에 맞추어서 계획합니다.

예수님의 부활은 예수님 자신의 것으로 끝나는 것이 아니라 예수를 믿고 예수 안에서 살아가는 모든 사람의 부활에 대한 보증이 되는 것입니다.

따라서 예수 부활은 곧 내 부활인 것입니다.

여러분!

요한복음 11장 25절에서 "나는 부활이요 생명이니 나를 믿는 자는 죽어도 살겠고 무릇 살아서 나를 믿는 자는 영원히 죽지 아니하리라"고 하셨습니다.

이미 부활의 확신을 가지신 분은 더욱 확신에 거하시고, 아직 부활에 대한 소망뿐이신 분은 "믿는자는 멸망치 않고 영생을 얻으리라"(요 3:16)는 말씀을 의지하여, 예수님을 확실히 믿고, 부활의 확실한 주인공으로 보장되어지기를 주님의 이름으로 축원합니다.

교훈에 충실하자

(창 5:24-27)

사람은 신자, 불신자이건 간에, 또한 원하든 원하지 안든간에 발자취를 남기고 살아갑니다.

그 발자취로 생각해 보겠습니다.

1. 있어서 안될 사람이 있습니다.

성경의 인물 가운데서 가룟 유다같은 사람입니다. 그는 주님께서부터 "차라리 나지 않았더면 좋았을 것"이라는 평가를 받는 사람이었습니다.

예를 들면 히틀러나, 소위 가정파괴범 같은 이를 말할 수 있을 것입니다.

2. 있으나 마나한 사람이 있습니다.

성경의 므두셀라는 969년을 장수하며 살았습니다. 까마득한 세월을 살아온 그가 기껏 남긴 것은 "자녀 낳기"뿐이었습니다.

주변에 그로 인하여 아무런 긍정적 영향을 끼치지 못한 사람입니다. "있으면 있는가보다, 없으면 없는가 보다"하는 소위 "있으나 마나한 사람"이었습니다.

이 세상에는 개인주의적인 사람들이 너무나 많이 있습니다. 아무리 오래 살았어도 결론은 "있으나 마나한 사람입니다"

3. 없어서는 안될 사람이 있습니다

예수님은 대단히 짧은 33년을 살았습니다. 그러나 330년을 살아온 사람도 비교할 수 없는 귀한 생애를 사셨습니다. 이러한 일은 그만큼 "희생"이 있었기에 가능했던 일이었습니다.

고인도 귀한 생애를 사셨습니다. 정말 없어서는 안될 귀한 생애를 사셨습니다. 담임 목사님 말씀을 듣자 하니 교회를 열심히 섬겨왔고 어려운 이웃들을 향한 구제에도 항상 앞장서는 그런 분이었습니다. 그야말로 없어서는 안될 사람으로 진한 감동을 주신 분이었습니다.

사랑하는 가족여러분!

장례라는 큰 행사를 모두 마친 지금 고인과 우리 사이에는 이제 더 이상 인격적인 교감을 불가능합니다. 고인이 보고싶을 때도 있을 것입니다. 그때마다 그가 남긴 귀한 교훈들을 떠올리면서 교훈에 충실한 가족 친지들이 되시기를 바랍니다. 이것이 진정으로 고인을 사랑하는 마음일 것입니다.

주님의 위로가 늘 함께 있으시기를 바랍니다.

믿음의 유산을 이어주자

(딤후 1:3-5)

지금까지 며칠 동안 사랑하는 고인의 장례 예식을 진행하느라고 수고를 많이 하셨습니다.

임종 즉시 고인은 천국 입성을 마치셨지만, 그 동안 거처하시던 장막을 정리하고 마무리 짓는 일은 남아 있는 식구들의 일이기에 사랑하는 마음으로 정성스럽게 수고하는 모습들이 참으로 아름다웠습니다.

이제 중요한 것은 고인에 대한 염려가 아니라 남아있는 우리들이 과연 어떠한 마음가짐을 가지고 살아야 하는가입니다.

1. 건강한 믿음을 본받읍시다.

이것은 고인이 우리에게 보여주신 가장 아름답고 귀한 유산입니다.

디모데가 그토록 훌륭한 신앙인격으로 성장하여 바울의 믿음의 아들이 될 수 있었던 것은 외조모 루이스와 어머니 유니게의 믿음을 잘 본받았기 때문입니다.

나라가 어려울 때 충신을 알아보고, 가정이 어려울 때 현모양처를 알아본다는 말처럼, 우리의 믿음은 어려울 때 얼마나 건강한 믿음인가를 알아볼 수 있는 것입니다.

고인은 그토록 어려운 상황에서도 추호의 흔들림 없이 끝까지 믿음을 지키셨습니다. "의인은 믿음으로 살리라" 하셨는데 정말 믿음으로 승리하셨습니다.

가족들은 물질의 유산이 아닌 바로 그 믿음을 본받으시기를 바랍니다.

2. 후손에게 계승시켜야 합니다.

인생은 영속성이 있는 것입니다. 따라서 본인이 받은 유산은 반드시 후손들에게도 전달해 주어야 합니다. 오히려 발전시켜 계승하여야 합니다. 그 책임이 선조들에게 있는 것입니다.

고인이 이 사명을 잘 감당하신 것처럼 여기 있는 가족들이 이 사명을 잘 감당하시기를 바랍니다.

사랑하는 가족 여러분!

차후에 들려오는 소식들이 당사자들뿐 아니라 이를 지켜보는 하나님께와 우리 모든 믿음의 형제들에게 기쁨이 되는 소식들만 들려오는 가정이 꼭 되시기를 주님의 이름으로 축원합니다.

제 4 부

광야에서 외치는 소리

안양 호스피스의 역사는 그리 길지 않다.
기회가 주어지는 대로 우리의 사역을 소개하던
글들의 모음이다.

설립발기문

1. 우리를 향하신 하나님의 기대

구원은 우리 인생 최대의 과제입니다.

자신이 죄인임을 솔직하게 인정하고 죄의 결과가 얼마나 무서운가를 깨닫고 예수께서 자신을 대신하여 죽어주신 사실을 믿고 이것을 진실로 시인하면 구원은 순식간에 이루어지는 것입니다(롬 10:10). 그렇다면 인생 최대의 과제는 해결되는 것입니다. 그리고 원론적으로 말하자면 구원받는 순간 우리의 생애는 끝이 나야 하는 것입니다. 그러함에도 하나님께서는 우리에게 가정과 생업과 기타 생활 여건들을 통하여 계속적인 생명 연장의 은혜를 베풀고 계신 것입니다.

그 이유는 무엇일까요?

한 마디로 말하자면 "아직 해야 할 일이 있기 때문입니다."

2. 호스피스란 무엇인가?

주님은 "땅 끝까지 이르러 내 증인이 되리라"(행 1:8)고 하셨습니다. 그렇다면 우리의 할 일은 무엇입니까? 그리스도의 증인이 되는 것입니다. 그렇다면 땅 끝이란 무엇입니까? 단어 그대로 지역적 끝일 수 있습니다. 또한 역사의 끝일 수 있습니다.그러나 개인적으로는 생명의 끝입니다.우리가 말기 암환자를 위한 호스피스 선교에 지대한 관심을 가져야 할 가장 큰 이유가 여기에 있는 것입니다.

그렇다면 호스피스란 무엇일까요? 사전적 의미로는 '숙박소', '여관'이라는 뜻을 가지고 있습니다. 이 단어는 중세기로부터 유래되었는데 십자군과 여행자, 병들고 지친 자, 아픈 사람들에게 숙식을 제공해주고, 약을 주며, 때로는 임종자에게는 장례까지를 치러주는 등 피난처, 휴식처가 되는 장소를 의미하는 것이 있습니다.

그러나 현대에 이르러서는 그 의미가 더욱 확장되어 사용되고 있습니다. 죽음을 눈 앞에 둔 말기 암환자들에게 그들이 임종을 할 때까지 전인적, 즉 육체적, 정신적, 사회적인 도움을 주는 것입니다. 특히 영적으로 죽음에 대한 공포로 떨고 있는 그들에게 그리스도 안에서 천국이 보장되었음을 알게 해줌으로써 소망 가운데 자신의 삶을 정리하고 남은 시간을 의미있게 보낼 수 있도록 도와주며, 또한 유가족을 위로하고 격려함으로써 조속히 슬픔을 극복하고 정상 생활에 임하도록 돕는 활동 일체를 가리키는 말로 사용되고 있습니다.

3. 우리의 현실

여기에서 우리는 잠시, 우리의 현실을 되돌아 보아야 할 필요가 있습니다. 우리는 지금 마태복음 24장에서 언급된 마지막 시대에 살고 있습니다. 이 시대의 대표적 특징은 사랑이 식어가는 것입니다(마 24:12). 정직하게 우리 주위를 돌아볼 때에, 순수한 사랑이 있습니까? 이것은 어느 개인의 잘잘못을 따지기 전에, 이 시대를 사는 우리 사회 전체의 구조적 아픔이 되기도 하는 것입니다.

이러다 보니 말기 암환자 역시 전 생애를 통하여 가장 도움이 필요한 상태임에도 불구하고 현실적으로는 가장 도움을 받지 못하고 사회로부터, 심지어는 가정적으로도 소외되어 외로움에 울고 분노에 떨며 불확실한 내세에 대한 두려움으로 가득찬 마지막 인생을 가고 있는 것입니다.

4. 우리의 각오

이에 안양 호스피스 선교회는 "땅 끝을 향하여 가라"하시는 주의 부름을 받고 일어섰습니다. 이러한 고통 중에 있는 말기 암환자들에게 끝까지 그들의 인격을 존중하며 전인적 돌봄을 통하여 그리스도의 사랑과 부활에 대한 소망과 확신을 가지고 평안 속에 죽음을 맞이하도록 하는 일에 최선을 다할 것입니다.

이곳에서 지펴지는 생명 존중의 자그마한 불씨가 안양권 전체로 조용히, 그러면서도 뜨겁게 확산되어지기를 간절한 마음으로 기대해 봅니다. (98. 6. 22)

아벨을 위하여

김 성 일 교수
(한세대학교, 본회 지도위원)

　필자가 최근에 쓴 소설 『바깥 사연들』의 주인공은 사람들에게 성경을 가르치고 전도를 하면서도 자신은 세례를 받지 못한다. 그 이유는 성경에 나오는 아벨의 문제에 대해서 아직 납득할 수 없는 부분이 있기 때문이었다.

　성경은 아벨에 대해서 그가 믿음의 사람이었음을 증거하고 있다. "아벨은 가인보다 더 나은 제사를 하나님께 드림으로 의로운 자라 하시는 증거를 얻었으니 하나님이 그 예물에 대하여 증거하심이라. 저가 죽었으나 그 믿음으로써 오히려 말하느니라"(히 11:40).

　하나님께서 왜 아벨의 재물만을 열납하시고 가인의 제물은 받지 않으셨는지 알 수는 없으나 아벨이 하나님의 마음에 드시는 올바른 제사를 드렸음은 분명하다. 그런데 아벨이 가인보다 더 나은 제사를 하나님께 드려서 얻은 것은 결국 무엇이었던가? 성경은 아벨의 성공이라든가 행복에 대해서 아무 것도 제시하지 못한다. 아벨이 의로운 제사의 대가로 얻은 보상은 오직 죽음뿐이었던 것이다. "가인이 그 아우 아벨을 쳐 죽이니라"(창 4:8).

필자가 소설 『바깥 사연들』을 쓰면서 이런 의문을 제기했던 것은 다름아니라 필자 자신이 바로 그 고난과 죽음의 문제에 대해서 생각하고 있었기 때문이었다. 기독교인의 가정에서 태어났으면서도 교회 밖에서 떠들고 있던 필자는 기이하게도 바로 그 고난 때문에 교회로 돌아올 수 있었다. 아내가 위암에 걸려 수술을 받고 언제 또 재발할지 모른 채 항암치료를 받고 있을 때 그 아내를 위해 기도하면서 필자는 다시 성경을 읽기 시작했던 것이다. 그 경우 고난은 내게 행운이었다. "고난 당하는 것이 내 유익이라 이로 인하여 내가 주의 율례를 배우게 되었나이다"(시 119:71).

　그러나 회개를 하고 교회로 돌아와 열심히 성경을 읽고 봉사를 하는데도 고난은 여전히 계속되었다. 필자는 이것을 하나님께서 그 자녀로 하여금 바른 길로 가도록 인도하시는 불기둥이라고 생각했다.

　"주께서 너희에게 환난의 떡과 고생의 물을 주시나 네 스승은 다시 숨기지 아니 하시리니 네 눈이 네 스승을 볼 것이며 너희가 우편으로 치우치든지 좌편으로 치우치든지 네 뒤에서 말소리가 네 귀에 들려 이르기를 이것이 정로니 너희는 이리로 행하라 할 것이며"(사 30:20-21).

　그러나 진로의 선택과 관계없는 고난도 계속되었다. 필자는 다시 이것을 연단의 과정이라고 해석했다.

　"너희 믿음의 시련이 불로 연단하여 없어질 금보다 더 귀하여 예수 그리스도의 나타나실 때에 칭찬과 영광과 존귀를 얻게 하려 함이라"(벧전 1:7).

　그러나 비록 그것이 연단의 과정이라 하더라도 고난은 너무 끈질기게 계속되었다.

　제법 만사가 순조롭게 되어 가는 듯 하다가는 또 어느새 뜻밖의 일을 당하여 허둥거리고 너무 견디기가 어려워서 뒹굴며 부르짖다가 다시 고난의 이유를 생각했다.

"네가 보행자와 함께 달려도 피곤하면 어찌 능히 말과 경주하겠느냐 네가 평안한 땅에서는 무사하려니와 요단의 창일한 중에서는 어찌 하겠느냐"(렘 12:5).

즉 하나님께서는 그분이 택한 경주자로 하여금 끝까지 선전하여 이기도록 하기 위하여 끊임없이 채찍질을 하시는 것 같았다.

어쨌든 그렇다고 하더라도 하나님께서는 그 사랑하는 이들에게 고통을 주시는 분명한 이유를 깨닫지 못하고 있던 중에 미국에 가서 디즈니랜드를 구경하다가 문득 한 가지 생각이 떠올랐다.

디즈니랜드에 가면 우선 줄을 서는 것부터 배워야 한다. 뜨거운 한여름에도 미국내 뿐 아니라 전 세계에서 오는 관광객들 때문에 모험의 나라, 유령의 나라, 해적의 나라 등에 들어가려면 줄을 서야 한다. 겨우 차례가 되어 롤러 코스터를 타고 들어가면 맹수와 유령과 해적들이 좌우에서 튀어나오고 아이들은 무섭다고 소리를 질러댄다. 한시간 넘도록 줄을 서서 겨우 몇 분의 구경을 하고 밖으로 나오면 부모들은 무섭다는 아이들을 이끌고 또다른 줄로 가서 땡볕 아래 아이들을 세우는 것이다.

부모들이 그 자녀에게 하나라도 더 새로운 것을 보여주고 싶어하는 극성은 우리 나라에서도 마찬가지이다. 언젠가 어린이 대공원 뒤의 미술관에서 고구려 벽화전을 할 때에 부모들이 아직 초등학교에도 못들어간 코흘리개 아이들을 차에 태운 채 몇 시간씩 줄을 서는 것을 보았다. 어디 그뿐이랴? 한국의 부모들은 아이들에게 이집트의 유물, 아즈텍 문명, 심지어는 운보 김기창의 그림까지 보여주려고 얼마든지 줄서는 것을 마다하지 않는다. 그런 것들을 연상하면서 필자는 비로소 하나님께서 그 자녀들에게 끈질기게 고난을 주시는 이유에 대해서 이해하게 되었다.

세상의 부모들과 마찬가지로 하나님도 역시 그 사랑하는 자녀들에게 공부가 될 만한 것이라면 닥치는 대로 보여주고 싶어하시는 극성스러운 아버지라는 사실을 나는 깨달았던 것이다. 하물며 고통과 고난 같은 것은 천국에 없는 구경거리이다. 하나님은 천국에 없는 것들을 다 보여주기 위해서 우리를 이 땅에 보내셨고 무섭다며 발버둥치는 우리를 사정없이 구경거리 속으로 들여보내시는 것이었다. 그런 구경거리들 중에서도 가장 하이라이트는 바로 '죽음'이라는 것이었다. 그것은 천국에 전혀 없을 뿐만 아니라 하나님 자신도 구경하실 수 없는 놀라운 드라마인 것이다.

하나님은 그 사랑하시는 자녀들에게 이렇듯 다양한 학습의 코스를 준비하시고 우리를 그 현장에 입장시키신다. 그 드라마가 얼마나 볼만한 것인지는 모르나 입장권을 손에 든 우리는 죽음의 동굴로 들어가는 롤러 코스터의 차례를 기다리면서 공포와 두려움에 떨 수밖에 없다. 그러나 디즈니랜드에 간 아이들이 무서워하면서도 부모의 손을 잡고 함께 들어가기 때문에 안심을 하는 것처럼 하나님께서도 우리의 두려움을 달래주시기 위해서 우리의 손을 잡고 함께 입장하신다.

"오직 우리가 천사들보다 잠깐 동안 못하게 하심을 입은 자 곧 죽음의 고난받으심을 인하여 영광과 존귀로 관 쓰신 예수를 보니 이를 행하심은 하나님의 은혜로 말미암아 모든 사람을 위하여 죽음을 맛보려 하심이라"(히 2:9).

이렇게 연속되는 인생의 고난에 대해서 천국에 없는 것을 우리에게 모두 보여주시려는 하나님의 극성으로 이해하게 된 필자는 비로소 아벨이 의로운 제사를 대가로 받았던 상급이 무엇이었던가를 깨닫게 되었다. 아벨이 받은 큰 상급… 그 상급은 바로 자녀를 극성스럽게 사랑하시는 하나님 그분이었던 것이다.

"두려워 말라 나는 너의 방패요 너의 지극히 큰 상급이니라"(창 15:1).

주님 손잡고 일어서서

김 석 균 전도사
(복음성가 작곡가, 본회 실행위원)

서울 극동방송에서 생방송을 진행하던 어느 금요일이었다. 전화를 걸어 온 분과 대화를 나누고 그분이 신청한 찬양곡을 방송으로 들려주는 그런 시간이었다.

"여보세요? 어디 사시는 누구세요?"

늘 상투적으로 묻는 질문에 그분은 아주 활달하면서도 부드럽고 생기 넘치는 목소리로 대답해 주었다.

"인천에 사는 ○○○집사입니다. …교회에서 성가대, 유초등부 교사, 여전도회 구역 모임 등에서 열심히 일하고 있습니다."

여러 가지 질문을 통해서 쏟아 놓는 대답은 그 여자 집사님이 하나님의 일에 얼마나 최선을 다하고 있는가를 엿볼 수 있었다.

30대 중반을 넘으셨다는 그분이 신청한 곡은 '나는 행복해요'였다. 순간 진행자인 나는 청취자들에게 이분이 왜 행복한가를 들려주고 싶었다. 믿다가 낙심한 사람, 고난 중에 찬송을 잃은 사람, 예수님 믿기를 거부하는 사람들에게 들려주고 싶었던 것이다.

"집사님, 왜 행복하신지 짧게 간증해 주시겠어요?"

"네, 저는요. 오래 전부터 당뇨병을 앓고 있었어요. 그 합병증으로 오른쪽 눈을 오래 전에 실명했고, 근래엔 왼쪽 눈마저 실명해서 앞을 볼 수가 없어요."

'아차, 괜히 물었구나'하는 생각이 들었다. 이것은 행복한 이야기가 아니라 망한 이야기가 아닌가? 아픈 상처를 건드려 오히려 그분으로 하여금 더 슬프게 한 것은 아닌지… 그때 통통 튀는 그분의 목소리가 들려왔다.

"하지만요, 하나님께 너무 너무 감사드립니다. 태어나서 지금까지 한번도 보지 못한 장애인도 있는데 저를 지금까지 보게 해 주신 하나님께 감사하고, 지금 볼 수는 없지만 말할 수 있고, 들을 수 있고, 걸을 수 있으나 하나님께 감사드립니다."

분명 이것은 누구나 할 수 있는 신앙고백이 아니다. 나는 그 순간 위대한 신앙인 한 분을 만났다는 생각에 가슴깊은 곳에서 환호성이 울려나왔다. 한 가지를 더 물었다.

"애들은 몇이지요?"

"둘입니다."

"그렇다면 남편되시는 분께서 아이들 뒷바라지, 아내 병치료 뒷바라지 등 외조를 많이 해주시겠네요?"

"아니예요, 제 남편은 아이들이 어렸을 때 돌아가셨어요. 저는 지금 아이들과 삽니다. 하지만요, 결혼하고 싶어도 못하는 사람들이 있는데 저는 결혼했으니 감사하고, 결혼을 했어도 하나님이 자녀를 선물로 주시지 않으면 얻지 못하는데 저는 둘씩이나 주셔서 감사하지요. 또 아빠가 안계셔도 아이들이 엄마 말 잘듣고 신앙생활 잘해서 감사하고, 제 남편 역시 예수님 잘 믿고 천국 갔으니 감사해요. 또 천국 가서 만날 것 생각하니 더더욱 감사하지요."

감사할 조건이 아니라 오히려 불평하고 원망할 삶의 조건임에도 불구하고 이토록 하나님께 감사의 찬미를 올리다니… 이것이 곧 찬양이 아닌가! 하나님이 하신 일을 어떤 조건에서도 칭찬하고 사랑하고 신뢰하고 인정하니 말이다.

"전도사님은 저보다 더 행복하실꺼에요. 저보다 더 감사할 내용이 많으시겠죠?"

진정한 행복을 고백하는 그분을 통해 참으로 부끄러움을 느꼈다.

대화는 끝났고, 음악이 흘러나왔다.

"♬ ─ 주님 한 분 밖에는 아는 사람 없어요. 가슴 깊이 숨어 있는 주를 사랑하는 맘 ─ ♬"

왜 그리도 눈물이 쏟아지던지 함께 진행하던 아나운서도 울고…. 이토록 좋은 환경을 주셨음에도 행복할 줄 모르고 살았던 나 자신이 한없이 부끄러웠다. 그많은 은총을 받았음에도 불구하고 하나님이 누구신지 모르고 살아가는 사람들의 모습이 스쳐갔다.

신명기 8:2의 말씀이 생각났다.

"네 하나님 여호와께서 이 40년 동안에 너를 광야의 길을 걷게 하신 것을 기억하라. 이는 너를 낮추시며 너를 시험하사 네 마음이 어떠한지 그 명령을 지키는지 아니 지키시는지 알려 하심이라."

나에게 그 집사님 같은 환경이 주어진다면 그토록 진한 하나님의 사랑을 입으로 쏟아낼 수 있을지…

찬양이 끝난 후 눈물을 닦으면서 '그래 이런 분들을 위로하기 위한 작품을 쓰자'고 생각했다. 그후 작사, 작곡된 복음성가가 '주님 손잡고 일어서세요'이다.

절망적인 상황은 하나님의 또다른 일의 시작임을 고백하면서…

♬ 주님 손잡고 일어서세요 ♬

1. 왜 나만 겪는 고난이냐고 불평하지 마세요
   고난의 뒤편에 있는 주님이 주실 축복 미리 보면서 감사하세요
   너무 견디기 힘든 지금 이 순간에도 주님이 일하고 계시잖아요

남들은 지쳐 앉아 있을지라도 당신만은 일어서세요
힘을 내세요 힘을 내세요 주님이 손잡고 계시잖아요
주님이 나와 함께 함을 믿는다면 어떤 역경도 이길 수 있잖아요

2. 왜 이런 슬픔 찾아왔는지 원망하지 마세요
당신이 잃은 것보다 주님께 받은 은혜 더욱 많음에 감사하세요
너무 견디기 힘든 지금 이 순간에도 주님이 일하고 계시잖아요
남들은 지쳐 앉아 있을지라도 당신만은 일어서세요
힘을 내세요 힘을 내세요 주님이 손잡고 계시잖아요
주님이 나와 함께 힘을 믿는다면 어떤 고난도 견딜 수 있잖아요

진정한 호스피스 사역자

김 승 주 목사
(본회 실무책임자)

마틴 루터의 종교개혁의 기치는 "성경으로 돌아가자"였습니다.

해마다 종교개혁 기념일을 맞이할 때마다 우리의 주요한 관심사 역시 "성경으로 돌아가자"이어야 할 것입니다.

열심히 한다고는 하지만 죄로 오염된 세상에 살아가노라면 변질될 수밖에 없기 때문입니다.

이러한 적용 원리는 호스피스 선교사역에서도 동일하게 요구되어 지는 것입니다. 모든 선교가 다 그렇습니다만 특히 호스피스의 관심 은 '영혼 사랑'입니다. 시간적으로 땅끝과 같이 절박한 상황에 놓여 있는 환우들에 대한 모든 호스피스 봉사자들의 관심은 '영혼 사랑'으 로 집중되어져야 할 것입니다.

따라서 어떤 일을 열심히 하는 것도 중요합니다만 이따금씩은 "내 가 지금 이분의 영혼을 진심으로 사랑하고 있는가?"를 자문해 보아야 만 할 것입니다. 마치 종교개혁자가 성경으로 돌아가는 것을 개혁의 잣대로 삼았듯이 말입니다.

이러한 질문에 대한 명확한 입장 정리가 되지 않았다면 우리는 때로는 하나님 나라 확장에 공헌자가 아닌 해독자가 될 수도 있다는 사실을 간과해서는 안될 것입니다.

우리가 주께로부터 받은 가장 큰 선물은 '영생'입니다. 따라서 우리가 다른 사람에게 주어야 할 가장 큰 선물도 역시 '영생'이어야 하는 것입니다.

우리는 휴머니스트(Humanist)로서 일을 하는 것이 아니라 이미 죽어 있는 자(엡 2:1)에 대한 생명구원의 사명자로서 일을 하고 있는 것입니다.

사람의 생명을 구원하기 위해서 필요하다면 우리의 자존심이나 실리(實利) 등 그 어떠한 것이라도 포기할 수 있어만 할 것입니다.

바울은 사도행전 20:26-27에서 "그러므로 오늘 너희에게 증거 하노니 모든 사람의 피에 대하여 내가 깨끗하니 이는 내가 꺼리지 않고 하나님의 뜻을 다 너희에게 전하였음이라"고 술회하고 있습니다. 맡겨진 모든 사람들의 피에 의하여 "나는 깨끗하다고 말할 수 있는 사람" 그런 사람들이 진정한 의미에서의 호스피스 사역자라고 할 것입니다.

더욱 건강한 사회를 꿈꾸며…

김 영 희 권사
(제1기 자원봉사자회 부회장)

우리 모든 인생은 살아가면서 많은 짐들을 지고 살아갑니다.

그 중에서 가장 무거운 짐은 '죽음'입니다. 가장 무거우면서도 남이 대신해 줄 수 없는 것… 그것이 곧 '죽음'입니다. 그래서 사람들은 애써 외면하고 있는지도 모릅니다.

죽음의 길은 항상 외롭습니다. 이것이 죽음 앞에 서있는 우리의 어쩔 수 없는 현실입니다.

한 사람이 태어날 때는 반드시 조산부가 필요합니다. 마찬가지로 한 사람이 죽음을 맞이하는데도 역시 조사부(죽음을 돕는 이)가 필요한 것입니다. 이것이 곧 호스피스 봉사입니다.

호스피스란 현대 의학적으로 치유불가를 선고받고 생존가능성 6개월 미만인 환우를 돕는 선종(善終)봉사를 말합니다. 호스피스 환자들이 겪는 고통은 전인격적인 고통입니다.

끊임없이 계속되는 극심한 신체적 통증과 형용키 어려운 정서적 불안, 사회적 소외에 따른 외로움과 분노, 그리고 불확실한 미래에 대한 불안감은 차라리 공포에 가깝다고 해야 할 것입니다.

삶의 벼랑 끝에 홀로 서있는 이에게 진정한 친구가 되어 주기란 의욕만큼 쉬운 일이 아닙니다. 고도의 신중함이 요구되는 것입니다. 따라서 각 분야전문가들에 의해서 마련된 약 3개월간의 교육과정을 마치고 나서야 비로소 봉사에 임할 수가 있는 것입니다.

현재 안양에서는 저희 안양 호스피스와 평안 호스피스, 두 곳에서 약 500 여명의 수준 높은 교육생들이 배출되어 각 가정과 병원 등 우리 지역사회를 위하여 열심히 봉사에 임하고 있습니다.

이제 몇 일 후가 되면 우리는 새로운 21C세기를 맞이합니다. 앞으로 우리 사회는 지금보다 훨씬 수준 높은 양질의 복지사회를 기대하게 될 것입니다. 한 사람이 이 세상에 태어나서 나름대로 사회의 일원으로서 성실한 삶을 살아가다가, 죽음의 최후 순간까지 인간으로써의 품위를 유지하면서 죽을 수 있는 사회가 있다면 그것이 곧 복지사회라고 할 수 있을 것입니다.

우리 모두는 죽습니다. 그때는 우리도 똑같이 고통을 당할 수도 있습니다. 따라서 이러한 '호스피스 운동'은 남을 위해서라기 보다는 바로 나 자신을 위해서도 하루 빨리 정착되어야만 합니다. 아니, 급속히 확대되어야만 할 것입니다.

"미래에는 호스피스의 르네상스시대가 올 것이다." 라고 예측한 분이 있다고 합니다. 이 말을 증명이라도 하듯 지금 우리나라에도 각종 호스피스기관들이 속속 생겨나고 있습니다. 이러한 때에 우리 안양이 이토록 귀한 일에 한 발자국 앞장섬으로써 전국에서 주목을 받게 되었다는 것에서 봉사자의 한 사람으로서 남다른 자부심을 갖고 있습니다.

"호스피스 운동"에 대한 새로운 인식의 확산과 함께 우리가 사는 안양을 좀더 건강한 복지 사회로 만들어 가는 일에 우리 모두 적극적인 동반자가 되어 주시기를 부탁드립니다. 감사합니다.

〈안양중앙병원소식지 2000년 2월호 기고문〉

수레바퀴와 버팀목

김 승 주 목사
(본회 실무책임자)

〈패치 아담스〉라는 영화가 있습니다. 수재형이면서 한편 그가 품고 있는 이상이 너무 높아서 한때는 정신질환자 취급을 받아야만 했을 정도였던 만학의 의대생 '패치 아담스'에 대한 스토리였습니다.

그가 느낀 의과대학(병원)은 의술만 있고 '사람'은 없었습니다. 그래서 그는 환자들을 의과적 대상 이전의 한 인간으로 보게 하는 일에 많은 노력을 기울였고 결국은 큰 실효를 거두게 되는 것이 주 내용이었습니다.

전인적(육체적, 정서적, 사회적, 영적) 존재로서의 인간은 무시당한 채 오직 연구의 대상로으로만 평가하는 관행에 대한 반발이었습니다. 또한 이는 목적과 수단이 혼동된 채 그저 바쁘게만 돌아가는 사회전체에 대한 고발성 작품이라고도 하겠습니다.

그렇습니다. 사실 오늘날 눈부시게 발달하는 과학세계 속에서 우리는 생활의 편리는 얻지만 그 가운데서 정작 우리 자신은 소외되어가고 있는 것은 아닌지요?

인간소외! 이것은 우리 모두가 겪는 이 시대의 아픔입니다 이것은 이제 한 두 사람의 힘으로는 어떻게 제지해 볼 수도 없는 커다란 수레바퀴가 되어 탄력을 받고 굴러가고 있는 것입니다.

이러한 현실은 일찍이 예수님께서도 말세의 징조의 하나로 "그때에는 모든 사람의 사랑이 식어지리라"고 예언하신 바가 있습니다(마 24:12).

이러한 때에 탄력까지 받은 수레바퀴를 세우는 버팀목을 자임하고 나선 의료기관이 있습니다. 곧 의료법인 중앙병원입니다.

호스피스환자란 현대 의학적으로 더 이상의 치유 불가로 선고받은 환자를 의미합니다. 이들이 겪는 고통은 전인적입니다. 끊임없이 계속되는 신체적 통증, 정서적 불안과 각자 다른 입장에 대한 사회적 소외감, 그리고 영적인 공포심으로 그들은 절규하는 것입니다.

이들의 아픔을 이해하신 이대순 이사장님께서는 이들만을 위한 특별공간(16인실)과 갖가지 편의시설 및 제도들을 마련해 주셨습니다.

이헌영 병원장님께서는 직접 주치의를 맡아 주셨으며, 수간호사님을 포함한 전임 간호사 제도를 운영해주심으로써 환우들로 하여금 한 인간으로서의 존엄성을 상실하지 않고 나머지의 생을 잘 마무리 지을 수 있도록 돕는 저희 안양호스피스선교회 활동을 적극적으로 지지해 주고 계신 것입니다,

치유불가 선고자! 이러한 환자들에서 더 이상의 경제적 실리를 기대할 수는 없습니다. 그런데 중앙병원에서는 이러한 이들에게 특별한 배려를 하고 계신 것입니다.

우리가 어떤 이상을 가지고 있는 것과 실제로 그렇게 행동한다는 것은 다른 것입니다. 거기에는 그만큼의 희생과 용기가 따르기 때문입니다.

이러한 중앙병원의 아름다운 이야기는 이제 안양이라는 권역을 넘어 전국적으로 알려지게 되었고 관련단체나 병원들 그리고 각종 메스

컴 등으로부터 주목받는 병원이 되었습니다.

그 동안의 사랑 주심에 다시 한번 깊은 감사를 드립니다.

하나님의 축복이 의료법인 중앙병원과 임직원 위에 늘 함께 하시기를 기원합니다.

임종 일주일 전의 영적 간호

김 승 주 목사
(본회 실무책임자)

1. 들어가면서

'죽어가는 사람을 현실적으로 어떻게 도울 수 있을까?' 이것은 모든 호스피스 봉사자들의 최대의 관심사입니다.

호스피스 환자들이 겪고 있는 고통은 전인적입니다. 그 중에서 영적 고통이야말로 영적 존재인 인간으로서는 가장 본질적인 고통이라고 하였습니다. 이 고통은 곧 죄책감과 심판에 대한 두려움으로 요약될 수 있을 것입니다(히 9:27). 이 문제에 대한 해결이 없이는 '품위 있는 죽음' 이나 '평안한 죽음'은 가능하지 않습니다.

이러한 우리들의 아픔에 대하여 주님은 "진리가 너희를 자유케 하리라"(요 8:32) 하셨고, "또 죽기를 무서워하므로 일생에 매어 종노릇하는 모든 자들을 놓아주려 하심이다"(히 2:15)라고 말씀하심으로 죽음의 공포로 떨고있는 우리를 자유케 하기 위해서 오셨음을 분명히 하셨습니다.

이 일의 성경적 근거는 "예수 그리스도 안에 있는자에게는 결코 정죄함이 없나니…"(롬 8:1)와 "내 말을 듣고 또 나 보내신 이를 믿는 자는 영생을 얻었고 심판에 이르지 아니하나니, 사망에서 생명으로 옮겼느니라"(요 5:24)는 말씀에서 찾을 수 있습니다.

따라서 호스피스 사역에서의 영적 간호는 당연히 '죄책감과 심판에 대한 두려움으로 떨고 있는 이들에게 그리스도 안에서의 자유함'을 경험하도록 하는 일에 모든 초점을 맞추어야 할 것입니다.

2. 어떻게 전할 것인가?

"오직 의인은 믿음으로 살리라"(롬 1:16)고 하셨고, "믿음은 들음에서 나며, 들음은 그리스도의 말씀으로 말미암았느니라"(롬 10:17)고 말씀하셨습니다. 따라서 어떻게 해서든지 우리는 하나님 말씀을 들려주어야 합니다.

1. 그 방법의 하나로, 저희는 공적 예배를 매우 중요시 하고 있습니다. 개인적으로 드러내놓고 이야기하기 어려운 문제도 공적 선포의 형식을 빌어 전달할 수 있는 것입니다. 그래야 죽은 영혼을 살릴 수가 있고(요 5:25), 또한 구원은 받았어도 지칠 대로 지쳐있는 영혼이 다시 소성케 됨을 얻을 수가 있기 때문입니다(시 119:40). 이미 상당한 효과를 보고 있습니다.

2. 대부분이 거동이 불편한 환자들인 관계로 각 방(6인실 × 2,2인실×2)에 TV 모니터를 설치하여 화상예배를 드림으로써 예배의 현실감을 높이고 있습니다.

3. 특히 불신자의 경우 (입원 시-종교를 불문합니다만, 일단 공적 예배가 있음에 대하여 양해를 구합니다)

환자들로부터 절대적 신임을 받고 있는 간호사들이 밀착하여 예배를 도움으로써 복음에 대한 신뢰를 높이는 데 기여하고 있습니다(전임 간호사팀 전원이 매일 자체 QT 시간을 갖고, 영성훈련을 쌓아가고 있음).

4. 선포되는 메시지는 '복음적 주제'이며, 특히 '종말론적 주제'가 주류를 이룹니다(담임목사의 심방시 개별예배는 삼가도록 양해를 구합니다).

불신자들의 입원시에는 '영생 주시기를 작정된 자'(행 13:48)라는 생각으로 맞고 있으며 실제로 90% 정도가 '예수를 영접하는 것'을 목도하게 됩니다.

5. 영적 상태는(변화) 주로 봉사자 봉사일지와 간사 및 간호사의 업무일지를 통하여 종합적으로 확인할 수 있으며, 예수를 영접하였을 시에는 목회자가 최종적으로 이를 확인하고 세례를 베풉니다(행 8:31,39;10:47).

세례식에는 케잌과 꽃다발을 준비하고, 가족, 친지 등을 초청케 하여 축제 분위기가 되게 함으로 '그리스도 안에서의 새로운 피조물로의 탄생의 의미'를 분명히 해주고 있습니다. 그리고 다음날 사진이 부착된 세례증서를 전달함으로써 더욱 확신에 거하게 합니다.

6. 세례식 후의 생활은 대부분이 '지극히 평온해 하심'으로써 이는 "영생을 얻었고"(요 5:24)에 근거, 이미 '인생의 최대 과제를 해결했노라' 하는 영적 안도감에서 비롯된 것이 아닌가 하는 생각을 합니다.

3. 사례(임종 일주일 전 영적 간호)
성 명 : 김 ○ 학 (남. 68. 전립선암 말기)
입 원 : 99. 3. 30. 1차 입원, 99. 4. 6. 일시퇴원
　　　　99. 8. 16. 재입원, 99. 11. 1. 소천

예비적 이해
① 환자는 오랫동안 부인과 별거상태로 지내다가 병이 깊어진 후에야 가정으로 돌아온 상태. 처음에는 부인도 남편에 대한 미움이 풀리지 않음으로 인하여 부부관계는 어색하다 못해서 냉랭하기까지 하였

음.

② 그러한 가운데 점차 믿음을 갖게 된 남편은 회개하는 시간을 갖게 되고 지난 날에 있었던 일을 크게 후회하며 부인에게 미안하고, 한편으로는 불쌍하기까지 하다며 이따금씩 울기도 하였음. 부인도 그러한 남편이 불쌍하다며 좀처럼 병실을 떠나지 않음.

③ 몇 일 후엔 세상에 이런 곳이 어디 있겠느냐고 반문하며 이곳이 곧 천국이 아니냐고 되묻기도 하였음.

④ 어느 날인가는 "일생을 살아왔어도 곧 만나뵈올 하나님께 해 놓은 것이 없고, 또 호스피스 봉사자들의 은혜에 너무 고마워서 가구 제조업을 하는 딸에게 부탁했다"시며 사무실 소파를 기증하고 어린아이처럼 기뻐하였음.

⑤ 죄사함의 확신은 물론, 당장에 부르심을 받는다고 해도 천국에 들어감을 확신하고 있었으며 다른 사람의 세례식에는 찬송가에 맞추어 손 지휘를 하며 축하하심.

⑥ 봉사자들과의 대화에서는 "이 다음에 천국에서 꼭 만나자"고 다짐하시기도 하셨음.

⑦ 임종환자가 발생할 시에는 "목사님 또 바빠지시겠네요…"라고 오히려 격려하시기도 하셨음.

⑧ 그러한 가운데서도 임종 10일 전에는 같은 방 환우 세 분이 한꺼번에 임종하심을 계기로 의기소침해지기 시작하시더니 말도 많이 줄고 좋아하던 요구르트도, 약도 거부하기 시작함.

환 우 상 태	CARE(돌봄)
♠ 10월 25일(월) 점점 기력이 빠져 나가는 듯 무기력하며 무표정이시다. 이따금씩 자신의 죽음에 대하여 말씀을 하신다. 부인과는 오랜 이야기를 나누신다. 자녀들이 자주 시간을 내서 찾아온다.	이제 죽음을 가까이에서 느끼는 것 같다. 가족들과의 관계를 정리하시는 듯하다. "몸은 쇠하여지지만, 속사람은 날로 새로워지기를" 기도해 드렸다. '아멘'으로 화답하시며 평소처럼 감사하시다는 인사를 빼놓지 않으신다.
♠ 10월 26일(화) 몹시 지쳐있는 모습이다. 그러면서도 예배만은 잘 드리려고 안경을 고쳐 쓰려고 애쓰는 모습이 애처롭기까지 하다. 새벽에 아들들이 문안차 방문후 "다시 올께요"라고 인사를 드릴 때 "다음엔 나는 없을 것이다."라고 대답을 하셨단다. 부인이 잠깐 외출을 하려 해도 옆에 있어주기를 간청하셔서 취소하였다.	"세상으로부터는 점점 멀어지지만 하나님 나라에는 날마다 가까워오고 있음을 생각하며 몸은 날로 무기력해지지만 영혼은 날마다 자유로워지기를" 기도해 드리니 눈물을 글썽이며 감사해 하신다.
♠ 10월 27일(수) 몹시 지쳐서 예배시간에 주무시기도 하고, 기력이 떨어지시니 춥다고 하신다. 508호 병실은 이제 혼자이시다. 외로움과 두려움 때문인지 부인에게 기도를 부탁하시고 부인은(권사) 남편의 손을 올려놓고 기도해주고 있다. 부부애가 유난히도 아름다워 보인다. "하나님 나라에만 소망을 두고 있으며 부인이 교회봉사 열심히 하도록 해 달라"고 기도하고 있다고 하신다.	다윗의 위대함은 그가 '사망의 음침한 골짜기' 가운데서도 절대로 해를 두려워하지 않았기 때문이었음을 상기시켜 드리면서 이러한 때에 주님께 본인의 믿음을 보여 드릴 절호의 기회로 여기시고 답대하기를 권고하니 눈을 반짝이며 "아멘" 하신다. 예배 시간에는 찬송가 224장, 231장을 힘차게 불러 드렸다.

환 우 상 태	CARE(돌봄)
♠ 10월 29일(금) 새로 오신 젊은 환우를 보시며 안쓰러운 모습이다. 가족들을 위하여, 호스피스 봉사자들을 위하여, 다른 환우들을 위하여 매일같이 기도하고 계신다고 한다.	"우리에게 생명이 있음은 곧 사명이 있음을 의미하며 사명중 사명은 남을 위하여 기도해 드림"이라고 격려해 드렸더니 매우 흡족해 하시는 모습이다.
♠ 10월 30일(토) 밤새 잠을 못 주무시고 뒤척이셨단다. 예배시간내내 주무시더니 찬송시간에야 일어나셔서 평소 습관대로 박자를 맞추신다. 예배를 마치니 손을 내밀어 악수를 청하신다.	"죽음은 단절, 상실이 아니라, 마치 기차를 타고 부산을 가려면, 대구역을 반드시 통과해야 하듯이 천국으로 가는 길목에 반드시 통과해야 하는 출입문임"을 설명해주니 "아멘"으로 확인하신다. 손을 잡아드린 후 "주님 만나 뵈오실 때까지 주님 잡은 손 놓치지 마세요"하고 말씀드리니 고개를 끄덕이신다. "주여! 주님 만나는 그 시간까지 함께 동행하시고 가시는 길이 평탄케 하소서"하고 기도해 드리니 "아멘"하신다. 곧 평온을 되찾으신다.
♠ 10월 31일(주일) 교우 가족들의 방문이 많으셨다고 한다. 찾아온 자녀들에게는 교회 잘 나갈 것을 당부하고, 또 당부하셨다고 한다.	마지막 유언을 하신 것으로 생각이 든다. 너무나 마무리를 잘 지으시고 계신 것 같다.

환 우 상 태	CARE(돌봄)
♠ 11월 1일(월) 새벽 4시 상태가 좋지 않으시다는 이은미 간호사의 연락을 받고 병실에 도착하니, 김○학씨는 혼수상태 같았고 가족들이 빙 둘러서서 찬송을 부르고 있었다. 그러한 가운데서도 부인으로부터 "김 목사님 오셨어요"하는 소리를 들으시고는 눈을 뜨시고 평소때처럼 손을 흔들려고 하시지만 기력이 없으신지 그만두신다.	"이 시간까지 인도해 주신 하나님께 감사의 기도"를 드린 후 천국에 안착하실 때까지 동행해 주시기를 간구하고 나니 본인도 아주 작은 소리로 "아멘"하신다. 임종실로 자리를 옮기고, "이제 눈감았다 뜨면 천국이므로 담대하실 것"과 본인이 이 세상에서 드리는 마지막 예배임을 귀에 대고 알린 후, 예배를 시작하였다. "차라리 몸을 떠나 주와 함께 거하기를 간절히 사모하라"는(고후5:8) 주제의 설교를 하고 있는데, 정말 자꾸만 웃옷을 벗으시는 것이었다. 말씀을 들으면서 실제로 몸을 벗어나려는 시도를 하시는 것 같았다. 벗은 옷을 그대로 덮어 드리고, 계속 예배를 드리는 중에 그야말로 주무시듯 평안함 속에서 하나님의 부르심을 받으셨다. 가족 모두는 고인이 평안히 부르심을 받으심에 놀라며 하나님께 감사와 영광을 올려드렸다. (한 영혼의 그야말로 가장 평안한 임종을 도왔다는 안도감과 남다른 보람을 가지고 임종실 문을 나설 때 늦가을 새벽공기임에도 차가움을 전혀 느낄 수가 없었다)

4. 나오면서

모든 호스피스 봉사자들의 관심은 환우들로 하여금 "어떻게 하면 품위있는 임종을 맞게 할 것인가?"에 있습니다. 그런데 이 품위 유지는 '편안함과 평안함의 조화있는 균형'에서만 나올 수가 있습니다.

그리고 '편안'은 육체 혹은 정서적인데 비하여, '평안'은 영적인 것, 즉 죄책감의 해소와 내세에 대한 보장없이는 절대로 불가능합니다.

이런 의미에서 우리는 '편안과 평안'의 개념을 좀더 명확하게 이해하고, 결코 한쪽으로만 치우치지 않는 '균형있는 섬김'을 상호 도모해야만 할 것입니다.

제5부

안양호스피스 소개와 연혁

안양 호스피스 소개

저희는 이러한 단체입니다.

저희는 급증하는 각종 암질환의 증가 추세에 따라 장차는 호스피스 사역이 필수적이라는 데에 뜻을 같이 하고 있는 기독교와 의료계 인사들로 구성된 연합 선교단체입니다.

저희는 이러한 일을 합니다.

1. 현대 의학적으로 말기암 또는 이에 준하는 말기질환으로 진단받고 고통하는 환우와 그 가족들에게, 본회에서 정한 기준에 따라 일정 동안 가정이나 병원, 또는 본회에서 운영하는 호스피스 수양시설에서 전인적인(신체적,정신적,사회적,영적) 도움을 드립니다.

2. 호스피스 환우가 임종하였을 때에는 그 가족과의 합의에 따라 장례를 도와드리고, 유가족들이 조속히 슬픔을 극복하고 정상적인 생활을 할 수 있도록 도와 드립니다

3. 호스피스 자원봉사자 교육 및 문서활동을 합니다.

저희는 이렇게 운영합니다.

1. 의료법인 안양중앙병원 내에 전용병실(16인실)을 완비하고 전임의사,간호사팀, 그리고 자원봉사자들이 헌신적으로 보살펴 드립니

다.(종교 불문)

  2. 전임목회자의 인도로 매일 11시에 예배를 드립니다.

  3. 환자의 의료보험상의 자기부담금 20%를 본 선교회에서 대신 납부해 드립니다(결과적 전액 무료).

  4. 본 병원 장례식장을 이용시 5~10% 할인됩니다.

  5. 본회의 운영비는 독지가 및 후원자들의 정성어린 후원금에 의하여 충당됩니다.

안양 호스피스 연혁

98. 6. 22.　안양 호스피스 선교회 설립총회
98. 7.　　　자문위원 위촉
98. 7. 23.　호스피스 병실 협약 체결(안양중앙병원)
98. 8. 18.　한국 호스피스협회 가입
98. 8. 26.　호스피스 환우 입실 개시
98. 9. 8.　설립 및 병실 개원 감사예배
98. 9.　　　첫 환우 입실
98. 11. 30.　제 1기 자원 봉사자 교육 수료(49명)
98. 12. 15.　일간지 조선일보 소개
98. 12. 31.　안양시장-'이웃사랑 실천기관' 감사패
99. 1. 27.　제 1차 자원봉사자 보수교육
99. 4. 27.　제 1회 자원봉사자의 날
99. 5. 10.　제 2기 자원 봉사자 교육 수료(108명)
99. 5. 24.　제 2차 자원봉사자 보수교육
99. 6. 28.　제 2회 정기총회
99. 9. 6.　보건복지부 장관 표창
99. 10. 19.　하루찻집 개설
99. 11. 1.　안양시장 표창 - 강희원 (1기 대표)

99. 11. 16.   제 3기 자원 봉사자 교육 수료(88명)

99. 12. 16.   제 3차 보수교육 .

99. 12. 22.   안양시주최 – 자원봉사자대회

(김영희 1기 부회장 사례발표)

자원봉사자 송년회

99. 12. 26.   SBS 뉴스추적 방영

20. 1. 12.   주간지 청년의사 소개

20. 1. 14.   안양시 종합 자원봉사센터 운영위원 위촉

20. 2. 12.   주간지 크리스챤 뉴스위크 소개

20. 4. 22.   제 2회 자원봉사자의 날

20. 4. 30.   주간지 복음신문 소개

20. 5. 15.   제 4기 자원봉사자 교육 수료(74명)

20.5.29~6.2. 제 4차 보수교육

20. 6. 22.   설립 2주년 감사예배

20.9.18~12.11. 제 5기 자원봉사자 교육 예정

20.10.20.   사별 가족 모임 시작(월별)

20.10.24.   하루찻집 개설

*
호스피스 병동24시

*
초판 1쇄 ― 2000년 12월 15일

*
엮은이 ― 김 승 주
펴낸이 ― 이 규 종
펴낸곳 ― 엘맨출판사
*
서울시 마포구 합정동 433-62
출판등록 ― 제10-1562호(1985. 10. 29.)
*
TEL. : (02) 323-4060
FAX. : (02) 323-6416
e-mail : elmans@kornet.net
*
잘못된 책은 바꾸어 드립니다.
*
값 10,000원